创新创业教育上游课程

超星尔雅和学银在线慕课"批创思维导论"线上课程同步教程

批创思维教程

熊明辉　主编

西安电子科技大学出版社

内 容 简 介

批创思维技能是每个人都应该具备的基本思维技能，因为人人都需要交流思想、做出决策、分析问题、解决问题。批判性思维是一种分析问题的思维方式，而创新性思维是一种解决问题的思维方式，"批创思维"是批判性思维与创新性思维的合称。本书的目标就是帮助读者成为优秀的批判性思考者和创新性思考者。通过批创思维原则和规则的研习，帮助读者用较为系统的、合乎逻辑且富有创造力的方式进行思维。

本书是专门针对创新创业教育上游课程——"批创思维导论"而编写的，是一本供大专生、本科生和研究生进行批判性思维与创新性思维训练的教材。当然，对于那些有兴趣把批判性思维与创新性思维结合在一起的自学者来讲，本书也是非常有参考价值的。在超星尔雅或学银在线搜索"批创思维导论"即可获得线上慕课。相关教学课件登录 www.xduph.com 进行下载。

图书在版编目(CIP)数据

批创思维教程 / 熊明辉主编. —西安：西安电子科技大学出版社，2019.7(2021.8 重印)
ISBN 978-7-5606-5374-7

Ⅰ.①批… Ⅱ.①熊… Ⅲ.①思维方法—教材 Ⅳ.①B804

中国版本图书馆 CIP 数据核字(2019)第 119486 号

策划编辑 明政珠 姚 磊
责任编辑 明政珠 毛红兵
出版发行 西安电子科技大学出版社(西安市太白南路 2 号)
电 话 (029)88202421 88201467 邮 编 710071
网 址 www.xduph.com 电子邮箱 xdupfxb001@163.com
经 销 新华书店
印刷单位 陕西天意印务有限责任公司
版 次 2019 年 7 月第 1 版 2021 年 8 月第 4 次印刷
开 本 787 毫米×1092 毫米 1/16 印张 15
字 数 323 千字
印 数 8001～11 000 册
定 价 38.00 元

ISBN 978 - 7 - 5606 - 5374 - 7 / B

XDUP 5676001-4

如有印装问题可调换

批创思维教程编委会

顾　问　刘彦方

主　编　熊明辉

编　委　(按姓氏拼音字母排序)

陈　灵　陈　曦　杜文静　郭燕销　郭奕鹏

贾　磊　卢俐利　王春穗　谢　耘　张　爽

前　言

　　《批创思维教程》为超星尔雅 (http://erya.mooc.chaoxing.com/) 和学银在线 (http://www.xueyinonline.com)慕课"批创思维导论"的同步教程。该慕课是 2016 年度教育部与超星产学合作育人项目和 2017 年度广东省创新创业教育课程建设项目共同资助开发的成果，获得了广州市 2018 年度创新创业教育优秀成果奖。课程建设于 2016 年年底启动，2017 年 9 月正式上线。

　　"批创思维导论"课程使用香港大学哲学系刘彦方教授（Joe Y. F. Lau）撰写的英文教材 *An Introduction to Critical Thinking and Creativity*（A John Wiley & Sons, 2011）。课程团队首先将该教材翻译制作成中文电子讲义《批判性思维与创新导论：思多点，想好点》（熊明辉等译，谢耘校），于 2017 年 5 月完成，供录制慕课使用。本教程采用了该教材的基本框架思路，并获得约翰·威立出版社（A John Wiley & Sons）授权部分编译原著内容，同时，因应课程建设目标的要求和教学对象的差异，根据实际需要加强了通识教育、终身学习的实训特色，并根据慕课碎片化学习的特点配置了规模化的客观习题，从而形成了本教程。同时，我们很高兴地看到，刘彦方教授著作的中译本《批判性思维与创造力》已于 2018 年 8 月，由学林出版社和上海人民出版社出版，该书由彭正梅、杨昕、赵琴翻译，读者在学习本课程的过程中，可将其作为参考书。

　　创新是创业的核心能力之一，围绕创新能力培养，面向创业实践，不同专业领域普遍开发了技术性训练课程，并逐步取得喜人的成果，但以创新创业为重心的思维方法教育相对薄弱。但事实上，任何实践能力都不能脱离思想意识层面的导引，换言之，创新首先是思维方法，然后才能真正转化成为稳固、可持续、可发展的创业能力。因为教学内容的特殊性，创新教育不仅要重视方法实训，更要提供具有指导性的普遍理论工具。这一理论工具应当突破专业藩篱，既是有高度的，又是可操作、可检验的，经过这样的引导和训练，创新才能内化为真正可成长的能力。具体地说，这一理论工具就是批判性思维和创新性思维，即批创思维。创新性思维必须以批判性思维为前提，没有批判的创新是盲目的，二者相辅相成，所以，批判性思维教育在创新创业教育体系中是基础性的。但是一直以来，批判性思维教育缺乏对创新的关注，批判性思维和创新性思维教育长期互不沟通，综合性、系统性的批创思维教育是一块处女地。本课程倡导批判性思维和创新性思维融会贯通的基本理念，团队成员为此经过两年多的努力，将批判性思维能力与创新思维的培养能力有机融合，设计了能力生成式的立体化教学结构。具体地说，批判性思维教学以创新思维为导向，在此基础上，也为创新创业能力的评估提供路径指引和方法论工具。根据这一教学理念，本课程主要内容分为七大理论板块：意义理论、逻辑知识、科学方法、决策理论、价值理论、谬误理论和偏差理论。本课程的核心教学目标是通过批创思维能力的训练培养创新创业能力，因此，既从理论上提供指引，又基于思维能力培养目标设计了规模化的客观习题。本课程每章均附有与线上课程同步的客观练习题及参考答案，题型分为单项选择题、多项选择题和判断题，帮助读者培养创新意识、创新习惯，与具体的职业或专业创新技能互相补充，以为创新创业者服务。因此，本课程既适于高校学生研习，也适于社会创业者进行思维训练。

　　本课程内容主要根据线上课程讲授内容汇编而成。其中，第1、5、9章由中山大学熊明辉编写；第2、3、6章由深圳大学陈曦编写；第4、7、8章由广东司法警官职业学院陈灵编写；第10章由新疆警官学院贾磊编写；第11、12、20章由中山大学卢俐利编写；第13、17章由华东政法大学杜文静编写；第14、15、16章由中山大学郭燕销编写；第18、19、21章由广东开放大学王春穗编写；第22、23、24章由东莞理工学院郭奕鹏编写。全书由广东外语外贸大学张爽负责统校。

　　由于团队的水平与能力所限，错误或不当之处在所难免，敬请读者批评指正。

熊　明　辉

2019 年 1 月 26 日

目 录

第1章　呼唤批创思维

主编导语

　　批创思维导论既是一门创新创业课程，也是一门逻辑通识课程。与大多数课程不同的是本课程既讨论了批判性思维能力，又讨论了创新思维能力，希望通过这门课程的学习，大家能够提高自己的批判性思维能力和创新性思维能力。毋庸置疑，批判性思维与创新性思维能力培养已成为当代国际高等教育的主旋律。1998 年，联合国教科文组织发布了《巴黎宣言》（《面向 21 世纪高等教育世界宣言：观念与行动》），提出要革新教育方式，培养大学生的批判性思维能力和创新精神。2015 年，联合国教科文组织在韩国发布了《仁川宣言》，提出了 2030 年教育行动纲领，明确提出要开发所有人的创新思维和批判性思维能力。在我国，2015 年国务院办公厅颁发了《关于深化高等学校创新创业改革的实施意见》，对加强创新创业教育提出明确要求。不仅如此，2016 年 6 月 9 日，习近平总书记在"两院院士"（两院即中国科学院和中国工程院）大会上指出："我们的科技发展方向就是：创新，创新，再创新。"那么，如何创新呢？创新与批判性思维、创新性思维的关系如何呢？下面我们一起探索这些问题的答案。

讲授内容

　　本章主要讲三个方面的内容：一是全球化时代对思维技能提出新的要求；二是对批判性思维的三大误解；三是改善我们思维技能的途径。

1.1　时代在呼唤

　　首先我们看第一个问题，即全球化时代的好思维。

　　全球化正改变着我们的工作方式和生活方式。为什么这样说呢？因为在全球化时代，**我们首先必须处理两大问题：一是世界复杂问题；二是个人发展问题**。比如全球变暖、环境污染、金融危机、新流行病等，这些是世界复杂问题。那么，个人发展问题又有哪些呢？首先，我们每天必须面对海量信息，要识别出这些信息的真伪，要筛选出对我们有用的信息；其次，我们不得不与世界各地的聪明人一起竞争。

要想处理好这两大问题，我们必须要有好的思维，要有新的思想。那么，**什么是好思维呢？好思维有两种：一种叫作"批判性思维"**(Critical Thinking，**又称"批判思维""批判思考"等）**，**第二种叫作"创新性思维"**(Creative Thinking，**又称"创新思考""创造思维"等)**。批判性思维主要是用来分析问题的，而创新性思维主要是用来解决问题的。

什么是批判性思维？简单地说，批判性思维就是指理性的清晰思维，它主要包括准确思维、系统思维、逻辑思维、科学思维等。[1]

什么是创新性思维呢？或者说，创新性思维是用来做什么的呢？

(1) 提出有用的新思想。要注意，这里所谓的"新思想"，同时还必须是"有用"的新思想，而不是只要"新"就可以的。

(2) 发现不同的可能性。因为我们要解决问题的时候，往往并不只有一个答案，而可能有多个答案，我们需要找的是那个最优的答案。

那么，批判性思维与创新性思维是什么关系呢？有人认为，创新性思维包含了批判性思维；有人认为，批判性思维包含了创新性思维；有人认为，这两种思维是没有关系的。但是，这三种观点都是不正确的。事实上，**批判性思维与创新性思维是同等重要的**。打个比方来说，二者好比一枚硬币的两面，缺少任何一面，硬币都会失去其应有的价值。因为为了解决问题，我们需要创新性思维来提出新思想，而一旦新思想提出来之后，就又需要用批判性思维来评估和改善这些新思想。

批判性思维能力到底有哪些呢？在这里，我们为大家总结为"十能"，具体如下：

第 1 能：能够理解不同想法的逻辑关联；
第 2 能：能够简明扼要地表达想法；
第 3 能：能够识别、评估和构建论证；
第 4 能：能够评估决策过程中正反两方面的因素；
第 5 能：能够评估与假说有关的支持证据与反对证据；
第 6 能：能够发现推理中的不一致以及一些常见的谬误；
第 7 能：能够系统地分析问题；
第 8 能：能够识别不同想法的重要性以及它们之间的相关性；
第 9 能：能够形成个人的信念以及实现个人的价值；
第 10 能：能够反省和评估自己的思维技能。

对于各行各业来讲，批判性思维技能都是非常基本的。因为人生在世，我们不得不去交流思想、做出决策、分析问题、解决问题，因此，可以说批判性思维具有领域一般性。正如伟大的哲学家苏格拉底所说："未经审视的人生是不值得过的"。这里的"未经审视"，指的就是批判性思维。

需要特别强调的是，批判性思维还是科学和民主的基础。在科学当中，在设计实验时、

---

1 Joe Y. F. Lau. An Introduction to Critical Thinking and Creativity, Think More, Think Better[M]. A John Wiley & Sons, Inc., 2011.

在检验理论时，我们都需要理性，也就是需要批判性思维；要建构朝气蓬勃的民主社会，同样也需要其成员能够客观地思考社会政治问题，避免形成偏见，这里的"客观地思考"，也就是批判性思维。因此，批判性思维能力的培养已被公认为当前教育的一大核心目标，是世界范围内教育革新的重要内容和潮流。

1.2 三 种 误 解

对批判性思维的三大误解主要如下：

第一个误解：批判性思维，无时不在批评别人，因而，毫无建设性；

第二个误解：批判性思维并不实用，因为生活中人们往往不遵从理性；

第三个误解：批判性思维和情感、人际关系完全对立。

第一个误解，"批判性思维，无时不在批评别人，因而毫无建设性"。这种观点错在哪里呢？第一，批判性思维并非纯粹是一种摧毁力量，因为在拒斥了那些错误思想之后，我们就更接近于发现真理；第二，批判性思考的精髓在于扬弃，也就是一种批判地继承，而不是一味批评别人；第三，批判性思考者是富有同情心的、建设性的，而不只是否定性的、对抗性的。

第二个误解质疑的是批判性思维的实用性，因为人们在日常生活当中往往并不遵从理性。其实，这种批评混淆了"理性地思考"和"明确诉及理由"。在日常生活中，许多人确实不理性，要影响他们，有时我们还需要诉诸权威、情感以及理由之外的其他因素。但即使如此，我们仍然能够用批判性思维，从策略上思考何种方式才是我们实现目的的最佳途径。

第三个误解认为批判性思维与情感、人际关系完全对立。我们当然肯定爱情和友谊的价值，但是，批判性思维与它们并不对立，相反，有助于这些感情的培养。批判性地思考利弊，能够帮助我们改善人际关系，使之更让人满意。此外，仅仅依靠情感来行事，也并非总是明智之举。

1.3 思 维 改 善

如何改善我们的思维技能呢？

首先，我们必须假定，思维总是有改善的余地的。比如，我们每个人都会跑步，或者说，跑步是我们天生具有的技能。那么，是不是就不必学习跑步的专业知识了呢？当然不是。假如我们接受了专业的训练，就会改善我们的呼吸和姿势，从而帮助我们跑得更好。思维也是如此，人人都会思考，但是，学习和训练能帮助思维进一步改善和提升。心理学研究表明，人们在推理时，会犯很多错误，比如他们会过高地估计自己的能力，将世界解释得与自己的偏见相符合，在这个闭环里故步自封，当然也可能错误地建构观点或者错误归因。通过批创思维学习，我们就更可能避免这些错误。批创思维是一种认知技能，我们需要开发它、挖掘它。

那么，**如何开发和挖掘这种认知技能呢？有三个条件是必不可少的：第一，要学习理论；第二，要认真实践；第三，要端正态度。**我们可以把批创思维者比作篮球运动员，一个优秀的篮球运动员，必须学习理论，必须认真实践，必须端正态度。不懂得基本理论，不可能成为优秀的篮球运动员；没有付诸实践，也不可能成为优秀的运动员。我们也可以把思维比作骑自行车，我们需要知道其中的一些理论，比如说"保持平衡"，但是，并不是只要知道了这个理论就会骑自行车了，而必须经过认真实践。另外，要是摔过几次跤就不肯练习了，那这个态度也不端正。

1.3.1　学习理论

要想习得批创思维，我们需要学习哪些理论呢？批创思维理论主要分为七个板块：第一是意义理论，第二是逻辑知识，第三是科学方法，第四是决策理论，第五是价值理论，第六是谬误理论，第七是偏差理论。

只有认真学习这些理论，才有可能成为一个批创思考者。但是要注意，这里只是说"有可能"，因为只学习理论是不够的，还需要认真实践。以郎朗为例，他有出众的天赋，但是，也要经过理论学习、认真实践，才能成为一位优秀的钢琴家。

图 1-1 是荷兰阿姆斯特丹国立博物馆的镇馆之宝，叫作《夜巡》，是伦勃朗(Rembrandt Harmenszoon van Rijn, 1606—1669 年)的杰作。在赞叹不已的同时，我们当然知道在娴熟的绘画技巧背后是久耕不辍的认真实践。即使是像莫扎特(Wolfgang Amadeus Mozart，1756—1791 年)这样的天才音乐家，也要经过认真的实践。传说在十岁左右的时候，莫扎特就已经写了很多练习曲了。著名的高尔夫球手泰格·伍兹(Eldrick Tiger Woods，1975—)十几岁就已扬名世界，但是，你知道吗？在伍兹 18 个月大的时候，父亲就为他聘请了高尔夫球教练。可见，即使对于优秀人才来讲，要想在某一个领域达到世界级水平，也需要花约 10 年的时间，

《夜巡》

图 1-1　《夜巡》

也就是大约 10 000 个小时，来进行专业的、系统的强化训练，这就是大家熟悉的"10 年黄金规则"，也常被称为"10 000 小时规则"。这条规则适用于各行各业、各种专门技术，比如体育、音乐、棋类、写作、科学研究，等等。

1.3.2　认真实践

要如何去实践思维呢？当然，要求每个人都投入同样多的精力来练习思维技能，可能是不现实的，但经验告诉我们，付出实践是学好思维的必经之路。如何去实践呢？大家可以认真练习好思维的"四步曲"，具体如下：

1．把握新的想法

我们需要分析问题和解决问题，要解决问题，就要有新的思想，要有新的思想，当然就要有新的想法。那么，什么是新的想法？我们需要思考如下四大议题：

(1) 关于这个新想法，它的关键词、它的主要概念是什么？它们清楚吗？

(2) 能够使这些想法更精确一点吗？

(3) 它与其他事情如何关联？

(4) 是否有展示其含义的例子？

2．寻找正、反理由

正、反理由分别指的是支持它的理由和反对它的理由。寻找正、反理由我们也需要考虑四个议题：

第一，列出所有的支持理由和反对理由；

第二，统计和评估这些理由；

第三，从正、反两方面来思考这个问题；

第四，该主张存在反例吗？

3．考虑重要性与相关性

考虑重要性与相关性也就是要问，这个想法为什么是重要的？或者说，它与什么是相关的？与我们的问题是相关的吗？这里，同样需要考虑四个议题：

第一，它所带来的主要后果是什么？

第二，它将产生什么影响？这个影响是有用的吗？

第三，它会让人吃惊吗？

第四，我们从中学到了什么新的东西吗？

4．考虑其他可能性

考虑其他可能性主要涉及两个问题：

第一，还有其他相关信息吗？

第二，有无值得考虑的其他类似情况？关于这个问题，全球著名投资商巴菲特(Warren Buffett，1930—)说得好：

　　你应当说清楚，为什么你正从事现在这份工作？为什么你会投资你正在投资的产品以及其他任何你正在做的事情？假如你不能给出相应的说明，你最好再去仔细想想，把它想清楚。如果最后也不能给出任何明智的答案，那你就不应该去做那件事。除非我能够把我的理由明确地写出来，否则，我就绝不会买任何东西。我可能错了，但我要知道我自己的答案，今天我花 320 亿美元买可口可乐公司，是因为……如果你不能回答这个问题，你就不应当买；要是能够回答这个问题，并且能够寻找多个答案，你就会赚更多的钱。挣钱可能并不是我们的首要目标，但如果我们同样能够为自己的行动给出理由，并且仔细地考量这些理由，我们就更可能达到我们的目标。

1.3.3　端正态度

　　好的思维需要积极的态度。那么，积极的态度有哪些呢？第一，要独立思考；第二，要思想开放；第三，要头脑冷静；第四，要分析反思。

　　第一，关于独立思考。有人只想知道现成的答案，而不是试着自己去思考问题，有些人面对抽象复杂的想法就会失去信心，但优秀的思考者能够独立思考，必要时甚至有勇气质疑和对抗传统。第二，关于思想开放。优秀的思考者会客观地看待证据，愿意根据证据来悬置自己的判断，改变自己的观点。思想开放的思考者不是教条主义者，他们敢于承认错误，敢于思考新的可能性，不会毫无理由地排斥新的想法。第三，关于头脑冷静。好思维并不要求放弃情感，但我们应当避免让我们的感觉胜过推理。比如当你与他人存在分歧时，如果你很容易被愤怒控制，那么你要有条理地思考就很困难了。客观公正地评估，才能有助于我们做出更好的决策。第四，分析反思是一种重要的积极态度。面对问题，我们不要直接跳到结论上去，优秀的思考者会花时间系统地、仔细地分析问题，积极地寻找正、反理由，他们更感兴趣的是通过更多地了解自己真实的强项和弱项，不断完善自己的思考。

　　至此，我们探讨了三个问题：第一，全球化时代的思维技能；第二，对批判性思维的三大误解；第三，如何改善我们的思维技能。

主编结语

　　要记住：假如你想成为批判思考者，想成为创新思考者，你必须端正态度，学习理论，认真地实践；假如你想成为时代的骄子，想与世界各地的聪明人竞争，并在竞争中立于不败之地，你还必须相信"10 年黄金规则"。正如刘彦方教授所说："当大多数人都不愿意改变自己时，如果我们愿意改变自己，那么，我们就有了超越他人的机会，而且我们也会由此而变得与众不同。"

线上作业

一、**单项选择题**(本题共有 11 个小题，每个小题都有 4 个备选答案，但只有一个是最佳答案，请挑选出最佳的答案。)

1．"要革新教育方式，培养大学生的批判性思维能力和创新精神"的提出者是(　　)。

　　A．联合国教科文组织　　　　　　B．法国

　　C．韩国　　　　　　　　　　　　D．中国

2．"要革新教育方式，培养大学生的批判性思维能力和创新精神"是联合国教科文组织(　　)年在巴黎提出来的。

　　A．1998　　　　B．2012　　　　C．2015　　　　D．2016

3．"要开发所有人的创新思维和批判性思维能力"是联合国教科文组织 2015 年在(　　)中提出来的。

　　A．《巴黎宣言》　　　　　　　　B．《科学宣言》

　　C．《仁川宣言》　　　　　　　　D．《世界文化多样性宣言》

4．"我们的科技发展方向就是：创新，创新，再创新"是习近平总书记(　　)年在"两院院士大会"上提出来的。

　　A．1998　　　　B．2012　　　　C．2015　　　　D．2016

5．国务院办公厅在(　　)年颁发了《关于深化高等学校创新创业教育改革的实施意见》。

　　A．1998　　　　B．2012　　　　C．2015　　　　D．2016

6．苏格拉底说："未经审视的人生不值得过"。其中，"审视"的意思主要跟(　　)比较接近。

　　A．批判性思维　　　　　　　　　B．创新性思维

　　C．创造性思维　　　　　　　　　D．批创思维

7．批判性思维主要是用来(　　)问题的，而创新性思维主要是用来解决问题的。

　　A．分析　　　B．解决　　　C．回避　　　D．回答

8．"你应当说清楚，为什么你正从事现在这份工作？为什么你会投资你正在投资的产品以及其他任何你正在做的事情？假如你不能给出相应的说明，你最好再去仔细想想，把它想清楚。如果你最后也不能给出任何明智的答案，那你就不应该去做那件事。"这段话是(　　)说的。

　　A．巴菲特　　　B．刘彦方　　　C．泰格·伍兹　　　D．伦勃朗

9．批判性思维主要是用来分析问题的，而创新性思维主要是用来(　　)问题的。

　　A．分析　　　B．解决　　　C．回避　　　D．回答

10．下列选项中，(　　)的说法没有误解批判性思维。

　　A．批判性思维主要是用来分析问题的，而创新性思维主要是用来解决问题的

11. 创新性思维包含了批判性思维。(　　)

12. 批判性思维与创新性思维犹如一枚硬币的两面，同等重要。(　　)

13. 我们可以用批判思维来提出新思想，而创新思维可以用来评估这些新思想。(　　)

14. 在科学实验中，只需要创新思维，而不需要批判性思维。(　　)

15. 在民主社会中，也需要批判性思维。(　　)

16. 批判性思维无时不在批评别人，因而毫无建设性。(　　)

17. 批判性思考者总在批评别人。(　　)

18. 批判性思维是一种批判继承的思维。(　　)

19. 批判性思维是一种摒弃式思维。(　　)

20. 批判思考者是富有同情心的，富有建设性的。(　　)

21. 批判思考者只是否定性的和对抗性的。(　　)

第2章 清晰写作指引

主编导语

你相信有 UFO 吗？根据 2005 年的一个民意调查，34%的美国人相信存在 UFO。2007 年，日本内阁大臣町村信孝在电视上表态称"UFO 确实存在"，顿时一石激起千层浪。但是，在回答这个问题之前，请你先停下来想想，UFO 指的究竟是什么？实际上，"UFO"只是"不明飞行物"的缩写。根据这一解释，如果天空中飞行着我们不明确其来历或者性质的物体，那它就是 UFO。这样一来，天空中必然存在许多 UFO。它们可能是探空气球或大气投射的光影，等等。当然，UFO 还可能意指外星飞船。要是这样，那是否存在 UFO 就真的"不明"了。可见，清晰思考与清晰写作是多么重要啊！

讲授内容

现在我们学习第 2 章——清晰写作指引。在本章中，我们将主要学习三个方面的内容，它们是字面意义、融会贯通、写作报告。

2.1 字面意义

UFO 的例子告诉我们，两个因为是否存在 UFO 争论的人，如果不是在同一意义上使用这个概念，那么这一争论就毫无意义。当一个主张的意义不明晰时，我们可能无法论其真假。如果希望成为一名优秀的思考者，我们应当培养一种重要的习惯：在接受一个主张之前先停下来想想，它的意义究竟是什么，以及我们是否真的明白它。

虽然我们应当试图让表达臻于清晰准确，但这并非是一条绝对法则。有时，清晰并不是必要的。当我们在使用微波炉时，我们就无需理解微波的物理原理。因此，重要的是，当我们需要的时候，我们就可以清晰地解释事物。

下面我们将讨论如何通过增强对字句意义的敏感性以及在不同的想法之间融会贯通，以使得我们能够更好地清晰思考与写作。

我们首先应当识别陈述的字面意义，并对字面意义与言外之意加以区分。字面意义是语言表达式的一种属性，一串语词的字面意义是由它的语法属性以及其中各个语词被赋予的约定意义决定的。例如，"单身汉"的字面意义就是未婚男子。言外之意则与字面意义不同，它是说者在特定语境下表达的隐含信息。当一个人望着窗户说："这儿真冷啊！"他可能就是在暗示旁边的人关窗，而这一信息明显不同于该陈述的字面意义。

当然，良好的交往技能需要对言外之意甚至是身体语言这样的相关线索保持敏感，但我们也应当能够直接明确地利用字面意义表达观点。利用字面意义表达观点的好处如下：

第一，可以帮助我们避免误解；

第二，我们所说语句的真假通常取决于字面意义而非言外之意。

在其他的一些情况下，关注字面意义也非常有用。例如，作为消费者，我们要关注食品安全质量，为了做出知情选择，我们就需要关注食品标签的意义。当下很多食物被认为是低脂的，但是低脂的并不意味着是低糖和低盐的。那些标有不含人工香料的食物就可能含有大量的防腐剂。这些现象无疑告诫我们，对于那些关注食品安全的人来说，必须对食品标签的意义格外留心。

2.2　融会贯通

然而，仅仅关注字面意义还不足够，要想清晰地思维与写作，融会贯通也必不可少。爱因斯坦曾说过："不能做出简洁的解释就说明没有深刻地理解。"许多人都沉迷于他们无法解释的晦涩观点，他们认为这种观点意义深远而且很可能是对的，但这常常是一种幻觉。为了避免自我欺骗，我们应当确保可以清晰系统地解释我们的观点。要做到这一点，就必须学会融会贯通。下面我们介绍一些具体的方法。

1. 举例

通过例子来理解词语和概念，对学习是至关重要的。大家可以想一想，小孩是怎样学习像"红色""蔬菜"这样的词语的。能够给出自己的例子，是你对一个概念学以致用的好迹象，具体的事例对于阐明抽象概念大有好处。在写作和报告中应当仔细选择事例。生动且出乎意料的例子往往能令人印象深刻，用一些听众能够感同身受的人物故事将令你传达的信息更易于理解。而解释一条规则为何适用于某种情况而非另一种情况，对比例和反例也是非常有用的。

2. 定义

相比举例而言，定义能够进一步解释术语的完整意义。为什么人类和奶牛都是哺乳动物，而鱼和乌龟却不是呢？这时，你需要一个关于哺乳动物的定义去解释它。在消除歧义方面，定义也非常有用。

3. 识别蕴含

为了解释理论提议和规则，我们可以指出它们所带来的独特后果。如果它们是正确的或已被接受的，那么我们就要解释它们是如何发挥作用的。例如，科学家说到了 2010 年全球变暖可能会导致气温上升 5℃。为了进一步解释这一理论，我们可以列举一些可怕的后果。例如，海平面会上升、冰川会消失、全球性的水资源枯竭以及三分之一的物种濒临灭绝。理解某一理论的后果会令我们发现其重要性，并将它与其他观点融会贯通。

4．比较与对比

理解某一事物意味着知晓它与其他事物之间的差异。以速度和加速度为例，加速度是速度的变化率。事实上，就算某一物体以极快的速度移动，如果它的移动是匀速的，那么它的加速度也为零；而如果一个物体的运动速度变化奇快，即便其最终速度很慢，那它也有很大的加速度。

5．分解事物

在日常生活中，要明白一个复杂系统的运作，我们可以观察它的部件及其互动。机械师修理汽车就是检查汽车不同部件功能并观察它们是否恰当匹配。同样地，我们可以把某一观点予以分解，从而更清晰地解释它。例如，在我们学习这门课中，我们就从批判思维和创新思维这两个角度来阐释什么是好的思维。我们将批判性思维定义为清晰理性的思维，并进一步解释"清晰"与"理性"。将一个一般性的想法分解为若干个更小的概念，甚至将后者进一步地分解，这就像是由树干发散出树枝以及更小的细枝末节。可以说以树形的方式组织观点拥有诸多好处，它可以使得观点更加便于理解和记忆，在向他人解释这些观点时，便于我们调整所说内容的详细程度。我们可以始于顶层并根据听众的情况和时间设定逐步加以细化。有些人不花上十分钟根本无法解释清楚任何事情，但是具有深刻理解能力的聪明人仅仅用上几十秒就如同讲了十分钟。

2.3　写作报告

基于上面的阐述，现在我们可以来谈谈高效写作报告的五个诀窍。良好的沟通不仅关乎于词要达意，而且还要思考如何以引人注目且便于理解的方式包装我们的观点。一般而言，你需要确保该观点对读者来说是简单、有序且中肯切题的。下面我们为大家介绍高效写作报告的五条诀窍。

1．了解听众兴趣

关注听众会觉得有趣且切题的要点。为此，你可能需要问问自己如下问题：听众对这个话题的了解有多少？听众是专业人士还是普通人士？听众希望从你这儿获得什么？你的目标是为了娱乐大家还是展现学识？听众最感兴趣的是什么？是否应当考虑一些特殊的格式？是否应当提供奖励、利用投影仪以及是否有时间限制？等等。

2．突出中心思想

你应该好好思考你的报告主旨是否存在关键信息，强调它，并清晰传达。如果一个报告里全部都是重点，那其实根本就没有重点。你需要对值得强调的观点进行选择，如果要

3．在写作中，我们应当尽可能地使用主动语态而非被动语态。(　　)

4．在写作中，应多使用"和"这样的连接词。(　　)

5．因为通常话语的真假由其字面意义决定，故良好的交往只需要关注字面意义。(　　)

6．在日常生活中，关注言外之意并不重要。(　　)

7．只要全方位了解听众就一定能做出优秀的报告。(　　)

8．只要观点正确，它以何种形式包装并不重要。(　　)

9．由于短句提供的信息量太小，因此我们应该尽可能地用长句组织观点。(　　)

10．解释字面差异的一种方法是识别它们不同的逻辑蕴涵。(　　)

11．运用一些听众能够感同身受的人物故事将令你所传达的信息更易于被他们所理解。(　　)

12．以树型方式组织观点虽然有助于我们向他人解释观点，但它却不利于我们调整所说内容的详细程度。(　　)

第 3 章　概念定义技巧

　　言语交流要借助一些基本的概念。在交流过程中，要是人们对基本概念的理解不一样，就不可能达到有效交流的目的。那么，如何让交流主体在基本概念的含义上达成共识呢？那就是定义。定义有许多类型，也有许多诀窍。

讲授内容

　　本章学习的内容是定义。我们首先介绍三种定义；然后在此基础上，给出一些定义标准并提供一些定义方法；最后我们将破除一些关于对定义的误解。

3.1　三 种 定 义

　　在阐释和解释意义的时候，定义非常有用。一个典型的定义包括两个部分：被定义项和定义项。其中被定义项是被定义的那个语词，而定义项是用来定义被定义项的语词。对此，有一些基本的术语需要特别说明。词项是某种语言表达式中由一个或多个词语所组成的指称性表达式。例如"孔子""哺乳动物""紫色"都是词项。词项的指称是该词项所指涉的对象。例如"孔子""哺乳动物""紫色"这些词项分别指涉的是一个人、一种动物和一种颜色。某一词项所指涉的事物集合被称为外延，因此，海豚、人类、毛驴、大猩猩都属于哺乳动物的外延。与某一词项相对应的概念则概括了我们对该词项理解的一种思想观念。需要注意的是，虽然词项是由词语组成的，但概念却不是。中文中的"水"和英文中的"water"是两个不同的词语，虽然它们在拼写和发音上非常不同，但是它们却具有相同的意义并且表达着同一个概念。本章中我们将定义视为对词项的定义。

　　根据定义的目的，我们可以将其分为报告性定义、规约性定义和精确性定义三类。

1．报告性定义

　　报告性定义也被称为词典定义，它是对词项既有意义的报告。例如，"质数"这个词项就可被定义为任何大于 1 且仅能被 1 和它自身整除的整数。显而易见，报告性定义对于学习一门语言中的新词非常有帮助。评价报告性定义的主要标准是，定义项的意义应当与被种动物。当然除了骡以外，动物当中还有其他各种各样的种类。因此下一步便是识别种差。种差这一属性可以将一个属内的事物分成两组，即落入被定义项外延的组和不落入其中的组。在"骡"这个例子当中，这个属性是公驴与母马的后代。然后我们将这两部分结合就可以得出"骡"的最终定义：骡是一种公驴和母马所生的动物。

3.3　可能的误解

最后，我们再谈谈关于定义的一些误解。

首先，定义无疑是非常有用的，但如果有人宣称人们应当定义所有的词语，那这就是一种误解。

我们没有必要对词语的使用时时处处地做到精确清晰，否则我们的生活会丧失很多的笑话以及乐趣。此外，很多词语是很难定义的。我们就是通过例子而不是完全通过定义来学习像"绿""暖""冷"这类词语的。例如，"时间""存在"这些词，我们常跟它们打交道，它们看上去也非常基础，但是这样的词却难以被定义。无论如何，不可能在毫无循环的情形下将我们使用的所有词语定义出来，因为我们的语言只包含有限的词语数量。

其次，关于定义的第二个误解是，认为词典提供了最为权威和准确的定义。

在学习语言时，词典当然非常有用。但是，很多词汇拥有技术性意义。例如，像经济学当中的"通胀"、物理学当中的"质量"，通用词典通常无法给予这些词汇正确的解释，你很有可能需要查询更为专业的词典。无论通用词典还是专业词典，词条通常只是描述词项的主要用法，并不能认为其提供的定义是全面的，也不能认为是最权威、最准确的。

最后，很多抽象概念的定义是极富争议的，简单化和词源学谬误都是应当避免的误解。

例如，"艺术""正义""理性"，等等。简短的词条的确可以帮助我们深入思考这些概念，但是我们不应当期待词典可以给这些概念最终且恰当的解释。有时，人们还会认为，为了知道词项的真正意义，我们必须找出它的原初定义或意义，但这是一种误解，即词源学谬误。词源学谬误是这样的一种错误观念，即我们总是需要考察词汇的历史即最初用法以确定它的当下意义。然而经过漫长的时间，词语的意义和用法是会发生变化的。

本章我们学习了定义的相关基础知识，了解到定义的类型、标准、方法以及关于定义的一些误解。理解并运用这些知识将对我们形成批判性思维大有助益。

主编结语

对批创思维而言，定义技巧非常重要，这是把握言语交流中基本概念的必备技巧。没有掌握好定义技巧的人，不可能成为真正的批判思考者和创新思考者。在人际交流中，意见分歧在所难免。有时意见分歧源于利益分配；有时意见分歧源于对基本概念理解不同。学了这门课程，希望大家今后只为正义而战。

线上作业

一、**单项选择题**(本题共有 11 个小题，每个小题都有 4 个备选答案，但只有一个是最佳答案，请挑选出最佳答案。)

1. 词项是在某种语言中由一个或多个(   )所组成的指称性表达式。

    A. 词语   B. 话题   C. 事物   D. 陈述

2. 一个典型的定义包括定义项和(   )。

    A. 被定义项   B. 待定义项   C. 已定义项   D. 非定义项

3. 某一词项所指涉的事物集合被称为(   )。

    A. 外延   B. 内涵   C. 意义   D. 真值

4. 以下说法正确的是(   )。

    A. 概念是一个词项的外延   B. 概念和词项没有实质区别

    C. "水"和"water"表达了不同概念   D. 概念是抽象的思想观念

5. 评价报告性定义的主要标准是定义项的(   )，应当与被定义项的意义完全吻合。

    A. 真值   B. 外延   C. 表达   D. 意义

6. 对报告性定义而言，如果定义项适用于被定义项无法适用的事物，那它就(   )。

    A. 包括了它不应包括的事物   B. 包括了它本应包括的事物

    C. 没有包括它不应包括的事物   D. 过窄

7. 如果规约性定义被接受，那么词项将根据规定的(   )方式被使用。

    A. 新   B. 旧   C. 一般   D. 特定

8. 在规约性定义中，被定义项的意义(   )取决于定义项的意义，而无论后者究竟是什么。

    A. 完全   B. 部分   C. 大体   D. 不

9. 将时间定义为"一种由钟表所测度的量"，这个定义犯下了(   )的错误。

    A. 模糊定义   B. 循环定义   C. 反复定义   D. 诱导定义

10. 词典的词条通常只描述了词项的(   )。

    A. 主要用法   B. 确定用法   C. 未定用法   D. 部分用法

11. 以下说法正确的是(   )。

    A. 内涵定义并不总是最好的   B. 列举定义总是最好的

    C. 内涵定义总是最好的   D. 应当绝对杜绝列举定义

二、**多项选择题**(本题共有 10 个小题，每个小题有 5 个备选答案，其中至少有 2 个正确答案，请挑选出正确答案，多选、少选、错选均不得分。)

1. 以下属于好定义标准的是(   )。

    A. 尽可能使用内涵定义   B. 避免循环   C. 避免晦涩

    D. 避免直接   E. 避免诱导

2. 以下说法正确(　　)。

　　A. 运用属加种差定义法需要首先识别出属　　B. 种差是一种属性

　　C. 运用属加种差定义法需要首先识别出种差　　D. 种差与定义项类似

　　E. 种差与被定义项类似

3. 在"维生素是在正常生长和代谢过程中必需的微量的低分子量有机化合物"这个定义中，以下选项中不是种差的有(　　)。

　　A. 正常生长　　　　　B. 代谢过程　　　　　C. 必需的

　　D. 微量的　　　　　　E. 低分子量有机化合物

4. 以下说法错误的是(　　)。

　　A. 只有知道词项的原始意义才能知道它的意义

　　B. 词项原始意义对日常交往而言没有任何意义

　　C. 语词的意义不可能随着时间推移而发生变化

　　D. 词语的当下意义取决于它实际上被如何使用

　　E. 要知道词项的意义不必总找出它的原初定义

5. 关于精确定义，以下说法正确的是(　　)。

　　A. 精确定义与规约性定义不同　　　　　B. 精确定义具有一定的任意性

　　C. 精确定义具有完全的确定性　　　　　D. 精确定义没有任何标准可言

　　E. 精确定义与报告性定义相同

6. 关于规约性定义，以下说法错误的是(　　)。

　　A. 规约性定义有时要忠于被定义词项的原意

　　B. 规约性定义的被定义项的意义不取决于定义项的意义

　　C. 规约性定义的被定义项的意义部分取决于定义项的意义

　　D. 规约性定义存在定义过于狭窄的问题

　　E. 规约性定义不存在定义过于宽泛的问题

7. 以下说法正确的是(　　)。

　　A. 定义应当避免不恰当的情感内涵

　　B. 诱导性定义是一种不合格的定义

　　C. 定义有时可以用于表达特定情感

　　D. 定义的好坏与其是否不恰当表达情感无关

　　E. 定义的好坏由其是否正确表达情感决定

8. 下列属于常见定义技术的是(　　)。

　　A. 属加种差法　　　　　B. 明示定义　　　　　C. 同义词定义

　　D. 近义词定义　　　　　E. 种加属差法

9. 以下说法正确的是(　　)。

　　A. 许多词是非常难以定义的　　　　　B. 存在一些无需被定义的词

　　C. 要定义所有词必然会导致循环　　　　　D. 要定义所有词不一定会导致循环

    E．基础语词都是可被定义的

10．关于报告性定义，以下说法错误的是(   )。

    A．报告性定义应当比要定义的词项更精确

    B．报告性定义应当比待定义的词项更精确

    C．报告性定义不应比精确性定义更精确

    D．报告性定义不应比规约性定义更精确

    E．报告性定义不应比要定义的词项更精确

三、判断题(本题共有 11 个小题，请在对的题后画"√"，错的题后画"×"。)

1．报告性定义也称为词项定义。(   )

2．评价报告性定义的主要标准是定义项的意义是否与被定义项的意义大致吻合。(   )

3．如果定义项未能包括被定义项所能适用的事物，那么它就过窄了。(   )

4．规约性定义的被定义项的意义是否取决于定义项的意义要视情况而定。(   )

5．精确性定义有助于解决事实分歧。(   )

6．应该通过外延还是内涵去定义词项要视情况而定。(   )

7．从批判性思维的角度看，"生活的意义是对生活意义的追寻"是可接受的。(   )

8．由于诱导性定义不是一种好定义，因此它在现实生活中毫无作用。(   )

9．难以理解的属加种差定义是没有用处的。(   )

10．一个定义有可能既过于宽泛又过于狭窄。(   )

11．概念这种由语词构成的思想观念与词项是不同的。(   )

第4章　把握条件关系

主编导语

在我们读中学的时候，数学老师、语文老师都告诉过我们什么是充分条件，什么是必要条件。可到底什么是充分条件，什么是必要条件呢？在"没有中国共产党就没有新中国"这个口号中，共产党是新中国的充分条件还是必要条件呢？本章我们就来回答这个问题！

讲授内容

必要条件和充分条件是两个基本但又重要的概念，它们能够帮助我们理解并且分析两个概念之间是如何相关联的，以及两个不同的情形之间又是如何发生联系的。本章我们主要学习以下几个方面的内容：首先要学习什么是必要条件、什么是充分条件，然后是如何利用这两种条件关系来描述事物之间的关系，在这个过程中，我们要注意避免陷入勾销谬误的误区。此外，条件关系是和各种可能性联系在一起的，而在对可能性的学习中，我们还要注意区别排他的可能性与穷尽的可能性。

4.1　必要条件

什么是必要条件呢？对于任意的 X 和 Y 来讲，对 Y 的出现来说，X 的出现是必要的，在这种情形下，X 就是 Y 的必要条件。或者说，如果没有 X 的存在就没有 Y 的存在，那么 X 就是 Y 的必要条件。

例如，"有四条边"跟"正方形"这两者之间的条件关系，对于一个图形来讲，没有四条边是不可能成为一个正方形的，那么"有四条边"就是"正方形"的必要条件。

再比如说，"被 HIV 感染"跟"得艾滋病"两者之间的条件关系。常识告诉我们：一个人如果没有被 HIV 感染是不可能得艾滋病的。用条件关系来描述就是："被 HIV 感染"是"得艾滋病"的必要条件。

记住了什么是必要条件之后，我们再给大家解释一下什么情形下 X 不是 Y 的必要条件。其实很简单，那就是 Y 出现了，但是 X 却没有出现。假如有这样的一种情形出现，那么我们就可以确定 X 不是 Y 的必要条件。比如说"吃肉"是不是"健康生活"的必要条件？不是的。因为在现实生活中，我们知道有很多健康的素食者，他们不吃肉，但是能够拥有健康的生活，因此，"吃肉"不是"健康生活"的必要条件。再比如说，"生活在陆地上"是不是"成为哺乳动物"的必要条件呢？鲸生活在海洋里，它不是陆生动物，但它是哺乳动物。在这两个例子中，前者都不是后者的必要条件。因为 Y 出现了，但是 X 却没有出现。

必要条件在生活中经常被提及，只不过在提到必要条件的时候，我们可能并没有意识到我们所讲的其实就是必要条件关系。比如生活中我们可能会说"燃烧是需要氧气的"，这句话的意思其实就是将"有氧气"当作"燃烧"的必要条件。

要注意，单个情形能够拥有不止一个必要条件。比如刚才讲的例子，"有氧气"是"燃烧"的必要条件，但是只有氧气还不能够形成燃烧，要形成燃烧还需要有另外两个必要条件：一个是要有可燃物，另外一个就是要有适当的温度。在这里，燃烧就有三个必要条件：有氧气、有可燃物、有适当的温度。

4.2 充 分 条 件

充分条件是怎样的一种情形呢？如果 X 的出现保证了 Y 的出现，那么，X 就是 Y 的充分条件。换句话讲：如果 X 出现了那么 Y 也一定会出现，那么，X 就是 Y 的充分条件。我们来看一些例子。

比如说"正方形"跟"有四条边"。这不是我们前边在必要条件中举过的例子。它们的次序是不同的。以前学过的知识告诉我们，如果一个图形是一个正方形的话，那么它一定会有四条边。这就意味着，"正方形"是"有四条边"的充分条件。

再比如说"当爷爷"和"当爸爸"。我们知道，当了爷爷的人一定已经当了爸爸，也就是说，如果 X 出现了，则 Y 也一定会出现，那就可以讲："当爷爷"是"当爸爸"的充分条件。

为了说明 X 不是 Y 的充分条件，我们只需要指出一种情形，那就是：

X 出现了但是 Y 并没有出现。

比如说，被 HIV 感染是不是一定会发展成为艾滋病？答案是否定的。在现实世界中，有很多人携带了 HIV 病毒，但最终没有发展成为艾滋病。也就是说，"被 HIV 感染"不是"发展成为艾滋病"的充分条件。再比如说，"忠诚"是不是"诚实"的充分条件呢？答案同样是否定的。也有一些忠诚的人，为了表达对他的主人的忠诚，却以非常不诚实的方式来行事。在这两个例子中，我们可以看到，假如出现了"X 出现了，但是 Y 并没有出现"这样的一种情形的话，那就可以确定 X 不是 Y 的充分条件。

和必要条件相类似，单个情形能够拥有不止一个的必要条件，也能够拥有不止一个的充分条件。比如说，如果一个物体是红色的，我们就可以确定这个物体是有颜色的，如果一个物体是绿色的，我们也能确定这个物体是有颜色的。也就是说，"红色"是"一个物体有颜色"的充分条件，同样，"绿色"也是"一个物体有颜色"的充分条件。

4.3 事 件 关 系

在了解了必要条件和充分条件的基础上，下面来学习如何利用必要条件和充分条件描述两个事件之间的关系。

对于任意的两个条件 X 和 Y 来讲，它们之间可能存在四种彼此相关联的方式：

第一种联系：X 是 Y 的既必要又充分的条件。

也就是说没有 X 的出现就没有 Y 的出现；有了 X 的出现就一定会有 Y 的出现。比如"未婚男子"跟"单身汉"两者之间，不是未婚男子的人一定不是单身汉；是未婚男子的人则一定是一个单身汉。综合起来，"未婚男子"就是"单身汉"的既必要又充分的条件。

第二种联系：X 是 Y 的必要但是不充分的条件。

也就是没有 X 的出现就没有 Y 的出现，但是有 X 的出现却不一定有 Y 的出现。比如"氧气"跟"生存"两者之间的关系，没有氧气，我们一定不能生存，但是有了氧气，我们也不一定就能够生存，那么就可以说，"有氧气"是"生存"的必要但不充分的条件。

第三种联系：X 是 Y 的充分但是不必要的条件。

有 X 的出现一定会有 Y 的出现，但是没有 X 的出现不一定就没有 Y 的出现。比如"有儿子"跟"成为父母"两者之间，有了儿子的人一定已经成为了父母，但是没有儿子的人呢？不一定就没有成为父母。所以"有儿子"跟"成为父母"两者之间就构成了一种充分但是不必要的条件关系。

第四种联系：X 既不是 Y 的必要条件也不是 Y 的充分条件。

也就是说，没有 X 不一定有没有 Y，有了 X 还是不一定有没有 Y，那么对于 Y 而言，X 就既不是必要条件也不是充分条件了。比如"富有"跟"幸福生活"两者之间，不富有的人能不能享受幸福的生活呢？显然可以。那么富有了就一定能够享受幸福的生活吗？那也未必。所以"富有"既不是"幸福生活"的必要条件，也不是"幸福生活"的充分条件。

对于任意的两个条件 X 和 Y 而言，它们之间能够存在的条件联系就有以上这四种。这四种分法是非常重要的，因为它为我们分析事物之间的联系提供了一个出发点。在日常思维中，当思考两个事物之间的关系的时候，我们往往就可以从其中一个事物是否是另一个事物的必要条件或者是充分条件的角度来着手分析。比如"民主"跟"法治"之间的关系，我们深入地分析一下，马上就会发现，"法治"是"民主"的必要条件，如果人们不按照既定的法律规定来行事的话，那么民主就无从存在。但是"法治"是不是"民主"的充分条件呢？答案是否定的，因为也许人们所遵守的法律是不公平的，或者是不公正的，那么有了法治也不一定就会有民主。因此"民主"跟"法治"之间的关系就是："法治"是"民主"的必要条件，没有法治就没有民主；但是"法治"不是"民主"的充分条件，有了法治还不一定就能够有民主。从这个例子我们可以看到，对于在思维中所遇到的两个不同的概念、两个不同的事物情况，要理清楚它们之间的关系，我们就可以借助必要条件或者是充分条件。

必要条件和充分条件也与定义有关，我们知道，要给一个概念 X 下定义，其实也就是指出 X 的必要条件和充分条件，比如我们要用"未婚男子"这个概念来给"单身汉"下定义，其实也就意味着，"未婚男子"是单身汉的既必要又充分的条件。

另外，在日常思维中，有时候会遇到一些意见上的分歧。在这种情况下，同样可以借助必要条件和充分条件来帮助我们解决分歧。举一个例子，比如说有人讲：电脑是不会思维的，因为电脑永远都不会爱或者悲伤。这种说法有没有道理呢？我们把这个论证在条件关系上做个理顺。既然说电脑不会思维是因为电脑永远都不会爱或者悲伤，那么，"有情感"是不是"有思维"的必要条件呢？如果是的话，那是为什么？从这个角度来思考就会发现：首先，如果一个事物能够思考的话，我们往往就会认为其是有思维的，然而，情感却是另外一种不同的心智状态。我们设想一下，有没有可能存在这样的一个人？这个人是会思考的，他是能推理的，也就是说有思维的能力，可是由于脑部不幸受过损伤，导致他感受不到任何的情绪，那么在这个人身上就出现了这样的一种情形：他没有情感，可是显然是有思维的！这就意味着"有情感"并不是"有思维"的必要条件。因此，这个观点是站不住脚的。(这里不涉及人工智能范畴)

4.4　勾销谬误

需要注意的是：必要条件和充分条件很重要，但是有的时候它们也会被用在一些不好的论证中，其中就有这样一种谬误，叫作"勾销谬误"。

勾销谬误的论证模式如下：

对于一个好的或者是有价值的事物而言，某事物既不是它的必要条件也不是它的充分条件，因而某事物就是不重要的。

在日常思维中，我们可能会不自觉地犯这种错误。比如说，有人认为民主不重要，理由是什么呢？因为对于一个好的政府来讲，民主不是必要的条件，也有一些不民主的政府能够为了人民的利益而高效工作；另一方面，民主也不是好政府的充分条件，人们也有可能在民主制度之下选举出一个不够好的政府。既然对于一个好的政府来说，民主既不是必要条件，也不是充分条件，那么民主自然不重要了。这个观点显然不对。关于这个问题，英国首相丘吉尔曾经说过这样一段话：

没有人认为民主制度是完美的或者是万能的，事实上，民主制度是一种糟糕的制度。但迄今为止，这是我们对政府形式所有的尝试当中发现的最好的形式。

换言之，民主制度虽然既不是构造好政府的必要条件也不是充分条件，但是比起其他制度，一个民主的政治体制仍然比其他的政治体制更容易产生一个好的政府，所以不能因此就认为民主是不重要的。

把刚刚讲过的这个例子抽象一下，可以这么说：

对于一个效果 E 来讲，C 既不是必要条件也不是充分条件，但是 C 仍然可能是导致效果 E 产生的重要因素，因此，不要根据孤立的"有 C 无 E"或者是"有 E 无 C"就认定 C 是不重要的！

希望在我们的日常思维中不要犯这样的错误。

4.5 四种不可能

为什么要介绍可能性呢？因为必要条件和充分条件也可以用可能性的形式来表达。比如说，X 对 Y 而言是必要的，我们可以说：Y 出现了，却没有 X，这是"不可能"的。还有，X 对 Y 而言是充分的，我们也可以说：X 出现了却没有 Y，这是"不可能"的。要注意可能性是有不同的类型的。我们把可能性分为逻辑不可能、经验不可能、技术不可能以及法律不可能四种类型。

1．逻辑不可能

逻辑不可能指的是违反了逻辑规则，或者是本身包含有矛盾。比如说"圆的方"，这本身是包含矛盾的。再比如说，"在画出一个红色的正方形的同时，却没有画出一个正方形"，这也是一种逻辑不可能。

2．经验不可能

"经验不可能"指的是没有违反逻辑规则或者说没有包含矛盾，但是违反了宇宙中所运行的自然规律。比如说这个命题："不可能在水中溶解黄金"。如果宇宙换了另外一种运行方式，在水中溶解黄金就可能是可以实现的，但是在我们现在生存的这个宇宙中，这是不可能的，因为这违反了物理定律，这就是经验不可能。

3．技术不可能

我们先看一个例子："不可能在一个小时内从印度旅行到法国本土"，这种不可能就叫"技术不可能"。它指的不是这个命题包含了矛盾或者违反了物理定律，只是说在现在的技术水平上这是不可能做到的。虽然我们把它叫做技术不可能，但目前的技术不可能也许在未来技术发达以后会成为一种技术的可能。

4．法律不可能

法律不可能跟前三者不一样，它主要指的是违反了相关的法律规定。比如说，"在澳大利亚，未满 18 周岁不可能参加选举"，这就是一个法律不可能。

有的时候，我们在表述可能性时也会用"必要"或者是"必须"的形式。比如说："一个正方形必须有四条边"，"一个正方形有四条边是必要的"。

4.6　三种可能性

可能性之间的关系也值得注意。第一，一个可能性可以包含另一个可能性，比如说"明天可能会下雨"，这就包含了"明天可能下大暴雨"的可能性，也包含了"明天可能会下毛毛雨"的可能性。第二，一个可能性可以排斥另一个可能性。比如说"你的朋友现在正在巴西"，就排斥了"你的朋友现在正在美国"的可能性。第三，两个可能性之间是可以彼此独立的，比如说"明天是否会下雨"和"你今天早餐吃了些什么"两者之间就没有任何的关联性。

在各种可能性中，要特别注意：不要把"排他的可能性"跟"穷尽的可能性"相混淆。什么是"排他的可能性"？什么是"穷尽的可能性"？我们先来看概念。

1．穷尽的可能性

穷尽的可能性指的是：对于任何一种逻辑上可能的情形而言，该组可能性中都至少会有一个可能性得以成立(它没有遗漏任何的情形)。"至少有一个可能性得以成立"，也可以理解为"它们不可以都是假的"。

2．排他的可能性

所谓"排他的可能性"，即是说：不存在任何一种逻辑上可能的情形，能够使得该组可能性中有多于一个的可能性得以成立。换一句话来讲就是：其中一种可能性为真，这就排斥了其他的可能性为真。

3．穷尽的排他可能性

排他的可能性和穷尽的可能性可以形成这样一种组合：一组可能性既是穷尽的，又是排他的。那么这是怎样的一种情形？它指的是：对于任何一种逻辑上可能的情形而言，该组可能性都恰好只有一个可能性得以成立，那么我们就可以讲这种可能性既是穷尽的，又是排他的。

比如说，假设现在有一个 X，它是一个整数，那么什么情形下 X 会在一个命题中形成了一种"既非穷尽，又非排他"的情形呢？比如 X>3 且 X>4 的时候。为什么讲它不穷尽？假如说，当 X=2 的时候，那么 X>3 且 X>4 都是假的，对不对？而为什么又说它不排他呢？比如说，当 X>5 时 X>3 且 X>4 就都是真的了。所以在这里，当 X>3 且 X>4 的时候，这一组可能性就是"既非穷尽的也非排他"的，以此类推。"穷尽但不排他"是一种怎样的情形呢？比如，X>4 且 X<10 的时候，这个可能性就"穷尽但非排他"。第三种情形是"排他但不穷尽"，比如 X>4 且 X=1 的时候。第四种是"排他且穷尽的可能性"，在"X>0，X=0，X<0"这组可能性中体现出来的就是"排他且穷尽的可能性"。

主编结语

　　下面我们来思考三个问题：第一，"努力学习"是"取得成功"的充分条件还是必要条件呢？第二，"勤奋工作"是"获得高薪"的充分条件还是必要条件呢？第三，"金钱"是"幸福生活"的充分条件还是必要条件？相信大家应该都能够找到答案。

线上作业

　　一、单项选择题(本题共有 10 个小题，每小题都有 4 个备选答案，但只有一个是最佳答案，请挑选出最佳答案。)

　　1．X 是 Y 的必要条件意味着(　　)。

　　　　A．对于 Y 的出现来说，X 的出现是必要的

　　　　B．对于 X 的出现来说，Y 的出现不是必要的

　　　　C．X 出现了，Y 一定也会出现

　　　　D．无论 X 是否出现，Y 都会出现

　　2．以下哪项表示 X 不是 Y 的必要条件？(　　)

　　　　A．X 出现，则 Y 也会出现　　　　　　B．X 出现，但 Y 不会出现

　　　　C．X 没有出现，而 Y 出现了　　　　　D．X 没有出现，Y 也没有出现

　　3．X 是 Y 的充分条件意味着(　　)。

　　　　A．X 出现了，Y 一定会出现　　　　　B．X 出现了，但 Y 一定不会出现

　　　　C．X 没有出现，Y 一定不会出现　　　D．无论 X 是否出现，Y 都会出现

　　4．以下哪项表示 X 不是 Y 的充分条件？(　　)

　　　　A．X 出现，Y 也会出现　　　　　　　B．X 出现，Y 却没有出现

　　　　C．X 没有出现，Y 却出现了　　　　　D．X 没有出现，Y 也没有出现

　　5．以下哪项表示 X 既不是 Y 的必要条件，又不是 Y 的充分条件？(　　)

　　　　A．X 出现，Y 也会出现　　　　　　　B．X 没有出现，Y 也没有出现

　　　　C．Y 出现了，X 也会出现　　　　　　D．无论 X 是否出现，Y 都会出现

　　6．对于效果 E 而言，条件 C 既不必要也不充分，但它仍然是使得 E 实现的重要因素，则(　　)。

　　　　A．条件 C 是效果 E 的必要条件　　　B．条件 C 是效果 E 的充分条件

　　　　C．可以取消 C 对 E 的重要性　　　　D．不能取消 C 对 E 的重要性

　　7．下列选项中，(　　)是"不可能"的。

　　　　A．当 X 是 Y 的必要条件时，X 没有出现 Y 也不会出现

　　　　B．当 X 是 Y 的必要条件时，X 出现了 Y 却没有出现

　　　　C．当 X 是 Y 的充分条件时，X 出现了 Y 也会出现

　　　　D．当 X 是 Y 的充分条件时，X 出现了 Y 却不会出现

8．不可能包括( )。

　　A．演绎不可能、经验不可能、技术不可能和法律不可能

　　B．逻辑不可能、经验不可能、技术不可能和法律不可能

　　C．逻辑不可能、思想不可能、技术不可能和法律不可能

　　D．逻辑不可能、经验不可能、技术不可能和规定不可能

9．若某物包含矛盾或违反了逻辑规则，它就是( )。

　　A．逻辑不可能　　　　　　　　B．经验不可能

　　C．技术不可能　　　　　　　　D．法律不可能

10．下列关于可能性之间的关系的描述中，不正确的是( )。

　　A．一个可能性可以包含有另一个可能性

　　B．一个可能性可以排斥另一个可能性

　　C．两个可能性之间可以彼此独立

　　D．排他可能性不可能是穷尽可能性

二、**多项选择题**(本题共有 10 个小题，每小题都有 5 个备选答案，其中至少有 2 个正确答案，请挑选出正确答案，多选、少选、错选均不得分。)

1．X 是 Y 的必要条件意味着( )。

　　A．对于 Y 的出现来说，X 的出现是必要的

　　B．对于 X 的出现来说，Y 的出现是必要的

　　C．没有 X 出现，就没有 Y 出现

　　D．没有 Y 出现，就没有 X 出现

　　E．无论 X 是否出现，Y 都会出现

2．X 是 Y 的充分条件意味着( )。

　　A．X 出现了，Y 一定会出现　　　B．X 出现了，Y 一定不会出现

　　C．X 没有出现，Y 可能会出现　　D．X 没有出现，Y 可能也不会出现

　　E．无论 X 是否出现，Y 都会出现

3．能构成"受到刑罚处罚"的充分条件的有( )。

　　A．被判处有期徒刑　　　B．被判处无期徒刑　　　C．被判处赔偿损失

　　D．被判处赔礼道歉　　　E．被判处死刑

4．对于概念"人"和概念"动物"而言，下列说法正确的是( )。

　　A．"人"是"动物"的充分条件　　　B．"人"是"动物"的必要条件

　　C．"动物"是"人"的充分条件　　　D．"动物"是"人"的必要条件

　　E．"人"和"动物"两个概念之间不存在条件关系

5．给出任意两个条件 X 和 Y，它们彼此关联的方式有( )。

　　A．X 是 Y 的既必要又充分的条件

　　B．X 是 Y 的必要但不充分的条件

　　C．X 是 Y 的充分但不必要的条件

　　　D. X 既不是 Y 的必要条件，也不是 Y 的充分条件

　　　E. X 是 Y 的必要但不重要的条件

6. "年满 18 周岁"与"取得选举权"的条件关系是(　　)。

　　　A. "年满 18 周岁"是"取得选举权"的必要条件

　　　B. "年满 18 周岁"是"取得选举权"的充分条件

　　　C. "年满 18 周岁"是"取得选举权"的必要但不充分条件

　　　D. "取得选举权"是"年满 18 周岁"的必要条件

　　　E. "取得选举权"是"年满 18 周岁"的充分条件

7. 关于勾销谬误，下列说法错误的是(　　)。

　　　A. 对于一个好的事物而言，某事物既不是它的必要条件也不是它的充分条件，因而某事物不重要

　　　B. 对于效果 E 而言，条件 C 既不必要也不充分，则条件 C 不重要

　　　C. 对于效果 E 和条件 C 而言，存在"有 E 无 C"的情形，则条件 C 不重要

　　　D. 对于效果 E 和条件 C 而言，存在"有 C 无 E"的情形，则条件 C 不重要

　　　E. 对于效果 E 而言，虽然条件 C 既不必要也不充分，但它仍然可能是能够使得效果 E 更可能实现的重要因素，则不能取消 C 对 E 的重要性

8. 不可能性包括(　　)。

　　　A. 逻辑不可能　　　　　B. 经验不可能　　　　　C. 技术不可能

　　　D. 法律不可能　　　　　E. 演绎不可能

9. 以下关于穷尽的可能性和排他的可能性的说法中，正确的有(　　)。

　　　A. 一组可能性穷尽是指：对于任何一种逻辑上可能的情形而言，该组可能性中都至少有一个可能性成立

　　　B. 一组可能性排他是指：不存在任何一种逻辑上可能的情形，使得该组可能性中有不止一个可能性成立

　　　C. 排他的可能性意味着：一个可能性为真，就排斥了其他可能性为真

　　　D. 穷尽的可能性一定不是排他的可能性

　　　E. 穷尽的可能性也可以是排他的可能性

10. 对于"电灯不亮"这种情形，"停电"和"灯泡坏了"这两种可能性是(　　)。

　　　A. 穷尽的　　　　　　　B. 不穷尽的　　　　　　C. 排他的

　　　D. 不排他的　　　　　　E. 穷尽且排他的

三、判断题(本题共有 10 个小题，请在对的题后画"√"，错的题后画"×"。)

1. 如果没有 X 的出现就没有 Y 的出现，则 X 是 Y 的必要条件。(　　)

2. "正方形是有四条边的充分条件"意味着：如果一个图形是正方形，则它一定有四条边。(　　)

3. 氧气是人类生存的必要且充分的条件。(　　)

4. 我们能利用必要条件与充分条件来解决关于某些理论问题的分歧。(　　)

5．不能简单地因为"努力学习"对于"取得好成绩"既非必要也非充分条件，就认为"努力学习"对于"取得好成绩"不重要。（　　）

6．"未婚男子不是单身汉"这种情形是不可能的。（　　）

7．如果某命题是法律不可能的，则其在现实中不会实际发生。（　　）

8．两个可能性之间可以彼此独立。（　　）

9．"在金星上建立科研基地"是技术不可能的。（　　）

10．"一组可能性既是穷尽的，又是排他的"意味着：对于任何一种逻辑上可能的情形而言，该组可能性可以有两个或以上的可能性得以成立。（　　）

第5章　如何避免语害

人与人之间需要交流、沟通与说服。语言是人类交流、沟通与说服的基本工具。然而，歧义性、模糊性、不完整性等常常是自然语言的基本特征，歪曲含义、含义空废和官样文章又是许多人在言语交流中惯用的伎俩。如何辨别和避免这些语害，以达到正确有效交流的目的呢？这正是本章想要教给大家的。

讲授内容

我们先来看一则新闻的标题："全国政协邀请已故知名人士和党外全国政协委员夫人茶话迎春"（如下图所示）。你觉得这个新闻标题有什么问题没有？我相信，你读起来会觉得有点儿别扭，看起来也是怪怪的，为什么呢？因为这个标题中存在语害。这就是我们这一章要讲的内容——语害。

那么，什么是语害呢？"语害"有时又称为"语言陷阱"，是指妨碍正常有效交际的不适当语言用法，其主要表现为四种形式：含义不明、含义歪曲、含义空废和官样文章。

5.1 含 义 不 明

"含义不明"也就是"缺乏明晰性",主要有四大成因或四种表现形式。我们分别把这四种形式称为语词歧义、语词不准确、含义不完整和宏观错误。

1. 语词歧义

语词歧义主要有三种表现形式,具体如下:

1) 一词多义

一词多义,是指在一种语言中一个语词具有不止一个含义的情形,即"一词多义"。比如说,在英文当中,"bank"可以是指"河岸",也可以是指"银行";"light"可以是指"光",还可以指"天窗";"over"可以是指"结束",也可以是指"超越"。再看另外一个,"Japanese teacher"可以是指"一位来自日本的老师",还可以是指"一位教日语的老师"。

2) 指称歧义

指称歧义,它出现在语境并没有使得代词或者量词的所指得到明确之时,比如说,"John hit Peter with his iPhone. Then he died"(约翰用他的手机打彼得。然后他死了)。我们看看这个"他"是指谁?是指"约翰"还是指"彼得"呢?其指代是不明确的。再看另外一个例子,"Amie and Lucina gave some cookies to Dalman and Michelle because they liked them."(艾米和露茜娜给戴尔曼和米歇尔一些饼干,因为他们喜欢 them。)我们先看看第一个"他们",那是指谁?是指艾米和露茜娜,还是指戴尔曼和米歇尔?再看看后面的一个"them"。在英文当中的"them",可以是指人物的"他们",也可以是指动物的"它们",还可以是指事物的"它们"。在这个地方,可以是指"那些饼干",也可以是指戴尔曼和米歇尔。在这个语句里,"他们"和"them"都出现了"指代不明",或者叫作"指称歧义"的问题。

3) 语法歧义

"语法歧义"出现在表达式的语法结构可以用不止一种方式来解释的时候。有时,即使每个语词的含义都很清晰,但这种歧义仍然可能出现。让我们看一个例子:

Ralph saw Sharon on the roof with a telescope.

如果我们用汉语"拉尔夫看见沙龙在房顶上拿着望远镜"来表述,这似乎没有什么歧义。但是,在英语当中,显然存在歧义:拿着望远镜的这个人是谁?是沙龙还是拉尔夫?既可以说是"拉尔夫拿着望远镜看见沙龙在房顶上",也可以说是"拉尔夫看见沙龙在房顶上拿着一个望远镜"。这就是所谓"语法歧义"。

为了消除这种歧义,我们有两个办法:

第一,改写语句,以消除歧义;

第二,逐一说明所有不同的可能解释。

在评估论证的时候,识别歧义是很重要的。在论证当中,当关键词发生变化时,模棱两可也就出现了。

2．语词不准确

语词不准确，也叫"语义模糊"。比如一个公园入口贴着一张告示：本市老人入园免费。这里的"本市老人"应该如何解释呢？拥有本市户籍，在本市居住，还是在本市出生的老人？为了避免不必要的纠纷，园方就有必要对"本市老人"做一个相对精确的界定。同样，"学生凭证打八折"的餐厅也有必要对"学生"是否包括非全日制学生做明确的解释。一个语词，要是没有明确的边界，它就是模糊的。

在日常生活当中，我们经常会使用模糊概念，比如说，我们常见的这些词：明亮、高、秃头、聪明、有钱……仔细想想，这些概念都非常模糊，它们之所以模糊，是因为没有明确的边界。在特定语境下，它们一般不至于影响交流。但在那些要求明确信息的情况下，避免模糊就非常重要了。比如说，在求职的时候，老板总是希望看到能够证明求职者能力的确凿证据，这个时候我们用精确的数据很快就能讲清楚。比如说，在求职简历中写上这句话："负责撰写用户指南"。因为这个模糊的一般性陈述并不能证明你的能力，所以并不能收到你想要的效果。但是，假如你这样表述："一周之内，为 7000 名客户写了 5 份程序手册"，招聘单位的印象就会深刻得多。此时，比起泛泛的介绍，精确的数据信息更能突出你的成绩。

但是，模糊性也并不一定是坏事。有些时候语词必须精确，还有些时候，模糊性却可以很好地为我们所用。让我们来看看下面的例子：

(1) 在这场事故中有 2 名男性和 5 名女性受了轻微擦伤；

(2) 在这场事故中有几名男性与女性受了擦伤；

(3) 在这场事故中有几个人受了伤。

我们会发现：从上到下，它的模糊度是递增的。这种模糊性的技巧经常是很实用的。比如说，在日常交流中，当我们使用了模糊技巧的时候，观点就不容易受到反击，或者说，主张就不容易被驳倒。比如说，根据实际调查结果，前例中有 4 个男性和 3 名女性受伤，如果事实确实如此，那么第 1 个命题就被驳倒了，而模糊度更高的第 2 个、第 3 个命题仍然没被驳倒；假如实际调查的结果是受伤的 7 个人全是男性，那么第 2 个命题和第 1 个命题都被驳倒了，但是模糊度最高的第 3 个命题仍然是真的。

另外，我们要注意，"模糊性"不等同于"歧义性"。为什么呢？因为一个语词即便没有歧义，也可能是模糊的。比如说，"大西洋"这个词，它是没有歧义的，但要找到大西洋的边界，恐怕是很难完成的任务。同时，一个模糊的术语，也可能非常精确。比如说，在英语当中，"billion"这个词是模糊的。它之所以是模糊的，是因为它既可以是指"十亿"，也可以是指"万亿"。但同时，它也可以是非常精确的，因为当它是"十亿"的时候，毫无疑问是精确的；当它是"万亿"的时候，同样也是精确的。

3．含义不完整

"含义不完整"，又叫作"含义不全"。下面这道题目来自香港小学生天资测试：在

"苹果、香蕉、西瓜、橙子、梨"这几个选项中(如下图)，哪一个与其他各项不同？你会选哪一个呢？答案肯定不止一个。因为选择任何一个选项，我们都可以指出其与其他选项的不同的地方。可以想象，这样的测试根本测不出天资，因为这个问题的含义不全。

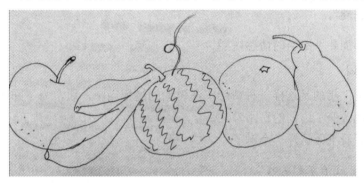

还有很多语词，比如说，"相似""如同""不同""有用""更好""重要"之类，它们的含义都是不完整的。在实际生活当中，当我们使用这些语词的时候，要特别注意。有时候，即使没有明确的标准，比较标准也是非常清楚的。比如，有人看见了一对同卵双胞胎，然后说他们非常相像。此时，他说的很可能就是他们的相貌很像对方。有时侯可能完全没有比较标准，比如说，这样一则购物广告语："对您家庭更健康的选择！"那么，我们就会想："更健康？跟谁比更健康？"因为缺乏比较标准，所以这个广告当中的"更健康"是没有意义的。

4．宏观错误

我们把没有组织好想法的情况称之为宏观错误，也叫作宏观谬误。这种错误与前面三种含义不明不同，缺乏明晰性体现在更宏观的层面。要是一篇文章的结构不融贯，语句间关联不明晰，即便单个语句相对明晰，我们也很难整体理解这篇文章，这就是宏观错误。

5.2 含义歪曲

含义歪曲主要涉及四个方面：(1) 不当情感；(2) 狡辩之词；(3) 断章取义；(4) 范畴错误。歪曲是对语词含义的误解或者曲解，其中误解是一种无意识的行为，而曲解却是一种故意的行为。如果我们有意地给出一个不正确的报告性定义，那就是一种故意歪曲的行为，或者说故意曲解的行为。

1．不当情感

许多语言表达式，并不纯粹是描述性的，而是存在肯定或否定的内涵。比如说，我们说某一个人"慷慨大方"，就是在从正面去描绘那个人。可是，有时候我们会加载一些该语词本身不具有的情感内涵，或者说使用不当的情感内涵，这就是"不当情感"。让我们来看看几个例子：

(1) 把宗教定义为迷信神的存在;

(2) 把"错误"定义为"有价值"的学习机会;

(3) 我们通常会说"那个人好管闲事",但当我们不想直说的时候,我们就会说"他对别人真的很感兴趣"。

这些例子都加载了不当的情感内涵。

2. 狡辩之词

"狡辩之词"指的是这样一种情形:在讨论的过程当中,通常为了回应某些反例或者异议,不适当地改变了语词的日常含义。

让我们来看看下面这样一个例子:

张三:"所有政治家都腐败"。

李四:"那曼德拉(Nelson Rolihlahla Mandena,1918—2013 年)和哈韦尔(Vaclav Havel,1936—2011 年)呢? 他们都是备受尊重的诚实的政治家呀?"

张三:"他们不腐败,因此,他们不是真正的政治家。"

3. 断章取义

让我们再看看含义歪曲的第三种情形,也就是"断章取义"。我们先看下面的例子:

2009 年英国顺势疗法协会向英国政府提交了一份报告,声称有科学证据支撑顺势疗法的有效性,并引用了一篇论文的如下结论:"有些证据表明,顺势疗法比安慰剂更有效,如果真是这样,这不是很令人鼓舞吗?"

但是,如果看了报告引用的这篇论文完整的段落,你就会发现这里存在断章取义的问题。完整的段落如下:

有些证据表明,顺势疗法比安慰剂更有效。可是,这些证据的强度很低,因为其试验方法品质较低,相对于这些研究,采用高质量的研究,更有可能会得出否定结论。况且,这些低品质试验方法的结果也还有待于高质量研究来加以确证。

显然,这份报告中所犯的错误就是断章取义。

4. 范畴错误

范畴错误是指把一个性质指派给了某个对象,但那类对象在逻辑上是不可能具有该性质的。语言学家乔姆斯基(Avram Noam Chomsky,1928—)曾用这样一句话来讽刺这种情形:

"无色的绿色想法愤怒地睡觉了!"

我们知道绿色肯定不是无色的,它当然也不会睡觉。这种情形就是"范畴错误"。有时候,范畴错误是表达不认真的结果;有时候则是由于语法不当所致。范畴错误也表现为"物化"。比如,前古巴领导人卡斯特罗(Fidel Castro,1926—2016 年)曾经说过这样一句话:

"历史会赦免我!"

但是，历史是不可能去赦免他的，这里对"历史"的物化就是一种范畴错误。

5.3 含义空废

什么是含义空废呢？含义空废是指这样一种情形：所使用的语言没有服务于任何有用的目的，或者说，几乎没有提供任何信息。比如，"细致分析常常要求做出精细区分"，这就是一种含义空废，因为它没有告诉你什么有用的信息。含义空废有两种形式，具体如下：

1. 空废问题

那么，什么是空废问题？让我们来看一个例子，许多非美国公民入境美国时都要填写一份表格，这个表格叫作 I-94W 表。表格上有这样两个问题：

(1) 你现在是否卷入了间谍、破坏以及其他恐怖活动？

(2) 你是否正在试图从事刑事犯罪或不道德活动？

假如你真的干过或真的打算去干这些坏事，在填这个表的时候，你可能如实填写吗？如果真这样做了的话，你一定有毛病。如果真的卷入了间谍活动、破坏活动及其他恐怖活动，谁又会填写"卷入了"呢？同理，假如有人试图进入美国境内就是为了去轰炸世贸中心，他肯定也不会承认。所以，这是一个空废的问题。

2. 空废陈述

空废陈述是指在某些相关语境当中，他们声称提供了有用的信息，但实际上并没有做到。比如说，我们看这一段天气预报：

明天或者下雨，或者不下雨。如果明天下雨，则会伴有冰雹。明天也许阴天，也许不是阴天。但如果整个上午都阴天，那早晨就不会阳光明媚。

你听到了什么？就是一堆废话而已，什么信息都没有提供。

5.4 官样文章

其实，官样文章，我们经常在读，也经常在写。"官样文章"(gobbledygook)这个术语是美国德克萨斯州的一位律师马夫里克(Maury Maverick，1921—2003 年)提出来的。1944年，为了描述充满行话的、复杂晦涩的语言，他造出了这个词。官样文章是语害的一种极端形式：简单的想法被毫无必要地表达得复杂难懂，陈词滥调被装扮成深刻道理。如果看过哈利·波特系列小说或电影，你会发现官样文章正是地精们的常用语言。

下面有两个取自 BBC 商业新闻的实例：

(1) 拥有能够宣讲他们产品属性和商业需求的专家的益处，现在即将开始奏效；

(2) 我钦佩你把注意力集中在筛选剩余潜能的数量和增长潜能的通用策略数量对比上，这正是我在试图寻找办法解决的问题。

是不是很难理解呢？但如果用日常语言表达，理解起来也许容易得多了。

另外一个例子来自法律领域，在法律文件当中，也有许多官样文章。比如，这条交通规则：

在十字路口，或在商业区的任何街道，或在靠近高速公路、快速道路或控制交叉公路之处，或在竖有禁止此类行驶标志之处，或在其他任何地方，车辆禁止转向至相反方向行驶，除非这是为了街道上的其他道路使用者安全而采取的合理行动，并且也没有干扰到会受此行动所影响的其他通行者的安全操作。

规则中的"转向至相反方向行驶"，想说的是什么呢？其实，不就是"禁止掉头"吗？这就是官样文章的坏处，让人很难理解。而法律文件应当为人们提供指导，因此，清晰的语言非常重要，这样才有助于民众理解自己的权利和义务。

对于许多组织机构而言也是如此，用素朴的语言来写文件和指示语有很多好处，比如说，雇员会较少犯错误，客户的咨询和投诉也会减少，反之，满意度会提高。在购买产品和服务时，朴素语言也有益于对消费者的保护。

当然，我们并不是说语言复杂和专业术语总是不好的。有些观点本来就是很复杂的，而专门术语则会使得专业人士的交流更高效。但是，当这些专门的术语被用来使观点变得晦涩、夸大，实际上妨碍了正确交流时，问题就产生了。我们来看看下面的例子：

(1) 终止于极端偏差；

(2) 自发的积极拆卸；

(3) 附带伤害；

(4) 木牙模拟器；

(5) 阴性病人护理结果。

你能理解这些语句的含义吗？这些都是官样文章的害处。

主编结语

2002 年 2 月，美国前国防部长拉姆斯菲尔德谈到伊拉克是否有大规模杀伤武器时说："我一向对有关尚未发生之事的报道感兴趣，因为就像我们都知道的那样，有些众所周知的事情；我们知道一些我们知道的事情。我们还知道一些很明显未知的事情；那就是说，我们知道有些事情我们不知道。但也有没人知道的未知之事——也就是我们不知道的未知事情。"这就是典型的官样文章。

线上作业

一、**单项选择题**(本题共有 18 个小题，每个小题都有 4 个备选答案，但只有一个是最佳答案，请挑选出最佳的答案。)

1. 语害的表现形式包括(　　)、含义歪曲、含义空废和官样文章。

　　A. 含义不明　　　　　　　　　B. 语词模糊

　　C. 含义不全　　　　　　　　　D. 宏观谬误

2. 语害的表现形式包括含义不明、(　　)、含义空废和官样文章。

　　A. 语词模糊　　　　　　　　　B. 含义歪曲

　　C. 含义不全　　　　　　　　　D. 宏观谬误

3. 语害的表现形式包括含义不明、含义歪曲、(　　)和官样文章。

　　A. 含义不全　　　　　　　　　B. 宏观谬误

　　C. 含义空废　　　　　　　　　D. 语词模糊

4. 语害的表现形式包括含义不明、含义歪曲、含义空废和(　　)。

　　A. 语词歧义　　　　　　　　　B. 语词模糊

　　C. 含义不全　　　　　　　　　D. 官样文章

5. "含义不明"即"缺乏明晰性"，主要有四大成因：(　　)、语词模糊、含义不全和宏观谬误。

　　A. 语词歧义　　　　　　　　　B. 一词多义

　　C. 含义歪曲　　　　　　　　　D. 官样文章

6. "含义不明"即"缺乏明晰性"，主要有四大成因：语词歧义、(　　)、含义不全和宏观谬误。

　　A. 一词多义　　　　　　　　　B. 语词模糊

　　C. 含义歪曲　　　　　　　　　D. 官样文章

7. "含义不明"即"缺乏明晰性"，主要有四大成因：语词歧义、语词模糊、(　　)和宏观谬误。

　　A. 含义歪曲　　　　　　　　　B. 官样文章

　　C. 含义不全　　　　　　　　　D. 一词多义

8. "含义不明"即"缺乏明晰性"，主要有四大成因：语词歧义、语词模糊、含义不全和(　　)。

　　A. 一词多义　　　　　　　　　B. 含义歪曲

　　C. 官样文章　　　　　　　　　D. 宏观谬误

9. 语词歧义包括(　　)、指称歧义和语法歧义三种形式。

　　A. 一词多义　　　　　　　　　B. 狡辩之词

　　C. 断章取义　　　　　　　　　D. 范畴错误

10. 语词歧义包括一词多义、(　　)和语法歧义三种形式。

    A. 狡辩之词　　　　　　　　　　　B. 指称歧义

    C. 断章取义　　　　　　　　　　　D. 范畴错误

11. 语词歧义包括一词多义、指称歧义和(　　)三种形式。

    A. 断章取义　　　　　　　　　　　B. 范畴错误

    C. 语法歧义　　　　　　　　　　　D. 狡辩之词

12. 含义歪曲包括(　　)、狡辩之词、断章取义和范畴错误四种情形。

    A. 不当情感　　　　　　　　　　　B. 一词多义

    C. 指称歧义　　　　　　　　　　　D. 语法歧义

13. 含义歪曲包括不当情感、(　　)、断章取义和范畴错误四种情形。

    A. 一词多义　　　　　　　　　　　B. 狡辩之词

    C. 指称歧义　　　　　　　　　　　D. 语法歧义

14. 含义歪曲包括不当情感、狡辩之词、(　　)和范畴错误四种情形。

    A. 指称歧义　　　　　　　　　　　B. 语法歧义

    C. 断章取义　　　　　　　　　　　D. 一词多义

15. 含义歪曲包括不当情感、狡辩之词、断章取义和(　　)四种情形。

    A. 一词多义　　　　　　　　　　　B. 指称歧义

    C. 语法歧义　　　　　　　　　　　D. 范畴错误

16. "无色的绿色想法愤怒地睡觉了!"是乔姆斯基用以讽刺(　　)情形的。

    A. 范畴错误　　　　　　　　　　　B. 含义空废

    C. 断章取义　　　　　　　　　　　D. 不当情感

17. 含义空废包括(　　)和空废陈述两种形式。

    A. 空废问题　　　　　　　　　　　B. 官样文章

    C. 空废语词　　　　　　　　　　　D. 空废思想

18. 含义空废包括空废问题和(　　)两种形式。

    A. 含义不明　　　　　　　　　　　B. 空废陈述

    C. 空废语词　　　　　　　　　　　D. 空废短语

二、**多项选择题**(本题共有 10 个小题,每个小题都有 5 个备选答案,其中至少有 2 个正确答案,请挑选出正确答案,多选、少选、错选均不得分。)

1. 语害的表现形式包括(　　)。

    A. 含义不明　　　　B. 含义歪曲　　　　C. 含义空废

    D. 官样文章　　　　E. 认知偏差

2. "含义不明"的成因包括(　　)。

    A. 语词歧义　　　　B. 语词模糊　　　　C. 含义不全

    D. 宏观谬误　　　　E. 不当预设

3. 语词歧义包括(　　)。

　　A．一词多义　　　　　　B．指称歧义　　　　　C．语法歧义

　　D．主观歧义　　　　　　E．语言模糊

4．含义歪曲包括(　　)情形。

　　A．不当情感　　　　　　B．狡辩之词　　　　　C．断章取义

　　D．范畴错误　　　　　　E．循环论证

5．含义空废包括(　　)。

　　A．空废问题　　　　　　B．空废陈述　　　　　C．空废语词

　　D．空废短语　　　　　　E．空废判断

6．消除语法歧义的办法是(　　)。

　　A．改写语句，使得它不再有歧义　　　B．逐一说明所有不同的解释

　　C．重新组织已有的想法　　　　　　　D．让指代变得更加清楚

　　E．不使用模糊的语词

7．关于模糊性与歧义性的关系，下列说法正确的有(　　)。

　　A．"模糊性"不等同于"歧义性"　　　B．模糊的术语一定有歧义

　　C．有歧义的术语是模糊的　　　　　　D．精确的术语也可能很模糊

　　E．模糊的术语也可能非常精确

8．关于模糊性，下列说法不正确的有(　　)。

　　A．模糊性是一种语害，无论如何都要避免

　　B．语词模糊不一定是坏事

　　C．模糊性表达的一大好处是主张不易被反击

　　D．模糊表达是外交辞令的常用手段

　　E．词义模糊又称为语义不准确

9．下列表达属于加载不当情感的有(　　)。

　　A．宗教即迷信神的存在　　　　　　　B．错误即是一种有价值的学习机会

　　C．张三慷慨大方　　　　　　　　　　D．化妆是成年人最起码的礼貌

　　E．王五真的对别人很感兴趣

10．下列属于官样文章常见表达手法的是(　　)。

　　A．使用充满行话的晦涩语言　　　　　B．将简单的想法毫无必要地复杂化

　　C．把陈词滥调打扮成深刻的道理　　　D．使用复杂的语言表达观点

　　E．在专业领域使用技术术语与同行交流

三、判断题(本题共有 14 个小题，请在对的后面画"√"，错的后面画"×"。)

1．"语害"即是"语言陷阱"。(　　　)

2．"语害"有时是"语言陷阱"。(　　　)

3．语词歧义即一词多义。(　　　)

4．"模糊性"不等同于"歧义性"。(　　　)

5．一个术语没有明确边界，是其模糊的充分条件。(　　　)

6．模糊性是一种语害，因此，在日常语言使用中一定要避免。（　　）

7．在日常生活中，含义不全是进行比较的充要条件。（　　）

8．就一篇文章而言，单个语句相对明晰，是整篇文章结构融贯的充分条件。（　　）

9．与语词歧义、语义模糊、宏观错误三种含义不明的错误不一样的是，含义不全发生在更宏观的层面。（　　）

10．"无色的绿色想法愤怒地睡觉了！"这句话犯了含义不明谬误。（　　）

11．美国 I-94W 入境表上有这样一个问题："你现在是否卷入了间谍、破坏活动以及其他恐怖活动？"这个问题属于空废陈述。（　　）

12．"明天或者下雨，或者不下雨。"这段表述属于空废问题谬误。（　　）

13．"车辆禁止转向至相反方向行驶！"所犯的语害是"语词不准确"。（　　）

14．张三："所有政治家都腐败"。李四："那曼德拉(Nelson Rolihlahla Mandena，1918—2013 年)和哈韦尔(Vaclav Havel，1936—2011 年)呢？他们都是备受尊重的诚实的政治家呀？"张三："他们不腐败，因此，他们不是真正的政治家。"在上述对话中，张三犯了"断章取义"谬误。（　　）

第 6 章　三类真的陈述

什么是"真"呢？这是一个看起来非常简单但实际上很难回答的问题。太阳从东边升起西边降落，这是真的吗？小时候爸妈告诉你那是真的，但是上学之后，你可能就发现这是个假命题了，因为我们看到的太阳东起西落是地球自转的结果，而并非太阳真的从东边升起西边降落。那么，到底如何判断真假呢？

在本章中我们将介绍"真"的概念，并在此基础上反驳相对主义这种观点。此外，我们还会讨论陈述以及关于"真"的分类。最后，我们将把这种分类应用到对具体问题的分析之上。

6.1　相 对 主 义

"真"这一概念是最为基础的逻辑概念。当然，关于"真"之本质在哲学上有非常大的争议。就批判性思维而言，亚里士多德在《形而上学》中给出的定义是很经典的，内容如下：

"把假的说成真的，真的说成假的，即为假；把真的说成真的，把假的说成假的，即为真。"

从这个定义中我们可以看出，真是语言对实在的一种符合。如果你说"北京地处中国"，那么，因为北京确实是在中国，所以你刚刚所做的陈述就是真的。然而，如果你说"北京地处美国"，由于北京并不在美国，那么，这一陈述就是假的。当一个陈述为真，逻辑上一般说它们具有真值 T；当一个陈述为假，逻辑上一般说它们具有真值 F；如果一个陈述既非真亦非假，那我们便说它没有真值。

亚里士多德的这一简要定义并不意味着我们总能发现真理。虽然"亚里士多德一生当中吃了奇数颗橄榄"这句话非真即假，但是我们很有可能无法确定这句话究竟是真还是假。有时，即便人们无法知道或有人反对，信念也可能在客观意义上是真的。此外，客观性与随着时间所发生的信念变化也完全兼容。过去的人习惯认为地球是平的，但现在我们已不再相信这样的观点。观点在不同时期的这种变化，并不意味着"真"会随着视角的变化而相应发生变化。

相对主义认为不存在客观意义上的"真"，"真"总是与特定的视角和观点相关，甚至"真"也只是某种看法而已。然而，很难为这种极端立场辩护。我们可以考虑一下这个问题，"相对主义本身是否为真"？相对主义本身究竟是客观真，还是也只是相对真呢？如果是前者，那至少存在一个客观真，相对主义就是自相矛盾的。当然，可能有人会说，除了相对主义以外，其他的都是相对的，但是这种例外的根据何在呢？为什么其他的真就不能是客观的呢？如果相对主义是客观真，那么想必"或者相对主义为真，或者 1+1=2 为真"这个句子就是另外一个客观真了，因此那就不止一个客观真。

另一方面，如果相对主义为真只是相对于某种视角而言，那么接受相对主义好像就没多大意义了，因为相对于另外一些视角而言它就是假的。事实上，不会有人对所有的"真"都持相对主义立场。假设我们要求一位相对主义者不用降落伞就跳下飞机，除非"他可能死去"这一点是客观真的，否则我们就难以理解为什么他会拒绝这样做。因为如果一切都是相对的，那么他将不会死去的这个预测相对于另外一个视角看起来就是真的。

当然，还有一些更为严格的相对主义版本，它们更为温和，因此看起来也更为合理。这些理论认为，只有特定类型的真而非所有的真是相对的。例如，一些人会认为温啤酒比冰啤酒的口感更佳，而有些人则不同意，这个问题有确切答案吗？又或是它仅仅关乎于个人的口味偏好？如果是后者，那意味着关于味道的相对主义就是真的。

6.2　何谓陈述

至此，我们尚未谈及能够具有真假的事物类型，在我们的学习中，我们主要关注陈述。我们将陈述定义为陈述句，它可以用于表达或者表述主张、假说、理论、命题、信念，等等。为了更好地了解陈述，我们可以对三种主要的句子类型加以区分和说明。

第一种句子类型叫作陈述句。陈述句的主要功能是下断言。例如，"王刚在这儿"，这个句子就是一个陈述句。

第二种句子类型是疑问句。疑问句的主要功能是提问，比如"王刚在这儿吗？"这个句子就是疑问句。

第三种句子类型是祈使句。它的主要功能是提出要求或者下命令。例如，"王刚，你过来！"

陈述句是一种能够下断言且语法正确的完整句子。陈述句有真有假、有长有短，但无论如何，它们都必须是语法正确的完整句子。检验陈述句的一个好办法是在其末尾添加"是真的"这三个字，看看在语法上面它是否依然是正确的。例如，如果我们想要检测"时光飞逝"是否是陈述句，我们可以看一看"时光飞逝是真的"这个句子的语法是否正确。如果语法正确，那么就是陈述句，反之就不是陈述句。下面这些句子或者词语就不是陈述句。例如，"联合国"就是一个专有名词而非陈述句。"扑克脸"就不是一个完整的句子，因此也不是陈述句。"现在正在下雨吗？"则很明显是一个疑问句。

6.3　真　的　类　型

我们花了很多时间，试图找出特定的东西是否可为真假。如果我们能够更好地理解三种不同类型的真，那将对我们大有帮助。我们可以对陈述句进一步的分类，将它分成如下三种类型：

1．分析性陈述

分析真是一个陈述仅仅根据其所包含的词义就能断定为真。同理，分析假就是一个陈述仅仅根据其所包含的词义就能断定为假。在这两种情况下，陈述之真假仅仅取决于词义而非外在世界。例如，根据三角形的定义，"每一个三角形皆有三条边"这一陈述就是分析真的。如果完全理解这个句子的意思，你就会明白，要判断这个句子的真假，完全不必逐个审查所有不同的三角形并数数它们分别具有几条边。

2．经验性陈述

经验性陈述的真假则取决于偶发事实。例如"王刚是单身汉"这个句子，即便知道了这个句子的意思，我们也无法直接确定它的真假，王刚的实际婚姻状况或许需要去到民政局核实一下才行。一般而言，要确定一个经验陈述是否为真，我们需要经验观察甚至科学研究。分析真是一个陈述仅仅根据其所包含的词义就能为的真。经验陈述的真假则取决于关于世界的经验事实，它不完全取决于所包含的词义。

3．价值性陈述

价值陈述是关于好坏、正误、当为与不当为的陈述，其真假取决于是否存在相应的价值性事实或道德事实。由于人们可能在对所有事实达成一致的情况下依然对何为好坏、正误有分歧，因此价值陈述并不等同于经验陈述。此外，对于一个有争议的价值陈述，即使人们对其意义理解得极为透彻，但却依然可能不同意其为真，因此价值陈述也不是分析性的。由于支持或者反对这三类陈述需要不同种类的证据，因此切忌将它们混同。有了这些知识以后，我们就可以将复杂议题拆分为意义问题、经验问题和价值问题，而这将有助于我们分析更为复杂的问题。

请大家看下面的这个例子。例如，要回答"哪家银行是世界上最大的银行"这个问题，我们就可以把这个问题拆分为意义问题和经验问题。首先，我们需要阐明"最大的"这个词的意义，因为存在衡量银行大小的不同方式。我们可以用资产、市值、利润或是其他标准去衡量一个银行的大小。一旦我们定义了"最大"，那么哪间银行是最大的银行就变成了一个经验性问题。在 2019 年，根据市值，摩根大通银行是世界上最大的银行，但是如果根据总资产，中国工商银行才是世界上最大的银行。从这个例子中我们可以发现，很多复杂问题可以依照意义、经验、价值这三个维度拆解为进一步的问题，这为分析复杂问题提供了一种体系化的路径。

在本章中，我们学习了真的定义以及陈述的类型，基于此，我们在分析复杂问题时可以将其拆解为意义、经验和价值三个层面的问题，并对其进行体系化分析。这一方法在批判性思维当中运用得极为广泛、意义重大。

主编结语

"真"是批创思维的概念。一个人如果不知道什么为真什么为假，就不可能具有真正的批判性思维能力；一个人如果真假不分，却自称具有创新性思维能力，那他其实根本不知道什么叫创新。与真最为相近的概念就是真理。什么是真理呢？小学老师告诉我们真理就是"放之四海而皆准的东西"。然而，放之四海而皆准往往只是一种理想，不接地气。正如在 6.3 节中讲到，我们看待真时，需要区分三种真：一是分析的真；二是经验的真；三是价值的真。

线上作业

一、单项选择题(本题共有 11 个小题，每个小题都有 4 个备选答案，但只有一个是最佳答案，请挑选出最佳的答案。)

1. 真是对实在的(　　)。

   A. 符合　　　　　B. 趋同　　　　　C. 反对　　　　　D. 模仿

2. 言非者为是，或是者为非，乃假；言是者为是，(　　)非者为非，乃真。

   A. 且　　　　　　B. 但　　　　　　C. 或　　　　　　D. 非

3. 客观性与随着时间所发生的信念变化(　　)兼容。

   A. 完全　　　　　B. 部分　　　　　C. 毫不　　　　　D. 大体

4. 以下说法正确的是(　　)。

   A. 真理总是处于一种不断变化的不稳定的状态

   B. 拥有关于真的定义意味着我们总能发现真理

   C. 观点的变化意味着真也会随视角变化而变化

   D. 拥有关于真的定义并不意味着总能发现真理

5. 相对主义认为不存在(　　)真。

   A. 事实　　　　　B. 主观　　　　　C. 价值　　　　　D. 客观

6. 关于相对主义，以下说法正确的是(　　)。

   A. 所有相对主义都是错的　　　　　B. 有些相对主义是合理的

   C. 相对主义总是对的　　　　　　　D. 相对主义总是错的

7. 陈述句是一种能够(　　)且语法正确的完整句子。

　　　A．下断言　　　B．问问题　　　C．提要求　　　D．表决心

8．以下属于陈述的是(　　)。

　　　A．时光飞逝　　B．大义灭亲　　C．好好学习　　D．天下第一

9．以下属于祈使句功能的是(　　)。

　　　A．问问题　　　B．提要求　　　C．表决心　　　D．听命令

10．分析真是一个陈述(　　)根据其所包含的词义就能为真。

　　　A．仅仅　　　　B．部分　　　　C．大体　　　　D．难以

11．分析假(　　)世界的事实。

　　　A．总是无关于　　　　　　　　B．总是相关于

　　　C．有时相关于　　　　　　　　D．大体相关于

二、多项选择题(本题共有 10 个小题，每个小题都有 5 个备选答案，其中至少有 2 个正确答案，请挑选出正确答案，多选、少选、错选均不得分。)

1．如下说法错误的是(　　)。

　　　A．分析性陈述总是真的　　　　B．经验性陈述总是假的

　　　C．价值性陈述总是假的　　　　D．经验性陈述取决于事实

　　　E．价值性陈述取决于价值

2．通常我们可将复杂议题拆分为如下哪些方面(　　)。

　　　A．意义问题　　　　B．定义问题　　　　C．事实问题

　　　D．价值问题　　　　E．真假问题

3．如下陈述属于分析性陈述的是(　　)。

　　　A．三角形皆无三边　　B．四边形皆有三边　　C．人大体总有一死

　　　D．实话实说是善的　　E．有约必守是好的

4．以下陈述属于经验性陈述的是(　　)。

　　　A．所有鸟都会飞　　B．有些鸟才会飞　　C．有些鸟不会飞

　　　D．有些人是好人　　E．所有人是好人

5．以下陈述属于价值性陈述的是(　　)。

　　　A．有些行为是正义的　　B．所有行为都是正义的　　C．三角形皆有三条边

　　　D．三角形皆有四条边　　E．有人身高超过两米

6．以下属于陈述句的是(　　)。

　　　A．时光飞逝　　　　B．大江东去　　　　C．一物降一物

　　　D．盘古开天地　　　E．坐山观虎斗

7．以下属于陈述句的是(　　)。

　　　A．狗咬吕洞宾　　　B．鲤鱼跃龙门　　　C．十八般武艺

　　　D．三思而后行　　　E．好好学习、天天向上

8．下列不属于陈述句是(　　)。

　　　A．你好吗　　B．还好吧　　C．你好美　　D．快点　　E．过来

9. 以下说法正确的是( )。

    A．相对主义可能是真的　　　　　　B．相对主义可能是假的

    C．相对主义不可一概而论　　　　　　D．相对主义与真不相容

    E．相对主义与假不相容

10. 以下说法错误的是( )。

    A．当一个陈述为真，它不具有真值

    B．当一个陈述为假，它不具有真值

    C．当陈述既非真亦非假，它可能有真值

    D．当陈述既非真亦非假，它不具有真值

    E．不存在既真又假的陈述

三、**判断题**(本题共有 11 个小题，请在对的后面画"√"，错的后面画"×"。)

1. 当一个陈述为假，它不具有真值。( )

2. 人们曾经认为是假的陈述事实上都是假的。( )

3. 人们曾经认为是假的陈述事实上可能是真的。( )

4. "风雨欲来"不是陈述句。( )

5. "醉翁之意不在酒"不是陈述句。( )

6. "此地无银三百两"是陈述句。( )

7. "长他人志气，灭自己威风"是陈述句。( )

8. 分析真与经验无关，分析假与经验有关。( )

9. 分析真有时会取决于经验事实。( )

10. 要认定一个经验陈述是否为假，我们往往可以借助经验观察。( )

11. 在本质上，价值性陈述是经验性陈述的变种。( )

第7章 逻辑基本常识

主编导语

有些人会认为，逻辑就是脑筋急转弯或者数学难题，而与现实生活关联不大。但实际上，在现实生活中，逻辑意义重大。没有基本的逻辑知识与技能，批判性思维将只停留在"批判"上面，而与"思维"无关。仅仅停留在批判层面的行为，是一种可怕的非理性的行为，如网络遍布的键盘侠。不仅如此，这种行为也与创新无缘，我们身边有许多人只会批判不会思维，因此没有任何创新。那么批判思维到底需要掌握哪些基本的逻辑知识呢？

讲授内容

这一章的内容比较多，包括了两大方面：一是要学习几个基本的概念，包括一致、推出和逻辑等值；二是要学习几个重要的逻辑联接词，分别是合取、析取、否定、条件以及双条件。

7.1 基 本 概 念

在学习几个基本概念之前，我们先提一个问题。在我们的日常思维中，有些人一提到"逻辑"就会觉得：只有脑筋急转弯和数学谜题才用得上逻辑，逻辑和我们的实际生活没有关系。事实果真如此吗？其实，这是一种错误的想法。在我们的日常思维中，逻辑其实无处不在。比如说，你有一个朋友，他现在正在新西兰，那么你马上就可以推断出他肯定不会在日本。而在这个推导的过程中就藏着"逻辑"。逻辑的核心是一致性和演绎，这两者在我们日常思维中也是必不可少的，至于在科学研究和法律推理中，逻辑的作用就更重要了。曾经有一个心理学研究显示，每个人都有自发的逻辑思维能力，随着年龄的增长，知识面的拓宽，这种能力也在不断地提高。而通过自觉的学习，这些自发的逻辑思维能力将得到规范、得到提高，这对于提升我们对于"什么是好的推理"的理解肯定是有帮助的，也能够使我们变得更加聪明。现在，我们就进入到几个基本概念的学习。

1．一致

什么是一致？

一组命题是一致的，当且仅当，它们从逻辑上讲有可能在同一情形下全部为真；否则它们就是不一致的。

我们来看一组命题："埃德里安很高兴"和"埃德里安结婚了"。这两个命题能不能够同时为真呢？答案是肯定的。一个人可以结了婚，并且很高兴。再来看第二组命题："维萨娜 30 岁"与"维萨娜 20 岁"。这两个命题能否同时为真？很多人都希望它们能够同时为真是不是？可惜这是实现不了的。在同一情形下，"维萨娜 30 岁"与"维萨娜 20 岁"这两个命题不可能全部为真，所以这两个命题就是不一致的。

一致是一个比较基本的逻辑概念，里面有一些要点是我们要掌握的：

要点一：相互不一致的命题称之为"反对命题"。

比如说刚才举的一个例子："维萨娜 30 岁"与"维萨娜 20 岁"这两个命题是不一致的，换一个说法，也可以说"维萨娜 30 岁"与"维萨娜 20 岁"这两个命题是反对命题。

要点二：某个命题本身也可以说是一致或者是不一致的。

我们要判断某个命题是一致的还是不一致的，取决于什么呢？取决于这个命题从逻辑上来讲，有没有可能为真。比如说，"存在圆的方"，这是一个假命题，同时在逻辑上来讲是不可能为真的，那么，"存在圆的方"就是一个"不一致的命题"。再来看第二个例子，"巴黎在法国"，这是一个真命题。它有没有可能为真？当然是真的了。所以这是一个一致的命题。我们再看第三个命题："没有人生活在巴黎"，这是真的还是假的？假的。问题是，它是一致的还是不一致的呢？我们根据什么来判断呢？——就是我们刚才讲的：这个命题在逻辑上来讲，有没有可能为真？有可能，那么，"没有人生活在巴黎"就是一个一致的命题。

要点三：判断一组命题是否相一致，主要看它们在同一情形下，逻辑上可否全部为真，而它们在事实上的真反而却不是必要的。

举个例子："巴黎在意大利"与"没有人生活在巴黎"这两个命题。我们知道，"巴黎在意大利"是假命题，"没有人生活在巴黎"也是一个假命题，对不对？但是它们却是一致的，因为在逻辑上它们有可能同时为真。这个要点理解起来有点儿难度，在解释这个问题之前，我们先来看第四个要点。

要点四：为了说明一组命题是一致的，我们可以说明它们实际上都是真的，或者描绘一种在逻辑上可能的情形，在该情形中该组命题同时为真。

以上面这个例子来说，"巴黎在意大利"是假的，"没有人生活在巴黎"也是假的，但是现在请大家想象一下：假设在未来的某一天，法国和意大利发生了战争，意大利使用了杀伤性的生化武器，打败了法国，接管了巴黎，那么在这种情形下，"巴黎在意大利"是不是可以存在的？是的。那么它就可以为真了。我们接着想象：因为使用了生化武器，巴黎受到了严重的污染，人们不得不纷纷逃离了巴黎，巴黎成了一座空城，那么在这个时候，"没有人生活在巴黎"是不是也可能为真呢？是的。所以在我们所设想的这样的一种情形之下，"巴黎在意大利"跟"没有人生活在巴黎"都可以为真，所以它们是相一致的。这也就是我们刚才在第三个要点里讲的：判断一组命题是否互相一致，不在于它们事实上是真的还是假的，而要看它们在逻辑上有没有可能出现这么一种情形，在这种情形下，它们全都是真的。有的话它们就是一致的，没有的话才会下定论说它们是不相一致的。

要点五：实际上为真的命题肯定是相互一致的，但实际上为假的命题既可能是相互一致的，也可能不是相互一致的。

这个要点的前半句很好理解，实际上为真的命题肯定是相互一致的，那么后半句"实际上为假的命题既可能是相互一致的，也可能不是相互一致的"怎么理解呢？就像我们刚才讲的，"巴黎在意大利"是假命题，"没有人生活在巴黎"也是一个假命题，但是它们是相互一致的。换个例子，"没有人生活在巴黎"与"只有十个人生活在巴黎"这组命题中，"没有人生活在巴黎"是假的，而第二个"只有十个人生活在巴黎"同样也是一个假命题，那么，这两个命题能不能够同时为真？答案是否定的。所以，"没有人生活在巴黎"跟"只有十个人生活在巴黎"这两个假的命题是不一致的。这就是我们讲的：实际上为假的命题，可能是一致的，也可能是不一致的。

要点六：如果一组命题不一致，那么它就会蕴含着以下这样一个矛盾的形式：p 为真，并且非 p 也为真。

看回上面讲过的例子："没有人生活在巴黎"与"只有十个人生活在巴黎"，它们是不一致的。我们看第二个命题："只有十个人生活在巴黎"，那就是说有没有人生活在巴黎呢？当然有了。既然"有人生活在巴黎"，那就意味着"没有人生活在巴黎"是假的。我们换一个表述形式，那就是：**并非**没有人生活在巴黎。这样的话，第二个命题和第一个命题在一起，就推出了一个非常典型的矛盾，那就是：

没有人生活在巴黎，并且并非没有人生活在巴黎。

以上就是一致的内容。一致性是一个比较重要的概念，在日常生活中，要想正确地表达观点，就要尽量避免给出一些不一致的命题。不过，有人可能觉得，我们生活中也会遇到一些人给出一些看起来不一致的命题，似乎也没影响我们对他们观点的理解。比如说有个人讲"我既高兴又不高兴"。乍看起来，这个命题本身是包含有矛盾的，是不是？但是先不要急着下结论，我们把这句话好好梳理一下：假设这是一个女生，她说"我既高兴又不高兴"，高兴是因为什么呢？是因为她和男朋友结婚了，有情人终成眷属，她很高兴；那为什么又不高兴呢？因为在婚礼的现场，她看见了她的前男友，这让她紧张不安，她又不高兴了。所以在这样的一种情形下，她说"我既高兴又不高兴"，这是可以理解的，可以成立的。所以，当我们把这句话的意思都梳理出来之后，我们会发现它们并不是真正的不一致，只是因为这句话的意义并没有被完全地表达出来，它的意义是不完整的，那么这种情况就要注意了，它不是真正不一致的。

2. 推出

什么是推出呢？

如果一组命题 p_1，…，p_n 推出或者蕴含一个命题 q，当且仅当能够从命题 p_1，…，p_n 合乎逻辑地推导出命题 q。

这样讲可能有一点抽象，我们换一个表述。

如果命题 p_1，…，p_n 都是真的，那么命题 q 也一定是真的。此时，我们就可以说，命题 p_1，…，p_n 能够推出命题 q。

举个例子：

p：詹妮弗在舞台上摔倒了。

q：某人在某地摔倒了。

我们来分析一下这两个命题之间的真假关系。如果"今天詹妮弗在舞台上摔倒了"是真的，那么就可以确定，"某人在某地摔倒了"一定是真的。但是反过来，如果"今天某人在某地摔倒了"是真的，能不能由此推出"詹妮弗在舞台上摔倒了"？不能！也有可能是一个小朋友在玩耍时摔倒了对不对？在这个例子中就体现出这样的一个关系：p 能够推出 q，但是 q 却不能推出 p，这就是我们所讲的"推出"了。

请大家记住，如果 p 能够推出 q，我们就把 q 称之为 p 的"逻辑后承"，用符号来标记为：$p \Rightarrow q$。要记住，推出的符号标记是一个向右的双线箭头：$\Rightarrow$。

看回刚才所讲的例子：p 是"詹妮弗在舞台上摔倒了"，它能推出 q"某人在某地摔倒了"，如果我们加一个条件，已知 q 是假的，也就是说"某人在某地摔倒了"这是不存在的，那么，我们是不是由此就可以知道：既然"某人在某地摔倒了"不存在，那么"詹妮弗在舞台上摔倒了"也一定是不存在的？是的！把刚才的例子抽象一下，就是这样的一个关系：

如果 p 能够推出 q，并且 q 为假，就能得出结论：p 一定也是假的。

这个推理非常有用，比如说，生活中，我们可以根据一个假说(理论)推出的结论是假的，由此认定这个假说(理论)本身也是假的。

上面是第一种关系，第二种关系再回到刚才所讲的这个例子。p"詹妮弗在舞台上摔倒了"能够推出 q"某人在某地摔倒了"，那么，如果加一个条件，p 是假的，也就是说不存在"詹妮弗在舞台上摔倒了"这样一个事实，那么我们能否由此得出结论说，"某人在某地摔倒了"也是不存在的？答案是否定的。

如果 p 能推出 q，并且 p 为假，不能得出结论：q 也是假的。

有的时候，由假的前提推出的结论也可能是真的，比如说有人主张"地球的形状像香蕉一样"，这显然是假的，但是如果由"地球的形状像香蕉一样"这个假的前提，推出来"地球的形状不像金字塔"，这个结论却是真的。

根据第二点，提醒大家在日常思维中要注意避免这样的一个误区：

你的理论推出了命题 q，你的理论是错误的，因此，命题 q 一定也是错误的。

请记住，这种论证的方式是错的！我们不要犯这样的错误。

在讲到推出的时候，还要给大家介绍一个概念，就是"逻辑强度"。推出是和逻辑强度有关系的。

如果一个命题 p 推出了另一个命题 q，但是不能反过来，不能说 q 也推出了 p，那么请记住：p 比 q 强，或者说，q 比 p 弱。例如，有两个命题："这是一个美女"和"这是一个人"，很明显，"这是一个美女"是真的，那么"这是一个人"一定是真的，但是"这是一个人"是真的，你却不能确定"这是一个美女"一定是真的！这种情况也就是我们刚才所讲的，如果前命题能够推出后命题，后命题不能推出前命题，那么，这两个命题之间，前命题的逻辑强度就更强一些，后命题的逻辑强度就要弱一些。从这个例子也可以看到，一个逻辑强度强的命题提供的信息会更多一些。但也正因为它提供的信息更多了一些，所以它所承担的为假的风险也就更大了一些。因此，我们接下来学习如何限制一个命题，使其变弱，从而降低其为假的风险。下表会介绍一些限制命题使其变弱的途径：

源 命 题	更弱的、被限制的版本
所有律师都很健谈	我认识的所有律师都很健谈 (限制为个人经验)
有三角形头的蛇有毒	大部分有三角形头的蛇有毒 有三角形头的蛇可能有毒 有三角形头的蛇通常有毒 少有例外地，有三角形头的蛇有毒 (频率限制或概率限制)
他不会迟到	如果没有交通堵塞，他不会迟到 (条件限制)
他长得挺高 这块蛋糕是好的	他长得不矮 这块蛋糕没坏 (更弱的形容词短语)

要注意，做事总得有个度，我们可以依照刚才所介绍的方法对一些命题进行限制，以降低它为假的风险，但是这个限制也不能够过度。如果给你的闺蜜介绍男朋友，为了不让闺蜜觉得你夸大了对方的优点，于是说他"长得不难看，不算矮，脾气不坏……"友谊的小船可能就会在这个浪里翻了，这一点大家在实际运用的时候要注意。

3. 逻辑等值

什么是逻辑等值？非常简单，就是：

如果 p 推出 q，并且 q 也能够推出 p，那么，p 和 q 在逻辑上是等值的。

比如说"超人比蝙蝠侠要强"和另一个命题"蝙蝠侠比超人要弱"，这两个命题很明显地，前者能够推出后者，后者也能够推出前者，那么，这两个命题就是逻辑等值的。逻辑等值的符号是一个双线的左右箭头：⇔。因此，p 和 q 逻辑等值用符号标记为：p⇔q。

还有一个要点就是：如果 p⇔q，那么，q⇔p。也就是说，每一个命题都是逻辑等值于它自身的。

7.2　逻辑联结词

所谓逻辑联结词，指的是可以被附加到命题中，形成更复杂命题的逻辑词项。在这部分内容中，包含了五个重要的逻辑联结词，分别是：合取、析取、否定、条件以及双条件。

7.2.1　合取

如果给出了两个命题 p 和 q，那么它们的合取就表达为"p 并且 q"这样的一个形式。在这里，把 p 叫作左合取支，q 叫作右合取支。比如说，"杰克死了，并且吉尔出席了一个聚会"就是一个合取命题，它由两个命题构成，一个是"杰克死了"，另一个是"吉尔出席了一个聚会"，借助联结词"并且"把它们合在了一起，就形成了一个合取的命题。再比如说，"质子带正电，并且电子带负电"也是一个合取的命题。

合取的逻辑性质是比较简单的：

当所有合取支 p 和 q 都为真，则合取命题 p 合取 q 为真；否则，这个合取命题为假。

就像我们刚才讲的，"杰克死了，并且吉尔出席了一个聚会"，那么，当杰克真的死了，吉尔真的出席了一个聚会，在两个合取支都是真的时候，那么这个合取命题自然是真的。而这两个合取支中只要有任何一个是假的，这个合取命题就是一个假命题。

在合取中还要注意一个问题，合取的联结词是"并且"，可是，自然语言是非常丰富的，当我们把"并且"加入到短语中的时候，一定要注意语境，因为有可能会出现模棱两可的情况。比如说这样一个句子：

拉威尔学习文学和音乐哲学。

这句话可以作两种理解。一种理解是：拉威尔学习了文学，又学习了音乐哲学；第二种理解是：拉威尔学习了文学哲学，又学习了音乐哲学。到底哪一种才是正确的理解呢？如果没有和作者做过交流，我们是没办法知道的。

7.2.2　析取

析取的逻辑联结词是"或者"。给出两个命题 p 和 q，它们的析取就是"p 或者 q"。析取比合取稍微复杂一点。因为"p 或者 q"可以在两种不同的情形下使用。

1．在不相容的情形下使用

在不相容的情形下使用"p 或者 q"的时候，就意味着"要么 p 要么 q，二者不可兼得"。比如说有一个姑娘对她花心的男朋友讲："你要么和我在一起，要么跟她走"，我们可以想象，这个姑娘肯定不是允许她的男朋友两个都选的。

2．在相容的情况下使用

如果是在相容的情况下使用的话，那就意味着，p 和 q 是都可以得以实现的。比如讲，你的电脑坏了，你的朋友说："或者是主板坏了，或者是硬盘坏了"，而维修的师傅则说："哎呀，两个都坏了！"那你会不会认为你朋友的判断是错的呢？当然不会。

既然"或者"可以在相容的情况下使用，也可以在不相容的情况下使用，那么在一些要求比较严格的场合，比如说我们起草或者是解释法律文书的时候，就有可能会引起一些争议。为了避免这些不必要的争议，建议大家在使用"或者"的时候，最好能够加以说明。比如说，"或者 p 或者 q 或者 p 并且 q"，这是在相容的情况下使用，要是"或者 p 或者 q 但不能 p 并且 q"，那就是不相容的。加了一个说明以后，就能使得我们的表述变得更加清楚。

但是，跟"并且"一样，"或者"的使用也会带来一些语法上的模棱两可。比如说，"你应当使用白色的胶水或者是胶带"。胶水自然得是白色的，但是，胶带是否也要求是白色的呢？这就不清楚了。

7.2.3　否定

否定指的是：

任何一个与命题 p 真值相反的命题，就是命题 p 的否定。

通常地，我们用"并非"这个词来表达否定。比如说，有一个命题"天正在下雨"，对它的否定很简单——在这个命题的前面加上"并非"两个字："并非天正在下雨"，这就是对"天正在下雨"的否定。不过在口语中往往会说"天没有下雨"，那也是对"天正在下雨"的一种否定。关键就在于这两个命题是相反的。

关于否定，有几个要点需要注意：

要点一：一个命题与它的否定总是相互不一致的，也就是说，不能同时都是真的。

要点二：一个命题以及它的否定往往构成一对穷尽且排他的选项（穷尽和排他的内容参见 **4.6 节中"三种可能性"部分**）。

举个例子，"世界上根本没有鬼"跟"人死之后就会变成鬼"，这两个命题不可能都是真的，也不可能都是假的，所以我们说它们是穷尽且排他的。

要点三：含有模态词的否定会比较难以处理。

为什么这样讲呢？我们用实际的例子来说明一下。假如说有这样一个含有模态词的否定"你必须离开"，如果我们认为它的否定是"你必须不离开"的话那就不对了。因为也许你可以什么都不做，由自己来决定去留。事实上，"你必须离开"的否定应该是"并非你必须离开"。我们看下一个例子，"你可以离开"，它的否定也不是"你可以不离开！"所以说，含有模态词的否定是比较难以处理的，感兴趣的同学可以去找一些模态逻辑的资料来学习一下。

要点四：在形式逻辑中，p 的否定有三种标记的方法：～p，¬p，或者非 p。

7.2.4　条件

条件句的形式：

如果 p 那么 q。

条件句是非常重要的。在我们生活中，大量的规则和一般性的法条都可以表达为条件句的形式。比如说，在电脑程序中，电脑能够执行大量的指令，就是因为它们的程序中含有很多的条件句。还有一些科学定理其实也可以表达为条件句的形式，比如说"电子都有负电荷"，我们也可以这样讲："对于任何的物质，如果 x 是电子，那么 x 带有负电荷"，这不也是一个条件句吗？在法律规范中，大量的法律条文其实都是以条件句的形式来表达的，比如："如果你在一个备有安全带的行驶中的交通工具上,那么你就应当系上安全带"，这也是一个条件句。

在条件句里面有一些基本的概念要记一下。条件句的形式是"如果 p 那么 q"，p 叫作前件，q 叫作后件。"如果 p 那么 q"的符号是一个向右的单向的箭头→，"如果 p 那么 q"可以用符号表示为：p→q。

我们在前面学过真假，要记住：接受一个条件句，其实接受的就是 p 和 q 之间存在着某种特定的逻辑关联或者证据关联，但是并不要求你认为在这个条件句中，p 和 q 都必须是真的，没有这样的要求。比如说："如果太阳明天爆炸了，那么我们都会突然死去"是一个条件句，但是我们很明白地知道太阳明天是不会爆炸的，我们也不会因此突然死去，也就是说，前件是假的，后件也是假的，但是前件和后件之间所存在的这种逻辑关联却是真的。所以请记住：接受一个条件句，其实指的就是接受前件 p 和后件 q 之间所存在的某种特定的逻辑关联或者证据关联。

关于条件句，还有一些要点需要我们掌握：

(1) 当 p 真 q 假的时候，如果 p 那么 q 是假的。例如："如果你喝了咖啡，那么你就会睡不着"，但有人喝了咖啡以后却还能睡得很好，这就证明了"如果你喝了咖啡，那么你会睡不着"这句话是假的。

(2) "如果 p 那么 q"逻辑等值于"如果非 q，那么非 p"。正如刚才讲"如果你喝了咖啡，那么你会睡不着"，这句话换一个等值的表述就是"如果你睡着了，那么你就没有喝咖啡"。

(3) 如果知道两个条件，第一个"p 是真的"，第二个"如果 p 那么 q"也是真的，那么就能推导出 q 这样一个结论来。

(4) 如果知道两个条件，第一个是"非 q"，第二个是"如果 p 那么 q"，那我们所推导出来的结论就是"非 p"。

关于条件句，还有两点需要大家注意，这是两种不正确的认识，实践中经常出现这两种错误。

(1) 如果知道"非 p"和条件关系"如果 p 那么 q"，那么就能推出非 q。

(2) 如果知道"q"，同时知道"如果 p 那么 q"，就能推出 p。

在 MBA、MPA、公务员考试等考试中，有些推理题目就是利用这两种不正确的形式来设计干扰的选项，请大家千万不要掉进命题人的陷阱。

关于条件句还有一个要求大家掌握的知识点："如果 p 那么 q"的逆命题是"如果 q，那么 p"。逆命题其实很简单，就是把前件和后件的位置做了一个调换。但请记住：在通常的情况下，一个条件句是**不能**蕴涵它的逆命题的。

7.2.5　双条件

双条件的形式：

p 当且仅当 q。

"当且仅当"的符号是一个单线的左右箭头：↔。(注意：等值的符号是一个双线的左右箭头⇔)。"p 当且仅当 q"就可以表示为：p↔q。

换一个表达方式，"p 当且仅当 q"就相当于说："如果 p 那么 q，并且，如果 q 那么 p"。刚才讲过，"并且"是一个合取的逻辑联结词，在前半句，"如果 p 那么 q"是一个条件句，后半句"如果 q，那么 p"是"如果 p 那么 q"的逆命题，所以可以这样理解：一个双条件句其实就是一个条件句和它的逆命题的合取。

双条件用"p 当且仅当 q"来表示。也可以说"当且仅当 p 则 q"。

主编结语

本章给大家介绍了三个基本逻辑概念，那就是"一致""推出"和"逻辑等值"。这些概念都是人的思维中不可回避的基本概念。要提高自己的批创思维能力，首先要掌握好这些基本概念。另外一个重要的知识点是五个逻辑联接词，它们分别是"合取""析取""否定""条件"和"双条件"，这些逻辑联接词是批创思维技能训练的必备的知识。

线上作业

一、**单项选择题**(本题共有 10 个小题，每个小题都有 4 个备选答案，但只有一个是最佳答案，请挑选出最佳的答案。)

1. 一组命题是一致的，当且仅当，它们(　　)。

　　A. 全部为真

　　B. 从逻辑上来讲为真

　　C. 从逻辑上讲有可能在同一情形下全部为真

　　D. 在事实上同时为真

2. 某个命题是不一致的，则(　　)。

    A. 这个命题为真　　　　　　　　B. 这个命题为假

    C. 这个命题从逻辑上来讲为真　　D. 这个命题从逻辑上来讲不可能为真

3. 下列命题中，(　　)是不一致的。

    A. 存在一个有四条边的三角形　　B. 张强不是党员

    C. 有的学生喜欢唱歌　　　　　　D. 明天可能下雨

4. 下列选项中，不一致的是(　　)。

    A. "陈明和张燕是老乡"和"陈明和李霖是同学"

    B. "刘菲参加了第一届校运会"和"刘菲没有参加第一届校运会"

    C. "有的广东人不喜欢喝汤"和"有的北京人爱喝茶"

    D. "今年冬至的天气很好"和"明年可能是暖冬"

5. 如果命题 p_1，…，p_n 都是真的，那么命题 q 也一定是真的，这意味着命题 p_1，…，p_n 能够(　　)q。

    A. 推出　　　　　　　　　　　　B. 合取

    C. 析取　　　　　　　　　　　　D. 等值于

6. 如果 p 推出 q，并且 q 也能够推出 p，那么，p 和 q 在逻辑上是(　　)。

    A. 推出关系　　　　　　　　　　B. 合取关系

    C. 析取关系　　　　　　　　　　D. 等值关系

7. 合取的联结词是(　　)。

    A. 并且　　　　　　　　　　　　B. 或者

    C. 可能　　　　　　　　　　　　D. 如果……那么……

8. 在不相容的情形下使用"p 或者 q"的时候，就意味着(　　)。

    A. p 和 q 都是可以得以实现的　　B. p 和 q 都是不可以得以实现的

    C. 要么 p 要么 q，二者不可兼得　D. p 和 q 至少有一个可以得以实现的

9. 任何一个与命题 p(　　)的命题，就是命题 p 的否定。

    A. 意思相同　　　　　　　　　　B. 意思相反

    C. 真值相同　　　　　　　　　　D. 真值相反

10. 条件句的形式是(　　)。

    A. 如果 p 那么 q　　　　　　　　B. p 并且 q

    C. p 或者 q　　　　　　　　　　D. p 当且仅当 q

二、多项选择题(本题共有 10 个小题，每个小题都有 5 个备选答案，其中至少有 2 个答案正确，请挑选出正确答案，多选、少选、错选均不得分。)

1. 以下命题一致的是(　　)。

    A. 科比不是足球运动员　　　　　B. 存在圆的方

    C. 姜某是守法的杀人犯　　　　　D. 存在蓝色的血液

    E. 这里的河水没有被污染

2. 如果 p 能推出 q，则(　　)。

    A．q 也能推出 p

    B．q 称之为 p 的"逻辑后承"

    C．用符号标记为：$p \Leftrightarrow q$

    D．当 p 为假，可以得出结论：q 也是假的

    E．如果不能反过来说 q 也推出了 p，那么 p 比 q 强

3. 限制命题使其变弱的途径包括(　　)。

    A．将命题限制为个人经验

    B．对命题进行频率限制

    C．对命题进行概率限制

    D．对命题进行条件限制

    E．在命题中添加更弱的形容词短语

4. 如果 p 推出 q，并且 q 也能够推出 p，那么(　　)。

    A．p 和 q 在逻辑上等值

    B．p 和 q 在逻辑上是合取关系

    C．p 和 q 在逻辑上是析取关系

    D．用符号标记为：$p \leftrightarrow q$

    E．用符号标记为：$p \Leftrightarrow q$

5. 合取的逻辑性质是(　　)。

    A．当合取支 p 为真，则合取命题 p 合取 q 为真

    B．当合取支 q 为真，则合取命题 p 合取 q 为真

    C．当所有合取支 p 和 q 都为真，则合取命题 p 合取 q 为真

    D．当合取支 p 为假，则合取命题 p 合取 q 为假

    E．当合取支 q 为假，则合取命题 p 合取 q 为假

6. 析取的逻辑联接词"或者"在不相容的情况下使用意味着(　　)。

    A．p 真，但 q 假

    B．p 假，但 q 真

    C．p 和 q 都是真的

    D．p 和 q 都是假的

    E．要么 p 要么 q，二者不可得兼

7. 一个命题以及它的否定(　　)。

    A．不能同时都是真的

    B．总是相互不一致的

    C．构成了一对穷尽且排他的选项

    D．可以标记为：p 和 $\neg p$

    E．可以都是假的

8. 在条件句"如果 p 那么 q"中，(　　)。

    A．p 叫作前件

    B．q 叫作后件

    C．可以用符号表示为：$p \rightarrow q$

    D．p 和 q 都必须是真的

    E．它的逆命题是："如果 q，那么 p"

9. 在条件句"如果 p 那么 q"中，(　　)。

    A．当 p 真 q 假的时候，如果 p 那么 q 是假的

    B．逻辑等值于"如果非 p，那么非 q"

    C．如果知道"p 是真的"和"如果 p 那么 q"也是真的，就能推导出结论 q

    D．如果知道"非 p"和"如果 p 那么 q"，那么就能推出结论非 q

    E．如果知道"q"和"如果 p 那么 q"，就能推出结论 p

10. 在双条件句"p 当且仅当 q"中，（　　）。

　　A. 可以用符号表示为：p↔q

　　B. 可以用符号表示为：p⇔q

　　C. 也可以表示为"当且仅当 p 则 q"

　　D. 相当于是说："如果 p 那么 q，并且，如果 q 那么 p"

　　E. 一个双条件句其实就是一个条件句和它的逆命题的合取

三、判断题(本题共有 10 个小题，请在对的后面画"√"，错的后面画"×"。)

1. 一组命题是一致的，当且仅当，它们全部为真。（　　）

2. 命题"这朵花是红色的"跟命题"这朵花不是红色的"相互不一致。（　　）

3. 如果 p 能够推出 q，并且 q 为假，就能得出结论：p 为假。（　　）

4. 如果一个命题 p 推出了另一个命题 q，但是不能反过来，则 p 比 q 弱。（　　）

5. "所有苹果都是甜的"比"这棵树上的所有苹果都是甜的"强。（　　）

6. 如果 p⇔q，那么，q⇔p。（　　）

7. 当所有合取支 p 和 q 都为真，则合取命题"p 合取 q"为真。（　　）

8. 命题"小王是优秀团员或者是优秀班干部"中，"或者"是相容的。（　　）

9. p 的否定可以标记为：~p。（　　）

10. "p 当且仅当 q"逻辑等值于"如果 p 那么 q"。（　　）

第8章 如何识别论证

主编导语

批判思考的一大任务就是区分论证的好与坏。在评价论证好坏之前，首先必须弄清楚论证的基本构成要件，这个过程被称为"论证分析"。逻辑学之父亚里士多德的《工具论》中有两篇论文与论证分析有关，一是《前分析篇》，二是《后分析篇》。在《前分析篇》中，亚里士多德开启了分析论证的先河。要想成为批判性思考者，首先必须掌握论证分析这种最基本的逻辑技巧。

讲授内容

本章的内容不多，就三个方面。首先，要学习什么是论证；其次，在了解论证含义的基础上，识别出论证的前提和结论；最后，学会在一些用自然语言表述的文段中，怎样把一个论证的结构抽取出来，并且把它整理为规范的形式。

8.1 论证的含义

关于"什么是论证"这个问题，一般有两个不同的回答。

第一个回答是：在日常的用法中，论证通常是指一种人与人之间所发生的激烈争吵。但这当然不是我们这一章所要学习的内容。

第二个回答是：在逻辑和批判性思维中，论证是一系列的命题，其中一个命题是结论，其他命题都是论证的前提或者是假定。例如：

下雨了，因此你应该带上雨伞。

这就是一个论证。其中第一个命题"下雨了"是这个论证的前提，第二个命题"你应该带上雨伞"是这个论证的结论。论证的前提指的是能够使结论被接受的理由。如果有人说他认为某个论证是非常好的，可是却拒绝接受这个论证的结论，这是非理性的。在批判性思维中，提出理由是主要的内容，这与简单地表达某个观点是不一样的，比如，你说："这条裙子很漂亮"，那只是简单地表达了一个观点，但是如果你讲："这条裙子很漂亮，因为它的设计很雅致"，那么这就是在进行一个论证了。论证非常重要，在现实生活中，有一些人在没有办法为自己辩护的时候，就会生硬地讲："总之我就是这么认为""这只是你自己的个人观点而已"，等等。他们不做出论证，而是仅仅强调自己的观点，但这显然无法收到他们期望的效果，希望同学们不要陷入这种思维的误区里面去。在实际思维中，能够提出、构建并评价一个论证，是非常重要的。

8.2　前提和结论

先从最简单的内容来着手。比如说，有这样一个论证：

新加坡是一个海岛，

所有海岛都被海水围绕，

所以，新加坡被海水围绕。

这是一个论证。很显然，前面两个命题是这个论证中的前提，而第三个命题是这个论证的结论。请注意，在两个前提和结论之间要加上一根横线，以这一根横线为界，横线的上面是论证的前提，横线的下面就是这个论证的结论。这种格式被称之为"论证的标准格式"。再比如以下论证：

(1) 艾米比贝斯高，

(2) 贝斯比辛迪高，

(3) 辛迪比丹尼斯高，

(4) 丹尼斯比埃米莉高，

(5) 艾米比埃米莉高。

这个论证由四个前提推出一个结论，它比刚才的论证稍微复杂了一点，所包含的命题多了一些。我们可以在每个命题的前面标记上阿拉伯数字，这也是论证的标准格式。

用标准格式来表达论证是我们应该掌握的重要技能，因为这会使得论证显得非常简洁，使每一个命题都一目了然，为我们认识和评价论证提供了便利。但是，刚才这两个论证的例子都是相对简单的。在实际思维中，论证并不总是如此简单、如此标准。那么，我们怎样才能够把一个论证的前提和结论识别出来呢？非常遗憾，这并没有简单的、机械的方法。要识别前提和结论，主要取决于语境。不过请记住以下的两点：首先，在包含有论证的文段中，结论通常都是作者试图解释清楚的最重要的一点，前提是理由，是作者用来说服读者相信结论正确的论据，我们可以据此来识别出论证的哪些内容是前提，哪些内容是结论；其次，在某些论证中，可以找到一些指示词，这些指示词能够表明哪些是前提，哪些是结论。比如说以下这三个论证：

(1) 每个男巫都有魔杖，哈利是个男巫，因此，哈利有魔杖。

(2) 每个男巫都有魔杖，哈利是个男巫，由此可得，<u>哈利有魔杖</u>。

(3) <u>哈利有魔杖</u>，因为他是个男巫，并且每个男巫都有魔杖。

在这三个论证中都有一个加了下划线的命题，它们是论证中的结论。观察前面两个论证就会发现，它们的结论是在指示词"因此""由此可得"的后面的。最后的这个论证虽然是一个长命题，但是它是由更短的命题构成的，而且在其中能找到一个指示词"因为"，这同样是表明前提和结论之间的逻辑联系的一个指示词。下表中是一些常见的指示词或者是短语，阅读的时候如果看到这些指示词或者是短语，就可以借助它们来识别出论证的前提或者结论。

指示词或短语	作　用
因此，由此，所以，结果，由此可得，可得出结论为，证明，显示，表明……	通常后面紧跟结论，前提在其前面
既然，因为，理由是……	通常出现在前提前面

但请大家不要把这当成一个机械的准则，这个表格只是给大家提供一个参考。识别论证的前提和结论必须要仔细地考虑论证所处的实际语境。例如：

I have been here since noon。

在英语中，"since"这个语词是可以引导原因的，可是在这个语句中，since 并没有引导一个陈述，那么我们就不能讲"since 后面的是前提"，因为这不是一个论证。再看第二个例子：

你不应该喝酒，你马上就要做脑部手术了。

在这两个命题之间并没有指示词，但是我们却可以很笃定地确信，前一个命题是论证的结论，后一个命题是论证的前提，两者合在一起构成了一个论证。再看第三个例子：

你怎么会认为贪污是可接受的？这既不公平也不合法！

这个例子中出现了一个反问句，但是我们可以把它标记为一个标准的形式，那就是：

<u>贪污既不公平也不合法，</u>
因此，贪污不可接受。

这样标记之后马上就会发现：其实第三个例子也是一个论证。

所以，如果在日常思维中读到了一些文段，怎么判断它究竟是不是一个论证呢？哪些内容是论证的前提？哪些内容是论证的结论？这都要考虑实际的语境。

在学会怎样识别论证的前提和结论之后，我们要进一步学习怎样从自然文段中抽取出一个论证，并且把它整理为规范的形式，这是批判性思维里面非常重要的内容。

8.3　提取和整理论证

先看一个例子。这是从《经济学家》里节选的一个文段：

伏尔泰曾经写道："如果上帝不存在，那就有必要创造上帝。"先不考虑我们是否真的这样做了，让我们来看看这样的说法适合宗教吗？世界上大部分的人口具有不同类型的宗教情感，这些信仰反过来能支持强大的社区、幸福的个人和慈善机构的重大行动。

然而尽管有许多宗教徒，这个世界仍然很糟糕。当信仰走向教条，那通常会导致傲慢、偏执和暴力。换言之，宗教是一种既可以导向好的结果也可以导向坏的后果的力量，我们并不能太过简单地来评价其效应。(Economist, 2010)

这是不是一个论证？答案是肯定的，因为其中有一个指示词"换言之"，在其后面的内容就是这个论证的结论，而前面的内容就是论证的前提。我们还可以对这个论证进行进一步的简化，一句一句地来进行。在第一自然段中，第一句话"伏尔泰曾经写道：'如果上帝不存在，那就有必要创造上帝'"，这是一句引文，其实是告诉我们这个论证的主题是什么，可是它并不是论证的组成部分。再来看第二句"先不考虑我们是否真的这样做了，让我们来看看这样的说法适合宗教吗？"，这是一个问句，它跟前例中的那个反问句不一样，反问句能表达观点，而这个问句只是提出了问题（并没有表达观点），所以它同样不是论证的一部分。再来看第三句话，"世界上大部分的人口具有不同类型的宗教情感，这些信仰反过来能支持强大的社区、幸福的个人和慈善机构的重大行动"，这句话有点儿长，把它抽象概括一下，其实是告诉我们宗教有哪些积极作用。再来看第二自然段，"然而尽管有许多宗教徒，这个世界仍然很糟糕"，这是一个过渡句，不是这个论证的组成部分。再看下一句："当信仰走向教条，那通常会导致傲慢、偏执和暴力"，这一句话和前面的内容是相反的，它其实是告诉我们宗教的消极作用是什么。经过了这样的分析以后，我们可以把这两个自然段的内容以一个标准的论证形式表达出来：

宗教能支持强大的社区、个人幸福和慈善机构的活动，
宗教也会导致傲慢、偏执和暴力，
所以，宗教的影响有好有坏。

当把那些多余的信息去除以后，我们就可以把这个论证的中心思想抽象出来了，要评价这个论证显然就容易多了。很明显，这个论证是可以接受的，两个前提都是真的，而且它们都有力地支持了结论。虽然说这两个前提并没有穷尽一切的情形，比如说宗教还可以有其他积极作用，比如促进艺术发展；而宗教的消极作用除了导致傲慢、偏执和暴力，还会导致愚昧、迷信，等等。但是这并不影响这个论证的表达。

以上，我们学习了怎样从一个自然语言表述的文段中提取论证，并且把它整理为规范的形式。现在，我们把刚才所做的工作再抽象概括一下，提炼出提取和整理论证的 4 个步骤：

(1) 在目标文段中识别出前提和结论；

(2) 省去多余的材料，关注主要思想，去除那些与中心论证及主要观点无关的内容；

(3) 用自己的语言整理和简化那些核心要点，以便于理解；

(4) 识别出论证的逻辑结构。

要注意，这个程序中的最后一步，在前面的内容中并没有提到。但这并不意味着它不重要。其实，当我们能够识别出一个论证的前提和结论之后，接下来就应该去识别出这个论证采用的是一种怎样的逻辑结构，这是我们后面几章要重点关注的内容。

主编结语

本章我们学习了前提和结论、提取和整理论证的一些技巧。你学会了吗？让我们来测试一下学习的效果吧！请指出下列论证的结论与前提，你能把这个论证组织得更好一些吗？

道德缺陷与智慧不足同为世间罪恶之根源。在人们发现传授道德的方法之前，世界的进步源自智慧之增益，而非道德之改观。智慧之提升并非难事，所有合格教育者皆通此道。只是人类迄今尚未发现根除道德缺陷之法。

这是一个好论证吗？你看懂了吗？让我们来看看伟大的哲学家、思想家、文学家罗素是怎样说的：

"道德缺陷与智慧不足同为世间罪恶之根源。但人类迄今尚未发现根除道德缺陷之法……反之，智慧之提升并非难事，所有合格教育者皆通此道。因此，在人们发现传授道德的方法之前，世界的进步源自智慧之增益，而非道德之改观。"

现在你会发现，和前文对比，读起来更顺畅了，那么，哪一个论证更有说服力呢？相信你有自己的答案。

线上作业

一、单项选择题(本题共有 10 个小题，每个小题都有 4 个备选答案，但只有一个是最佳答案，请挑选出最佳的答案。)

1. 下列关于论证的说法，正确的是(　　)。

　　A．论证就是吵架

　　B．论证就是表达自己的观点

C. 论证的前提是指能使结论被接受的理由

D. 在逻辑和批判性思维中，论证是一系列的命题，其中一个是论证的前提，其他都是结论

2. 以下哪个是论证?(　　)

A. 虽然我们为这个项目付出了大量心血，可是结果却不尽如人意

B. 难道你不应该做点什么吗?我们都应该为失学儿童出一份力

C. 东部某镇种植的水果尚未成熟就已经通过网络平台被订购一空，而西部某乡质优价廉的水果由于无人知晓，只能烂在树上

D. 恩惠要一点点地施舍才具有最大效益

3. 关于论证的标准格式，以下说法错误的是(　　)。

A. 论证的标准格式中，通常用虚线把前提和结论隔开

B. 论证的标准格式中，通常用一条直线把前提和结论隔开

C. 论证的标准格式为我们认识和评价论证提供了便利

D. 论证的标准格式中，可以把前提与结论标上序号

4. 关于识别论证的前提和结论，以下说法错误的是(　　)。

A. 识别论证的前提和结论没有机械的、简单的方法

B. 识别前提和结论主要取决于语境

C. 在包含有论证的文段中，结论通常都是作者试图解释清楚的最重要的一点，前提是理由，是作者用来说服读者相信结论正确的论据

D. 识别论证的前提和结论必须依靠指示词

5. 下列选项中，可以表明论证的前提和结论之间的逻辑联系的指示词是(　　)。

A. 成果　　　　B. 如果　　　　C. 结果　　　　D. 效果

6. 关于论证的前提与结论，以下说法正确的是(　　)。

A. 所有表达论证的文段都有标明前提与结论的逻辑联系的指示词

B. 在论证中，前提是位置在前的命题

C. 在论证中，结论是位置在后的命题

D. 在论证中，前提和结论要根据实际语境确定

7. "日前，研究者培育出一种经过基因改造的蚊子，它具备了不再感染疟疾的能力，并且能妨碍野生蚊子繁衍，从而有效切断人与蚊子的疟疾传播途径，假以时日，就能根绝疟疾这个顽症。"关于这段话，以下说法中错误的是(　　)。

A. 这是一个论证

B. 这不是一个论证

C. 这段话中没有标明前提与结论的逻辑联系的指示词

D. "(我们)能根绝疟疾这个顽症"是论证的结论

8. 提取并整理论证的第 1 步是(　　)。

A. 在目标文段中识别出前提和结论

    B．省去多余的材料，关注主要思想

    C．用你自己的话整理和简化那些核心要点，使它们便于理解

    D．识别出论证的逻辑结构

9．提取并整理论证的第 4 步是(　　　)。

    A．在目标文段中识别出前提和结论

    B．省去多余的材料，关注主要思想

    C．用你自己的话整理和简化那些核心要点，使它们便于理解

    D．识别出论证的逻辑结构

10．关于提取并整理论证，以下说法错误的是(　　　)。

    A．提取并整理论证有助于提取论证的中心思想

    B．提取并整理论证有助于评价论证

    C．提取并整理论证需要省去多余的材料，关注主要思想

    D．提取并整理论证中，识别出论证的逻辑结构不重要

二、多项选择题(本题共有 10 个小题，每个小题有 5 个备选答案，其中至少有 2 个正确答案，请挑选出正确答案，多选、少选、错选均不得分。)

1．以下关于论证的说法，正确的有(　　　)。

    A．论证是指人与人之间所发生的激烈地争吵

    B．在逻辑和批判性思维中，论证是一系列的命题，其中一个是结论，其他都是论证的前提或者是假定

    C．论证的前提是指能够接受结论的理由

    D．我们可以认为某个论证非常好，但却拒绝接受这个论证的结论

    E．在实际思维中，能够提出、构建并评价一个论证，是非常重要的

2．以下关于论证的标准格式的说法，正确的有(　　　)。

    A．论证都必须用标准格式表达

    B．在论证的标准格式中，用一条直线把前提和结论分隔开

    C．在论证的标准格式中，以一条直线为界，直线上面是论证的结论

    D．在论证的标准格式中，可以把前提和结论标上序号

    E．用标准格式来表达论证能为我们认识和评价论证提供便利

3．以下表达论证的有(　　　)。

    A．今天天气很好

    B．这次山体滑坡事故的主要原因是连日大雨

    C．日出而作，日落而息

    D．法学院的学生非常有时间观念，刘明是法学院的学生，所以刘明非常有时间观念

    E．祖国统一是我们共同的心愿

4. 关于论证的前提和结论，以下说法正确的有(　　)。

　　A. 论证只能有一个前提

　　B. 论证的前提就是能够接受结论的理由

　　C. 识别论证的前提和结论可以依据指示词

　　D. 有的论证中，前提和结论之间并没有指示词

　　E. 识别论证的前提和结论主要取决于语境

5. 下列选项中，可以表明论证的前提和结论之间的逻辑联系的指示词有(　　)。

　　A. 如果　　　B. 结果　　　C. 因此　　　D. 因为　　　E. 并且

6. 当看到以下哪个指示词时，往往意味着其后面是论证的结论？(　　)

　　A. 因为　　　B. 因此　　　C. 既然　　　D. 所以　　　E. 或者

7. 当看到以下哪个指示词时，往往意味着其后面是论证的前提？(　　)

　　A. 既然　　　B. 由于　　　C. 显示　　　D. 因为　　　E. 由此可得

8. "冬眠对动物有怎样的影响？科学家们通过实验证明，冬眠后的动物抗菌抗病能力反而比平时有所增加，显然冬眠对它们是有益的。"关于这个论证的说法，正确的有(　　)。

　　A. "科学家们通过实验证明，冬眠后的动物抗菌抗病能力反而比平时有所增加"是论证的前提

　　B. "冬眠对它们(动物)是有益的"是论证的结论

　　C. 识别这个论证的前提和结论可以依据指示词"显然"

　　D. 这个论证是用标准格式表达的

　　E. 这个论证没有多余的信息

9. 如何提取和整理论证？(　　)

　　A. 在目标文段中识别出前提和结论　　　B. 省去多余的材料，关注主要思想

　　C. 用自己的话整理和简化核心要点　　　D. 识别出论证的逻辑结论

　　E. 判断论证的好坏

10. 关于提取和整理论证，以下说法错误的有(　　)。

　　A. 提取和整理论证是重复的工作，没有意义

　　B. 提取和整理论证的第一步是寻找指示词，没有指示词的一定不是论证

　　C. 提取和整理论证要去除那些与中心论证及主要观点无关的内容

　　D. 提取和整理论证可以用自己的话整理和简化核心要点

　　E. 提取并整理论证中，识别出论证的逻辑结构非常重要

三、**判断题**(本题共有 10 个小题，请在对的后面画"√"，错的后面画"×"。)

1. 我们可以认为一个论证很好却拒绝接受其结论。(　　)

2. 论证不需要理由。(　　)

3. 在论证的标准格式中，通常用一条直线把前提和结论隔开。横线上面是论证的结论，横线下面是这个论证的前提。(　　)

4．识别论证的前提和结论只能依靠表明前提与结论之间的逻辑联系的指示词。(　　)

5．在包含有论证的文段中，前提通常都是作者试图解释清楚的最重要的一点。(　　)

6．我们可以把论证的前提和结论标上序号。(　　)

7．在"王明不是三好学生，因为三好学生学习成绩都好，而王明学习成绩不好。"这个论证中，"因为"后面的内容是前提。(　　)

8．提取和整理论证能帮助我们识别论证的中心思想。(　　)

9．抽取和整理论证的第一步是要在目标文段中识别出前提和结论。(　　)

10．抽取和整理论证的时候，不需要理会多余的材料。(　　)

第9章　什么论证可靠

　　批判性思维的目的是分析问题，而分析问题的核心是分析、比较论证。下面给大家讲一个故事。秦宣太后晚年宠幸魏丑夫，后来，宣太后病重将死，立下遗嘱："如果我死了，一定要让魏丑夫为我殉葬。"魏丑夫为此忧心忡忡。大臣庸芮应他请求进宫游说宣太后。庸芮问："太后，您认为人死之后，在冥冥之中还知道人间的事情吗？"宣太后答："人死了，当然就什么都不知道了。"于是庸芮说："像太后这样睿智的人，既然知道人死后就没有知觉了，为什么还要平白无故地置自己心爱的人于死地呢？假如人死之后还有知觉的话，如果您让魏丑夫殉葬，先王九泉之下肯定会震怒的！"宣太后觉得庸芮说得有道理，魏丑夫因此逃过一劫。那么，在这里，庸芮使用的是什么论证形式呢？他的论证形式有效吗？这一章，我就来告诉大家，对批判性思维和创新性思维非常重要的两个概念：一个是有效论证；一个是可靠论证。有时候，我们会简单地称其为有效性和可靠性。

讲授内容

　　本章将会涉及四个问题：(1) 何谓有效性；(2) 有效论证模式；(3) 涉概括论证；(4) 何谓可靠性。

9.1　何谓有效性

　　有效性，通常是指"演绎有效性"的简称，它是批判性思维中最重要的概念之一。我们说，

　　一个论证是有效的，当且仅当，不存在所有前提均真而结论为假的情形。

　　让我们来看看下面这个例子：

　　阿娇今年 20 岁，因此，阿娇今年 10 岁以上。

这句话说的是："如果阿娇今年 20 岁，必然能够推出，她是 10 岁以上"。这就是说，它不存在所有前提为真而结论为假的情形，我们把这种形式就叫作"有效"。要判定论证是否有

效，并不需要确切地知道前提和结论实际上是否为真，那么，它强调的是什么？强调的是：

　　所有前提真，必然推导出，结论为真。

　　我们来思考下面这个例子：

　　每只鸟都会飞，
　　每只蝙蝠都是鸟，
　　因此，每只蝙蝠都会飞。

大家看看，这个论证有什么问题？是否有效？我们会发现，它的结论是真的，但是，两个前提却都是假的。每只鸟都会飞？事实如此吗？肯定有不会飞的鸟，比如说，刚出生的幼鸟就不会飞；鸵鸟也不会飞。每只蝙蝠都是鸟更是假的，学过一点生物学知识的人肯定知道，蝙蝠不属于鸟类，但是，这个论证却是有效的。为什么有效呢？因为它并不违背我们前面讲的有效性规则：

　　一个论证是有效的，当且仅当，不存在所有前提为真而结论为假的情形。

这个论证显然不存在所有前提均真而结论为假的情形，因此，它就是有效的。综上，什么是有效论证呢？有效论证是指不可能所有前提均真而结论为假的论证。但是，这并不意味着，如果前提真，结论也真，论证就是有效的。让我们来看看下面这个例子：

　　小明是个一个月大的婴儿，因此，小明不会走路。

从常识来看，我们觉得，这个论证很好，一个月大的婴儿确实不会走路啊！但事实上，这个论证是无效的。为什么无效呢？因为一个月大的婴儿会走路，在逻辑上并不是不可能的，比如说，小明是人类基因实验的产品，他一出生就会走路了，这在逻辑上是可能的。所以，这个论证存在前提真，而结论假的可能性。

　　要记住，有效论证的基本思想是：在逻辑上，不可能所有前提均真而结论为假。这意味着什么？这意味着：如果所有前提为真而结论为假，该论证在逻辑上便是无效的，否则便是有效的。换句话说，我们只需要举一个无效的反例，就足以使得某个论证无效，至于前提和结论本身是否为真，这并不是形式逻辑要关注的。让我们来看一个具体的例子：

　　狗有八条腿，
　　某首相是条狗，
　　因此，某首相有八条腿。

我们发现：这个结论是假的；狗有八条腿，也是假的；某首相是条狗，是不是我们不清楚，但原则上应该是假的。在这个论证当中，两个前提都是假的，它的结论也是假的，但是，它却不违背我们前面的有效性规则，也就是说，一个论证是有效的，当且仅当，不存在所有前提为真而结论为假的情形。我们看这里有没有出现所有前提为真结论为假的情形呢？显然没有。于是，我们就说这个论证是有效的。

9.2 有效论证模式

我们来看看，有效论证的 6 个基本模式：(1) 分离论证(肯定前件式)；(2) 逆分离论证(否定后件式)；(3) 选言三段论；(4) 假言三段论；(5) 二难论证；(6) 归谬法论证。

1．分离论证

分离论证也叫肯定前件式，它的形式是这样的：

如果 p，那么，q，p，所以，q。

比如，这个例子就用了分离论证形式：

如果某人是广东人，那么，他就是中国人，霍英东是广东人，所以，霍英东是中国人。

2．逆分离论证

逆分离论证也叫否定后件式，基本形式是：

如果 p，那么 q，非 q，因此，非 p。

让我们看这个例子：

如果孟获是务川人，那么，他就是贵州人，孟获不是贵州人，因此，他不是务川人。

这里就用了逆分离论证形式。

3．选言三段论

选言三段论的基本形式如下：

p 或者 q，非 p，因此，q。

在阿凡提的故事当中有这样一则内容：

有一天，国王问阿凡提："阿凡提，依你看，我死后会上天堂还是下地狱呢？"

阿凡提毫不犹豫地回答："陛下，您死后一定会下地狱的！"

国王勃然大怒："凭我这么尊贵的身份，怎么可能下地狱呢？"

阿凡提怎么回答呢？他回答说："陛下，因为您把该上天堂的人杀得太多了呀！等到您死的时候，天堂已经被这些人住满了，所以，就容不下您啦！"

在这个故事里，阿凡提采用的就是选言三段论的形式。

4．假言三段论

假言三段论的基本形式是：

如果 p，那么 q；如果 q，那么 r；因此，如果 p，那么 r。

这很像小学老师教给你的：a=b，b=c，因此，a=c，这是一种传递关系。我们看下面这个例子：

如果上帝创造了世界，那么，一切必然是完美的；

既然一切都是完美的，世间就不会有邪恶；

因此，如果上帝创造了世界，世间就不会有邪恶。

这就是用了一个假言三段论。

5. 二难论证

下面我们看一种更有趣的、在辩论当中经常会使用的论证模式，我们称之为二难论证。二难论证是指由两个条件命题、一个二支析取命题和一个结论(二支析取命题)组成的论证，又称二难推理。在论辩中，二难论证可以陷对方于进退两难的困境。它有两种形式：(1) 构成式；(2) 破坏式。构成式的基本形式是这样的：

如果 p，那么 q；

如果 r，那么 s；

或者 p，或者 r；

所以，或者 q，或者 s。

在赵本山的小品《功夫》当中，将二难论证表现得淋漓尽致，节选内容如下：

范伟："过年了，我们家什么年货也没买，就剩下一头猪和一头驴，你说我是先杀猪呢，还是先杀驴呢？"

"那你先杀……"赵本山转向蔡维利和王小虎两个徒弟："给你们两个机会！"

蔡维利："驴肉好吃！先杀驴！"

赵本山："先杀驴！"

范伟："恭喜你答对啦！猪也是这么想的！……小样儿，……哼！"

赵本山："悲哀！真让我替你感到悲哀！眼看就要独闯江湖了，这怎么能让我放心得下？！"

王小虎："师傅，先杀猪好了！"

赵本山："那驴也是这么想的！我告诉你，就这个问题，你先杀谁都不好使！我为什么没回答呢？就因为我考虑它是有问题的！"

我们发现，范伟在这里设定了一个二难推理的困境。现在，对于赵本山和他的徒弟来讲，只有两个选择：先杀驴或者先杀猪。不管怎么回答，最后的结果必然是：或者"驴也是这么想的"，或者"猪也是这么想的"。小品的这个情节之所以"笑果"显著，就是因为最后的结果是逃不脱的：或者你的想法跟猪的一样，或者你的想法跟驴的一样。

二难推理还有一种形式叫作破坏式，它的结构是这样的：

如果 p，那么 q；

如果 r，那么 s；

或者非 q，或者非 s；

所以，或者非 p，或者 r。

我们再来看一个小故事：

有一天，阿凡提想吃饺子，买了三斤肉，可是，他的妻子给他吃的却是没放肉的素汤面。

阿凡提问妻子："肉呢？"

妻子回答："被猫吃了！"

阿凡提把猫放到了秤上一称，刚好三斤。

于是，阿凡提歪着脑袋对妻子说："老婆，如果说这是猫的话，那么肉呢？如果说这是肉的话，那么，猫呢？"

这里就用了一个二难推理的破坏式，就是说：或者肉不见了，或者猫不见了。

类似地，还有三难推理、四难推理……，作用和二难推理是一样的。比如：

你和禽兽搏斗有三种结果：

(1) 你赢了：你比禽兽还禽兽；

(2) 你输了：你连禽兽都不如；

(3) 打平了：你和禽兽没什么两样！！！

显然，此时你陷入了三难的困境。

6. 归谬法论证

最后一种基本的论证模式叫作归谬法论证，主要用于证明命题为假，步骤如下：

我们的目的是要证明 s 为假，但是有时候证明难度很高。这时我们可以先假设 s 为真，再由这个假定推导出一个矛盾式，或者说推导出一个假命题或者一个荒谬的结论。而推导出一个矛盾式、假命题或者荒谬的结论，意味着什么呢？这意味着，我们假定 s 为真肯定不正确，这就说明 s 应该为假。这种论证模式就叫作归谬法论证。

其实，归谬法论证是充分利用了我们前面讲的逆分离论证的这种形式：

如果 p，那么 q，非 q，所以非 p。

在中学数学课上，大家就已经学过归谬法了。只不过，那时归谬法又被称为"反证法"或者"间接证明方法"。在数学当中，许多著名的数学原理就是用反证法来证明的，比如说"2 的平方根是无理数"、欧几里得关于有无穷多个质数的证明，都是用反证法来证明的。这些原理如果正面证明的话难度很高，但是用归谬法证明就非常漂亮，而且容易理解。

像下面这些问题，我们同样可以用反证法来证明，比如：

仅有不同角度的理解，没有真正的真理。

大家想想，是不是只有不同角度的理解，而没有真正的真理呢？当你说出这句话的时候，你是不是真正地理解这句话本身了呢？换句话说，这句话本身又是不是真正的真理呢？所以，说这句话本身就是荒谬的。

我们再来看一个主张：

万物皆不可知。

大家想想，是否"万物皆不可知"？仔细想一下，你会发现这句话有问题，因为我们需要知道，你是怎么知道这一点的呢？那么，主张"一切皆不存在"，有没有问题呢？真的一切皆不存在吗？那么，这个看法本身存在吗？它又从何而来？显然，这个观点也是有问题的。

再看另外一个例子，

所有新思想都来自于他人。

这句话有问题吗？看起来好像没问题，但是如果我问你：最初的那个思想来自于何处？又来自于何人呢？所以，很多看起来很有气势、很有魄力、光彩夺目的断言，实际上可能本身就包含着荒谬的结论。在日常生活当中，在人际交流当中，我们应当避免这样一些极端的说法。

刚才，我们讲到了六种基本形式的论证。这些有效论证模式都很简单。不过，在日常语言交流当中，却往往没有那么简单。因为通常我们要把这些基本形式组合起来，使它变成一个复杂的论证。比如这样一个论证形式：

如果 p，那么 q；

如果 q，那么 r；

如果 r，那么 s；

并非 s；

因此，非 p。

这个论证不再是上面 6 种论证形式当中的任何一种，而是一个组合形式。

在日常语言交流中，论证必不可少，因此，掌握一些基本的论证形式，对批判性思维训练来讲是非常必要的。

9.3 涉概括论证

概括，或者叫作概括陈述，是指关于某个特定对象类所具有的性质的陈述。这里讲的概括包括三类：(1) 全称概括；(2) 存在概括；(3) 统计概括。涉概括论证的类型与例句总结如下表：

类　型	例　句
全称概括	每个 F 都是 G；所有 F 是 G。 (每个伟大思想起初都曾遭人轻视。)
存在概括	有些 F 是 G；至少有一个 F 是 G。 (有些恐龙是恒温的。)
统计概括	一定比例的 F 是 G。 (许多鸟会飞；70%的学生考试未通过。)

关于涉概括的论证，有三种基本的有效形式：

每个 F 是 G　　　　　　　每个 F 是 G　　　　　　　每个 F 是 G

X 是 F　　　　　　　　　 X 不是 G　　　　　　　　 每个 G 是 H

因此，X 是 G　　　　　　 因此，X 不是 F　　　　　　因此，每个 F 是 H

在使用涉概括论证时，还有三个无效式：

每个 F 是 G　　　　　　　每个 F 是 G　　　　　　　许多 F 是 G

X 是 G　　　　　　　　　 X 不是 F　　　　　　　　 许多 G 是 H

因此，X 是 F　　　　　　 因此，X 不是 G　　　　　　因此，许多 F 是 H

这些无效式似是而非，在日常生活中经常被滥用。无效论证在实际交流中是起不到沟通的作用的。要注意使用有效的论证形式，这样才能在交际中收到实效。

9.4　何谓可靠性

现在，我们讲一个非常简单的问题，那就是，什么是可靠性？

我们前面学了什么叫作有效性。当我们说"一个论证是有效的"的时候，我们说的是什么？我们说的是，不可能存在所有前提均真而结论为假的情形。前面在讲有效性的时候，有一个问题我们没有谈及，就是前提和结论到底是不是真的？你可能会发现，实际生活中存在一种很奇怪的情形：当所有前提为假，而结论为真的时候，这个论证居然是有效的！甚至，当所有前提为假，结论为假的时候，这个论证居然还是有效的！这样一来，我们就发现，有效性作为论证标准作用是有限的。为了解决这个问题，逻辑学家们提出另外一个标准，那就是可靠性标准。可靠性标准，实际上是有效性标准的一个扩充。扩充了什么呢？就是扩充了要求"所有前提均真"，就是说，当我们说一个论证是可靠的，仅仅有效是不够的，它必须同时具备两个条件：

(1) 论证形式有效；

(2) 所有前提均真。

只有这两个条件同时满足才能算是可靠的论证。

关于这一部分的内容，我们在第 12 章论证分析当中会进一步讨论。最后，我们来看几个思考题：

下列这些类型的有效论证是否可能？
① 所有前提真，结论真。
② 所有前提真，结论假。
③ 所有前提假，结论真。
④ 所有前提假，结论假。

先看第一个问题，上述这些类型的有效论证是否可能？哪一种是可能的？哪一种是不可能的？大家好好想一想。

第二个问题，是我们讲过的一个例子：

每只鸟都会飞，

每只蝙蝠都是鸟，

因此，每只蝙蝠都会飞。

这个论证是有效的论证，却不是一个好的论证，为什么呢？

最后再看一个例子，这是公务员考试中的常见题型。我们要思考的是，下面这个故事中警方给出的三个论证里是否包含无效论证？故事是这样的：有一年，D 国的一位大臣在该国首都 F 市被刺身亡。案发后，警方逮捕了一个名叫丹尼的青年，并一口咬定他就是凶手。警方给出了三个论证：

大臣是乘坐敞篷车驶进 F 市银行大厦时遇刺的，据当时在现场的人证明，子弹是从银行大厦三楼射出的。这就是说：只有大臣遇刺时在银行大厦三楼逗留过的人，才能作案。而有人证明，丹尼当时正在银行大厦三楼，所以，丹尼是凶手。

这个论证有效吗？有说服力吗？

接下来看第二个论证：

根据法医报告，凶器是一支 65 毫米的意大利卡宾枪。据调查，前不久，丹尼化名"希南"购买过这种枪。这就是说：如果丹尼是凶手，那么他肯定有一只 65 毫米口径的意大利卡宾枪，现在已经查明，丹尼购买过这种枪，可见，他是凶手。

我们再看看第三个论证：

据当时现场目击者说，刺杀发生在 13 时 30 分至 31 分之间，其间只有 10 秒钟，凶手一共开了 5 枪。这就是说：如果不是一个卓越的枪手，那么，在使用非自动卡宾枪时，不可能在 10 秒钟之内连发 5 枪，而丹尼恰恰是个卓越的枪手，所以，肯定他是凶手。

你觉得警方的三个论证有效吗？又是否可靠呢？

主编结语

大家还记得秦宣太后与魏丑夫的故事吗？庸芮说服宣太后不让魏丑夫殉葬使用的论证形式是什么呢？是的，他用的是二难论证的构成式，其论证结构如下："如果人死之后没有知觉，既然您爱魏丑夫，那么，您就不应当让魏丑夫殉葬；如果人死之后有知觉，先王就会因为知道您与魏丑夫私通的事而震怒，那么，您也不应当让魏丑夫殉葬；人死之后或者有知觉，或者没有知觉；总之，您都不应当让魏丑夫殉葬。"在日常言语交流中，论证必不可少，因此，掌握一些基本的论证形式，对批判性思维能力训练来讲，是非常必要的。

线上作业

一、单项选择题(本题共有 19 个小题，每个小题都有 4 个备选答案，但只有一个是最佳答案，请挑选出最佳的答案。)

1. 归谬法应包括如下环节：① 由 S 为真的假设，推出一个矛盾式，或者推出一个假的或荒谬的主张；② 推知 S 必然为假；③ 假定 S 为真。其正确顺序是(　　)。

　　A. ③①②　　　　B. ③②①　　　　C. ②③①　　　　D. ①②③

2. 当我们说"有效性"时，通常是指(　　)的简称。

　　A. 演绎有效性　　　　　　　　　B. 归纳有效性

　　C. 实质有效性　　　　　　　　　D. 修辞有效性

3. 根据演绎有效性标准，一个论证是有效的，当且仅当(　　)。

　　A. 不存在所有前提均真而结论为假的情形

　　B. 不存在所有前提均假而结论为假的情形

　　C. 不存在所有前提均假而结论为真的情形

　　D. 不存在所有前提均真而结论为真的情形

4. 下列论证中，其论证模式属于分离论证的是(　　)。

　　A. 如果某人是广东人，那么，他就是中国人，现在我们知道霍英东是广东人，因此，霍英东是中国人

　　B. 如果孟获是务川人，那么，他就是贵州人；孟获不是贵州人，因此，他不是务川人

　　C. 人死后或者上天堂，或者下地狱；陛下死时，天堂住满了，不能上天堂了；因此，陛下死后会下地狱

　　D. 如果上帝创造了世界，那么，一切皆完美；如果一切皆完美，世间就不会有邪恶；因此，如果上帝创造了世界，世间就不会有邪恶

5. 下列论证中，其论证模式属于逆分离论证的是(　　)。

　　A. 如果某人是广东人，那么，他就是中国人，现在我们知道霍英东是广东人，因此，霍英东是中国人

  B．如果孟获是务川人，那么，他就是贵州人；孟获不是贵州人，因此，他不是务川人

  C．人死后或者上天堂，或者下地狱；陛下死时，天堂住满了，不能上天堂了；因此，陛下死后会下地狱

  D．如果上帝创造了世界，那么，一切皆完美；如果一切皆完美，世间就不会有邪恶；因此，如果上帝创造了世界，世间就不会有邪恶

 6．下列论证中，其论证模式属于选言三段论的是(　　　)。

  A．如果某人是广东人，那么，他就是中国人，现在我们知道霍英东是广东人，因此，霍英东是中国人

  B．如果孟获是务川人，那么，他就是贵州人；孟获不是贵州人，因此，他不是务川人

  C．人死后或者上天堂，或者下地狱；陛下死时，天堂住满了，不能上天堂了；因此，陛下死后会下地狱

  D．如果上帝创造了世界，那么，一切皆完美；如果一切皆完美，世间就不会有邪恶；因此，如果上帝创造了世界，世间就不会有邪恶

 7．下列论证中，其论证模式属于假言三段论的是(　　　)。

  A．如果某人是广东人，那么，他就是中国人，现在我们知道霍英东是广东人，因此，霍英东是中国人

  B．如果孟获是务川人，那么，他就是贵州人；孟获不是贵州人，因此，他不是务川人

  C．人死后或者上天堂，或者下地狱；陛下死时，天堂住满了，不能上天堂了；因此，陛下死后会下地狱

  D．如果上帝创造了世界，那么，一切皆完美；如果一切皆完美，世间就不会有邪恶；因此，如果上帝创造了世界，世间就不会有邪恶

 8．肯定前件式的论证形式是(　　　)。

  A．如果 p 那么 q，p，所以，q

  B．如果 p，那么 q，非 q，因此，非 p

  C．p 或者 q，非 p，因此，q

  D．如果 p，那么 q；如果 q，那么 r；因此，如果 p，那么 r

 9．否定前件式的论证形式是(　　　)。

  A．如果 p 那么 q，p，所以，q

  B．如果 p，那么 q，非 q，因此，非 p

  C．p 或者 q，非 p，因此，q

  D．如果 p，那么 q；如果 q，那么 r；因此，如果 p，那么 r

 10．选言三段论的论证形式是(　　　)。

  A．如果 p 那么 q，p，所以，q

  B. 如果 p，那么 q，非 q，因此，非 p

  C. p 或者 q，非 p，因此，q

  D. 如果 p，那么 q；如果 q，那么 r；因此，如果 p，那么 r

11. 假言三段论的论证形式是(　　)。

  A. 如果 p 那么 q，p，所以，q

  B. 如果 p，那么 q，非 q，因此，非 p

  C. p 或者 q，非 p，因此，q

  D. 如果 p，那么 q；如果 q，那么 r；因此，如果 p，那么 r

12. 二难论证的构成式是(　　)。

  A. 如果 p，那么 q；如果 r，那么 s；或者 p，或者 r；所以，或者 q，或者 s

  B. 如果 p，那么 q；如果 r，那么 s；或者非 q，或者非 s；所以，或者非 p，或者非 r

  C. 如果 p，那么 q，非 q，所以，非 q

  D. 如果 p，那么 q；如果 q，那么 r；因此，如果 p，那么 r

13. 二难论证的破坏式是(　　)。

  A. 如果 p，那么 q；如果 r，那么 s；或者 p，或者 r

  B. 如果 p，那么 q；如果 r，那么 s；或者非 q，或者非 s；所以，或者非 p，或者非 r

  C. 如果 p，那么 q，非 q，所以，非 q

  D. 如果 p，那么 q；如果 q，那么 r；因此，如果 p，那么 r

14. 归谬法论证充分利用的论证形式是(　　)。

  A. 如果 p，那么 q；如果 r，那么 s；或者 p，或者 r；所以，或者 q，或者 s

  B. 如果 p，那么 q；如果 r，那么 s；或者非 q，或者非 s；所以，或者非 p，或者非 r

  C. 如果 p，那么 q，非 q，所以，非 p

  D. 如果 p，那么 q；如果 q，那么 r；因此，如果 p，那么 r

15. 一般说来，从形式逻辑上讲，论证可靠性的有两个条件：一是论证形式有效；另一个是(　　)。

  A. 论证前提为真　　　　　　　　B. 论证前提可接受

  C. 论证结论为真　　　　　　　　D. 论证结论可接受

16. 一般说来，从形式逻辑上讲，论证可靠性的有两个条件：一是(　　)；另一个是所有前提均真。

  A. 论证形式有效　　　　　　　　B. 论证形式可靠

  C. 论证结论可靠　　　　　　　　D. 论证结论有效

17. 亚里士多德在《工具论》提到"凡人皆必死，苏格拉底是人，因此，苏格拉底必死"。其中"凡人皆必死"使用的是(　　)概括。

　　　A．全称　　　　　B．存在　　　　　C．统计　　　　　D．一般

18．马克·吐温说："美国国会有些议员是别人养的"，其中使用了(　　)概括。

　　　A．全称　　　　　B．存在　　　　　C．统计　　　　　D．一般

19．"绝大多数鸟都会飞"使用的是(　　)概括。

　　　A．全称　　　　　B．存在　　　　　C．统计　　　　　D．一般

二、**多项选择题**(本题共有 16 个小题，每个小题都有 5 个备选答案，其中至少有 2 个正确答案，请挑选出正确答案，多选、少选、错选均不得分。)

1．下列论证模式中，有效的有(　　)。

　　　A．如果 p 那么 q，p，所以，q

　　　B．如果 p，那么 q，非 q，因此，非 p

　　　C．p 或者 q，非 p，因此，q

　　　D．如果 p，那么 q；如果 q，那么 r；因此，如果 p，那么 r

　　　E．如果 p，那么 q；如果 r，那么 s；或者非 q，或者非 s；所以，或者非 p，或者非 r

2．下列论证模式中，有效的有(　　)。

　　　A．如果 p 那么 q，p，所以，q

　　　B．如果 p，那么 q，非 q，因此，非 p

　　　C．如果 p，那么 q；如果 r，那么 s；或者 p，或者 r

　　　D．如果 p，那么 q；如果 q，那么 r；因此，如果 p，那么 r

　　　E．如果 p，那么 q；如果 r，那么 s；或者非 q，或者非 s；所以，或者非 p，或者非 r

3．下列论证模式中，有效的有(　　)。

　　　A．如果 p 那么 q，p，所以，q

　　　B．如果 p，那么 q，非 q，因此，非 p

　　　C．p 或者 q，非 p，因此，q

　　　D．如果 p，那么 q；如果 q，那么 r；因此，如果 r，那么 p

　　　E．如果 p，那么 q；如果 r，那么 s；或者 q，或者 s；所以，或者 p，或者 r

4．下列论证模式中，有效的有(　　)。

　　　A．如果 p，那么 q，q，所以，p

　　　B．如果 p，那么 q，非 p，因此，非 q

　　　C．如果 p，那么 q；如果 r，那么 s；或者 p，或者 r；所以，或者 q，或者 s

　　　D．如果 p，那么 q；如果 q，那么 r；因此，如果 p，那么 r

　　　E．如果 p，那么 q；如果 r，那么 s；或者非 q，或者非 s；所以，或者非 p，或者非 r

5．概括，或者叫作概括陈述，是指关于某个特定对象类所具有的性质的陈述，它包括(　　)。

A. 全称概括　　　　　B. 存在概括　　　　C. 统计概括

D. 一般概括　　　　　E. 归纳概括

6. 下列涉概括论证有效的形式有(　　)。

A. 每个 F 是 G，x 是 F，因此，x 是 G

B. 每个 F 是 G，x 不是 G，因此，x 不是 F

C. 每个 F 是 G，每个 G 是 H，因此，每个 F 是 H

D. 每个 F 是 G，x 是 G，因此，x 是 F

E. 每个 F 是 G，x 不是 F，因此，x 不是 G

7. 下列涉概括论证无效的形式有(　　)。

A. 每个 F 是 G，x 是 F，因此，x 是 G

B. 每个 F 是 G，x 是 G，因此，x 是 F

C. 每个 F 是 G，x 不是 G，因此，x 不是 F

D. 每个 F 是 G，x 不是 F，因此，x 不是 G

E. 许多 F 是 G，许多 G 是 H，因此，许多 F 是 H

8. 一般说来，一个论证要可靠，必须满足的条件有(　　)。

A. 论证形式有效　　　B. 论证形式可靠　　　C. 论证结论可靠

D. 论证结论有效　　　E. 所有前提均真

9. 下列属于有效论证基本模式的有(　　)。

A. 肯定前件式　　　　B. 否定后件式　　　　C. 选言三段论

D. 假言三段论　　　　E. 二难论证

10. 下列属于有效论证基本模式的有(　　)。

A. 肯定前件式　　　　B. 否定后件式　　　　C. 逆分离论证

D. 分离论证　　　　　E. 二难论证

11. 下列属于有效论证基本模式的有(　　)。

A. 否定前件式　　　　B. 肯定后件式　　　　C. 逆分离论证

D. 分离论证　　　　　E. 二难论证

12. 下列论证模式中无效的有(　　)。

A. 否定前件式　　　　B. 肯定后件式　　　　C. 逆分离论证

D. 分离论证　　　　　E. 二难论证

13. 下列属于有效论证基本模式的有(　　)。

A. 否定前件式　　　　B. 归谬法论证　　　　C. 逆分离论证

D. 分离论证　　　　　E. 二难论证

14. 下列属于有效论证基本模式的有(　　)。

A. 否定前件式　　　　B. 肯定后件式　　　　C. 假言三段论

D. 归谬法论证　　　　E. 二难论证

15. 下列断言中可以用"自我反驳"的方法来证明的有(　　)。

A．仅有不同视角，不存在真理这种东西　　B．万物皆不可知

C．一切皆不存在　　D．凡新思想均来自于他人

E．未经审视的人生不值得过

16．下列论证模式中无效的是(　　)。

A．否定前件式　　B．肯定后件式　　C．假言三段论

D．归谬法论证　　E．二难论证

三、判断题(本题共有 16 个小题，请在对的后面画"√"，错的后面画"×"。)

1．在逻辑学中，通常所说的"有效性"都是指"归纳有效性"。(　　)

2．在逻辑学中，通常所说的"有效性"都是指"演绎有效性"。(　　)

3．根据有效性标准，论证"狗有八条腿，某首相是条狗，因此，某首相有八条腿"是无效的。(　　)

4．归谬法论证充分利用了分离规则。(　　)

5．概括有两种：一是全称概括，二是存在概括。(　　)

6．根据有效性标准，有可能一个论证演绎有效，但其所有前提和结论都是假的。(　　)

7．根据有效性标准，有可能一个论证是演绎有效的，同时其所有前提和结论都是真的。(　　)

8．根据有效性标准，一个论证是演绎有效的，同时，其所有前提真，而结论假，这也是可能的。(　　)

9．根据有效性标准，如果一个论证是演绎有效的，则其所有前提真，同时结论假，这是不可能的。(　　)

10．论证有效是论证可靠的充分条件。(　　)

11．论证有效是论证可靠的必要条件。(　　)

12．论证可靠性是论证有效性的扩充。(　　)

13．所有前提为真是论证可靠的必要条件。(　　)

14．所有前提为真是论证可靠的充分条件。(　　)

15．所有前提为真是论证可靠的充要条件。(　　)

16．论证有效是论证可靠的充要条件。(　　)

第 10 章 归纳何以可信

上一章我们学习了演绎推理，那么对于其他推理的好与坏，我们又该如何评价呢？本章让我们接着了解有关归纳推理的内容。英国哲学家罗素讲过一个故事，在一个火鸡饲养场里，有只火鸡发现：第一天早上九点钟，主人给它喂食，第二天、第三天也是如此，然而作为一个卓越的归纳主义者，它并不马上得出结论。这只火鸡对有关上午九点给它喂食这一经验事实做了大量观察，而且它是在多数情况下进行观察的，晴天、雨天、热天、冷天、星期三、星期四、星期日……它每天都在自己的记录表中加进新的观察陈述，最后，火鸡的归纳主义良心感到满意，通过归纳推理得出了下面的结论：主人总是在上午九点钟给我喂食。可是事情并不像它所想象的那样简单和乐观，在圣诞节前夕，主人没有给它喂食，反而把它宰了。这只火鸡通过归纳概括得到的结论被无情地推翻了，大概火鸡临终前也会因此而感到深深的遗憾。

讲授内容

演绎论证有有效和无效、可靠与不可靠之分，归纳论证也有强弱之别，那么，如何判定归纳论证的强度呢？

10.1 归纳与演绎之别

上一章我们介绍了演绎推理的有效性问题，那么对于其他论证的好与坏，我们又该如何评价呢？让我们接着了解有关归纳推理的内容。请大家先看这两个论证：

论证 1：

> 93%的中国人有乳糖不耐症，
>
> 张三是中国人，
> _____
>
> 所以，张三有乳糖不耐症。

请思考一下，这个论证有效吗？大家别把关注的焦点放在乳糖不耐症上，按照心理学的说法，陌生的事物总会引起人们的无意注意，我们要考虑的是："93%的中国人有乳糖不耐症，张三是中国人"，能否推知"张三有乳糖不耐症"。

论证 2：

> 三亚在过去的 50 年间从未下过雪。
> ——————————————————
> 所以，今年三亚不会下雪。

所谓北方裹着貂，南方露着腰，那么我们由"三亚在过去的 50 年间从未下过雪"这个前提可否推知"今年三亚不会下雪"？

显然这两个论证都不是有效的，张三有可能恰恰属于那 7% 的能够代谢乳糖的中国人。而如果气候发生异常变化，像张磊在《南山南》歌中所唱"你在南方的艳阳里大雪纷飞，我在北方的寒夜里四季如春。"那么今年你在三亚也可能有幸感受艳阳里的大雪纷飞。

需要注意的是，尽管这两个论证是无效的，但是根据前提所给定的信息，结论却很有可能是真的。"三亚在过去的 50 年间从未下过雪"，今年下雪的概率也是很低的，因而"今年三亚不会下雪"的结论很有可能是真的。

也就是说，在一个论证中，如果其前提确定为真，即使我们不能完全确定结论的真实性，但我们仍然可以合理地相信它是成立的。换句话说，一个无效论证的前提，也可以为结论提供有力支持，这种论证被称为归纳上强的论证。

我们界定一个归纳上强的论证要满足两个条件：

(1) 它是一个无效论证；
(2) 当其前提为真时，结论很可能也为真。

一个有效论证，也会有前提为假的情况。比如我们之前提到的一个论证，"每只鸟都会飞，每只蝙蝠都是鸟"，那么由这两个前提我们可推知"每只蝙蝠都会飞"。很显然，这个论证的两个前提都是假的。比如，鸵鸟就不会飞，而且蝙蝠是哺乳动物，不是鸟。但是这个论证的结论"每只蝙蝠都会飞"却是真的。这是一个前提为假的有效论证，那么，这个原则同样适用于归纳上强的论证。也就是说，前提假不影响归纳强度。

我们再看一下前文的论证，即使"三亚去年真的下雪了"，那么相对于"过去 50 年从不下雪"的情况，去年偶尔的一场雪，并不足以影响论证的强度，它依然是归纳上强的论证。

那么第二个条件"当其前提为真时，结论很可能也为真。"怎么理解？"当论证的前提为真时，其结论很可能也为真。"这并不等于说"前提和结论同时为真是很可能的"。

请看下面的论证：

> 此刻某地某人正在吃面包，
> ——————————————————
> 此刻某地某人正在吃米饭。

此时此刻，你在学校可能啃着干面包，而你的朋友正在家乡吃着米饭、涮着火锅，这无疑是很可能的。这就使得其前提与结论很可能同时为真，但该论证并不是归纳上强的论证。因为"某人正在吃面包"这一事实，并没有给我们任何理由去相信"某人正在吃米饭"，它们之间没有证据关联，而证据关联正是"当前提为真时，结论也可能为真"所要求的。只有当前提与结论之间有证据关联，我们才能由前提的真，推出结论很可能为真，也才能构建归纳上强的论证。

10.2　归纳强度

尽管，归纳上强的论证是无效的，但它们在科学和日常生活中却是不可或缺的。我们经常会基于过去的经验，对未来做出一个预测。比如，当我们看到天空中乌云密布，燕子低飞时，就有可能做出"天要下雨"的判断，那么没带伞的同学要快快回家了。虽然以往的经验永远都无法从逻辑上保证预测的正确性，但它却能告诉我们什么更有可能发生。

当我们将一个论证界定为归纳上强的论证时，我们强调的是：虽然该论证的前提不能从逻辑上推导出结论，但前提还是为结论提供了有力的支持。"论证的归纳强度"被用来表示前提为结论所提供的支持程度。归纳强度不同于论证的有效性，上一章我们讲过有效性问题。有效性是一个非此即彼的问题，一个论证要么有效，要么无效，没有所谓部分有效的论证，而论证的归纳强度则存在一个程度上的区分。我们仍沿用 10.1 节的例子来分析归纳强度问题。我们把论证当中的那个具体数字 93 换成一个变量 x，那么其论证形式为：

> x% 的中国人有乳糖不耐症，
>
> 张三是中国人，
> _____
> 所以，张三有乳糖不耐症。

请大家思考，在这个论证中，前提是否支持了结论，或者说前提对结论的支持度有多大？这取决于变量 x 的值。我们具体分析一下，当 x 为 100% 时，很明显这个论证是演绎有效的，也就是说，由前提的真可推知结论的真；当 x 是 99.999% 的时候，该论证虽然无效，却具有很高的论证强度；而当 x 变为 70% 的时候，这个论证的强度依然很高，但与前两种比较其论证强度就稍显逊色了；而如果 x 变成 10%，前提就非常弱了，以至于无法再支持结论。以上变化可以用图示较直观地表示出来，请看下图：

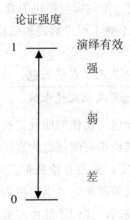

论证强度

1 —— 演绎有效

强

弱

差

0

在此图中，论证的归纳强度可以表示为一个梯度，我们可以用在给定前提下结论的条件概率，来给归纳强度下一个数学定义，具体地说，我们用 1 表示最大可能度，其对应的是演绎有效，而用 0 代表最小可能度，归纳强度则在 0 和 1 之间发生变化。如果我们对照以下这个论证来分析，大家可能会清晰很多。

> 彩票池中共有 1000 张彩票，只有一张能中奖，
>
> 中奖彩票将被随机抽取，
>
> 你只买了一张彩票，
> _____
> 你不会中奖。

请大家做一道概率题，基于以上前提，"你不中奖"的概率有多大？

请注意：你只买了一张彩票，而且也只有一张彩票能中奖，也就意味着，在 1000 张彩票当中有 999 张都不能中奖。因此，"你不中奖"的条件概率是 999‰，也就是 0.999，这是相当高的概率，因此，在这个论证中，前提对结论的支持度很高，接近于 1，我们说这是一个归纳上强的论证。如果我们把论证的结论换成"你会中奖"，请大家计算，"你会中奖"的概率是多少？是 1 比 1000，也就是 0.001，可见这个论证的归纳强度相当低。

当然，生活中很多事件的发生概率很难用精确的数字来计算，因此它的归纳强度很难确定，甚至有时候可能是无法确定的。比如说，快到"520"了，你给女朋友送了一件礼物，但是当她打开礼物的时候，却皱了皱眉头，这时候我们不需要去计算这个推理的归纳强度数值，也有很好的理由认为她并不喜欢这个礼物，因为我们能够由给定证据得出一个有关结论可能性的近似的、但却是准确的定性判断，这就是生活中的论证。

10.3　归纳推理的可废止性

归纳强度是可废止的。也就是说，如果我们增加新的前提，可能会导致归纳强度的变化。请大家看下面这个论证：

> 某人从 50 层的楼顶上跌落下来，
> _____
> 所以，某人死了。

这是一个归纳上强的论证。因为从 50 楼跌落下来而能幸免于难的几率非常小，几乎是不可能的。但是假设我们发现了如下的一些新信息：

> 某人从 50 层的楼顶上跌落下来，
>
> 某人落在了楼下的一个大帐篷上，
> _____
> 所以，某人死了。

这个论证的强度就要弱一些。因为增加的信息，使其对死亡结果的判断变得不十分清晰了。假设再增加一些信息呢？

> 某人从 50 层的楼顶上跌落下来，
> 某人落在了楼下的一个大帐篷上，
> 帐篷的顶部是用很多尖端朝上的锋利树枝固定的，
> ——————————————————————————
> 所以，某人死了。

这时候结论就变得更强了，甚至可能比最初的论证还要强一些。由此可见，论证的归纳强度随着新信息的出现而发生了根本性的改变，这就是归纳强度的可废止性理论。

10.4　归纳推理的不同类型

了解了归纳强度问题，我们有必要对归纳推理的类型进行简单的介绍。归纳推理包括以下几种主要的类型：

1．统计归纳

统计归纳是我们根据统计数据来对一组概念加以概括，然后再据此对特定的情况进行预测。比如，我们可能观察到许多蜘蛛都吐丝，那么我们可以推知所有蜘蛛都吐丝，包括那些我们可能从来没有观察到的、从来没有见到过的蜘蛛。

2．类比归纳

类比归纳的推理形式可以表述为：如果 A、B 两类事物具有很高的相似性，那么我们可以推知，某个对于 A 事物成立的性质，对于 B 事物也是成立的。比如鲁班造锯的启发。鲁班被锯齿形的树叶划伤了手，由此发明了具有类似结构却比树叶更坚固、更锋利的锯子。在生活中，仿生学的许多发明都是依据类比的特性拓展应用的。

晏子使楚的故事可以说是对类比推理的绝佳应用。齐国的宰相晏子使楚。楚王意欲羞辱齐国，于是故意将一个来自齐国的盗窃犯置于庭前，问晏子是不是齐国的人都爱偷东西。晏子曰："大王您是否听说过，橘生淮南则为橘，生于淮北则为枳？淮南又大又甜的橘子，到了淮北就变成又小又酸的枳了，这可能就可以解释我们那些齐国的良民怎么到了你们楚国就变成小偷了。"运用类比至此，真的是很高明了。

3．最佳解释推论

在生活中，我们经常会碰到证明乏力的情况，甚至有时候证据之间还会相互冲突，指向不同的结论，这时我们能做到的，就是对各种可能情况加以全面的考虑和衡量，从中选出一个证据支持度最高的来解释结论。比如，当我们出门的时候，我们可能会注意到周围的街道都湿了。这可能是因为之前刚下过雨，也可能是因为有人清洗了街道，但是当你注意到经过的车辆也是湿的，你就会推出很可能外面是下雨了。那么下雨对于街道是湿的这个结论做出了最佳的解释。

其实，生活中有很多有趣的归纳推理等待大家去发现，我们也会有意无意地运用归纳推理。至于如何提高其归纳强度，大家可以结合本章的知识，在实践中加以体会和应用。

主编结语

　　有效论证要求，如果所有前提均真，那么其结论必然为真，否则该论证无效。可是通过本章的学习我们知道，在日常生活中，归纳论证的用途也相当广泛，但在归纳有效论证或者说归纳上强的论证中，所有前提为真并不能保证结论必然为真，归纳论证的这种性质被称为可废止性。换句话说，在归纳论证中其前提是开放的，一旦加入了新的前提，其结论的真值就可能会发生改变，或者说归纳强度可能会增加，也可能会减少。但是，在演绎论证中，如果该论证有效，那么不管我们添加什么到前提中，该论证始终有效，因此演绎论证不具有可废止性。巴特勒主教说过"可能性(概率)是生活的真正指南"。我们生活在可能性之中，要想真正具有批判思维能力，要想活得更好，就不能否认归纳论证的作用。

线上作业

　　一、**单项选择题**(本题共有 10 个小题，每个小题都有 4 个备选答案，但只有一个是最佳答案，请挑选出最佳的答案。)

　　1. 在罗素讲的故事中，火鸡基于多种情况的观察得出"主人总是在上午 9 点给我喂食"的结论属于(　　)。

　　　　A. 统计归纳法　　　　　　　　B. 类比归纳法

　　　　C. 最佳解释推论　　　　　　　D. 演绎论证

　　2. 在罗素讲的故事中，火鸡基于多种情况的观察得出"主人总是在上午 9 点给我喂食"的结论错误的原因是(　　)。

　　　　A. 轻率概括　　　　　　　　　B. 前提与结论缺乏关联性

　　　　C. 归纳推理不具有保真性　　　D. 归纳强度低

　　3. 以下关于论证说法正确的是(　　)。

　　　　A. 前提真，结论必真　　　　　B. 结论真，前提必真

　　　　C. 无效论证其前提也可能是真的　D. 有效论证前提必须都是真的

　　4. 由"三亚在过去的 50 年间从未下过雪"推知"今年三亚不会下雪"，这是个归纳上强的论证，因为(　　)。

　　　　A. 它是一个有效论证　　　　　B. 其前提真，结论也真

　　　　C. 今年三亚确实没下雪　　　　D. 其前提与结论之间具有证据关联

　　5. 对于归纳强度正确的理解是(　　)。

　　　　A. "论证的归纳强度"指论证是否有效

　　　　B. 归纳强度有有效无效之说

　　　　C. 论证的归纳强度取决于前提对结论的支持程度

　　　　D. 论证的归纳强度不会发生变化

6. 演绎推理的特征是( )。

    A. 前提真则结论真　　　　　　　　B. 可能存在部分有效或部分无效

    C. 即使出现新情况也不会改变其有效性　　D. 前提对结论支持度会发生改变

7. "天下乌鸦一般黑"是基于( )进行的推理。

    A. 对所有乌鸦的观察　　　　　　　　B. 科学归纳法

    C. 统计归纳法　　　　　　　　　　　D. 类比归纳法

8. 数学与实证科学之间的区别表现在( )。

    A. 数学是用类比方法获得的

    B. 数学是完全归纳推理，在任何情况下都是有效的

    C. 实证科学依赖于可废止的归纳推理

    D. 实证的结论是不变的

9. 甲的手机丢了，下列哪些线索会使"是乙偷的"的结论更具信服力( )。

    A. 甲经常丢三落四

    B. 乙的手机与甲丢失的手机有特殊细节的高度相似性，而且乙还咨询同学如何将手机信息格式化

    C. 乙的舍友也丢了手机

    D. 乙经济条件很好

10. 某刑事人类学家在对 260 名杀人犯的外貌进行考察后，发现他们具有一些共同的生理特征，于是得出"杀人犯具有广颚、额骨突出、头发黑而短的特征"的结论。以下哪一项与上述推理方式相同？( )

    A. 24～28 没有质数

    B. 八月十五云遮月，正月十五雪打灯

    C. 植物种子经超声波处理后可增产，所以玉米种子经超声波处理后也可以增产

    D. 某高校在对全校学生进行调查后，得出"我校同学学习态度普遍较好"的结论

二、多项选择题(本题共有 10 个小题，每个小题都有 5 个备选答案，其中至少有 2 个正确答案，请挑选出正确答案，多选、少选、错选均不得分。)

1. 如何提高归纳推理结论的可靠性( )。

    A. 扩大考查范围　　　　　　　　　　B. 增加考察对象的多样性

    C. 正确对待"反例"　　　　　　　　D. 防止"轻率概括"

    E. 寻求前提和结论之间的联系

2. 归纳上强的论证要满足的条件有( )。

    A. 是一个无效论证　　　　　　　　　B. 当其前提为真时，其结论很可能也为真

    C. 前提必须为真　　　　　　　　　　D. 前提必须似真

    E. 推理有效

3. 以下关于论证的说法中，正确的是( )。

    A. 前提真，结论必真　　　　　　　　B. 前提为真时，其结论很可能也为真

　　C．无效论证其前提也可能是真的　　D．有效论证也会有前提为假的情况

　　E．有效论证必须保证前提的真实

4．由"三亚在过去的 50 年间从未下过雪"推知"今年三亚不会下雪"，这是个归纳上强的论证，因为(　　)。

　　A．它是一个无效论证　　　　　　　B．当其前提为真时，其结论很可能也为真

　　C．其前提为真　　　　　　　　　　D．前提与结论之间具有证据关联

　　E．由前提可必然推出结论

5．对于归纳强度，理解正确的有(　　)。

　　A．"论证的归纳强度"被用来表示前提为结论所提供的支持程度

　　B．归纳强度没有有效无效之说

　　C．论证的归纳强度取决于前提对结论的支持程度

　　D．随着新情况的出现，归纳强度会发生变化

　　E．我们可以用给定前提下结论的条件概率来定义归纳强度

6．演绎推理的特征包括(　　)。

　　A．前提真结论必真　　　　　　　　B．推理形式正确

　　C．即使出现新情况也不会改变其有效性

　　D．其前提对结论提供最大支持度

　　E．演绎推理存在部分有效的问题

7．"太阳从东方升起"是基于(　　)进行的推理。

　　A．基于对众多对象的观察　　　　　B．目前没有出现反例

　　C．统计归纳法　　　　　　　　　　D．类比归纳法

　　E．客观事实

8．数学与实证科学之间的区别表现在(　　)。

　　A．数学是用演绎推理去发现的

　　B．数学是定理，在理想状态下是有效的

　　C．实证科学依赖于可废止的归纳推理

　　D．实证的结论会随着数据发生改变

　　E．实证的结论是不容置疑的

9．归纳推理的基本类型包括(　　)。

　　A．统计归纳法　　　　　　B．类比归纳法　　　　　C．最佳解释推论

　　D．演绎法　　　　　　　　E．完全归纳法

10．甲的手机丢了，下列哪些线索会使"是乙偷的"的结论更具信服力(　　)。

　　A．甲经常丢三落四的

　　B．乙的手机与甲丢失的手机有特殊细节的高度相似性

　　C．乙前两天在电脑上查询了将手机信息格式化的方法

　　D．乙经济条件较差

　　E．甲经常会无端猜忌

三、判断题(本题共有 10 个小题，请在对的后面画"√"，错的后面画"×"。)

1．一个论证有可能是部分有效的。(　　)

2．无效论证的结论一定是假的。(　　)

3．一个无效论证的前提，也可以为结论提供有力支持。(　　)

4．一个有效论证，也会有前提为假的情况。(　　)

5．前提与结论之间有证据关联，是归纳上强的论证的必要条件。(　　)

6．归纳论证有有效和无效之分。(　　)

7．演绎推理有强弱之别。(　　)

8．论证的前提为真时，其结论很可能也为真。意味着"前提和结论同时为真是很可能的"。(　　)

9．由"此刻某地某人正在吃面包"，推知"此刻某地某人正在吃米饭"是一个归纳上强的论证。(　　)

10．归纳论证具有可废止性。(　　)

第 11 章　论证地图绘制

在第 8 章，我们学习了如何识别论证的前提与结论。在第 9 章，又学习了论证好坏的评价标准，那就是有效性和可靠性。但是在现实生活中，论证往往并非像第 9 章所提及的有效论证基本形式那样简单。因此，为了处理复杂的论证结构，我们不得不学一点儿论证绘图技巧，以便把复杂语篇中的论证简洁地用地图绘制出来，使得语篇中的论证结构或逻辑结构一目了然，这就是本章的内容。

讲授内容

如何绘制论证地图。

11.1　基本方法

请大家想想，地图在我们生活中的作用是什么？

地图能够清晰地描述一个地方，比如一座城市、一个公园或一所大学的建筑物、街道、绿化等各种用地的基本结构，还能为我们指引方向。类似地，论证地图也能为我们分析论证、理解论证指引方向。

在现实生活中，论证通常是非常复杂的。在一次讨论或辩论中，可能包含多个论证。在每一个论证的命题集中，可能包含数个前提和数个结论。但我们可能并不清楚哪些是前提，哪些是结论。在这种情况下，对论证进行图解，或者说绘制论证的地图，能够帮助我们更加清晰地了解和展示论证的内在逻辑结构。

论证地图是一种论证的图形表达方式。

本章主要包括两个内容。首先，我们来学习如何绘制包含理由和异议的论证地图。其次，我们会针对一些细节问题进行讲解。下面我们先进入第一个主要内容，绘制论证地图。

绘制论证地图主要有三个步骤：

首先，明确区分论证的前提和结论，因为这会影响论证地图的推导方向。

其次，对论证的逻辑结构进行分析，为绘制论证地图做准备。

最后，使用箭头和实心直线，将前提和结论按照一定的逻辑结构连接起来，这样便可以得到一个论证地图了。

下图所示是一个简单论证。这个简单论证只有一个前提和一个结论。"全球气候正在变暖"是这个论证的前提，我们用 P 来表示。"在很多国家冬天变短了"，是这个论证的结论，我们用 Q 来表示。然后我们用一个箭头，将句子 P 连接到句子 Q，表示 P 是接受 Q 的一个理由。换而言之，为什么在许多国家冬天变短了？全球气候变暖给出了一个答案。

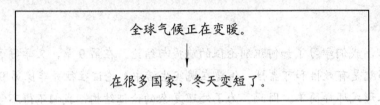

我们再来看下面图示的例子。

上面这个例子的论证地图是错误的。为什么呢？因为"每个人都会死"和"你是人"都是"你会死"这个结论的前提。所以，我们应当将这两个前提连接在一起，导向这个结论。所以说，下面这个地图才是正确的。

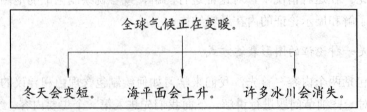

另外，我们既可以用论证地图表示具有多个前提和一个结论的论证，也可以用论证地图来表示具有一个前提和多个结论的论证。

比如"全球气候正在变暖"这个论证会导致以下结论：(1) "冬天会变短"；(2) "海平面会上升"；(3) "许多冰川会消失"。

当然，你可能不需要为这么简单的论证绘制论证地图。在处理更复杂的论证的时候，论证地图的优势更加明显。比如当你遇到嵌套多个子论证的多层论证时，就可以用论证地图使逻辑结构更清晰地展示出来。下面给出了一个多层论证的地图。

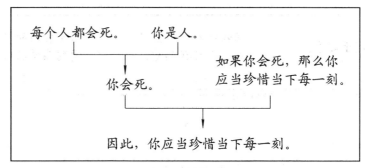

上面是一个三层论证地图。从上至下，第一层的前提是"每个人都会死"和"你是人"，得出结论"你会死"；接着，这个结论又作为第二层的前提之一，和另一个前提"如果你会死，那么你应当珍惜当下每一刻"一起，得出第三层结论，"因此，你应当珍惜当下每一刻"。

当然，你也可以在论证地图中引入针对前提或者结论的异议。比如之前的例子，针对"每个人都会死"这个前提，大家能想到有什么可以反驳或者推翻这个前提的情况吗？比如说，如果以后生物技术显著发展，极大地延长了人类的寿命，人人都可以长生不老，那么，"每个人都会死"这个前提就不再成立了。

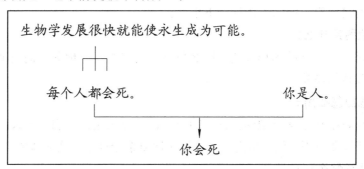

在上面的论证地图中，我们使用一个类似"倒立的干草叉"符号来表示引入针对前提的异议。当然你也可以选择其他符号，只要能够有所区别。

我们还可以用论证地图表现不同立场的对立论证，来展示关于某个论题的辩论。例如以下这个关于是否支持素食主义的辩论。这个论证地图围绕"人们该不该吃肉"这个主题进行辩论。

支持素食的一方提出了三个理由：① 食肉不利于健康；② 动物和人一样会思考，而且有感觉；③ 用于食用的动物通常会遭到残忍的对待。比如说，宰杀食用动物的过程往往是血腥和残酷的。

而反对素食的一方也给出了三个理由：① 人类比动物更智能，作为食物链的顶端，吃肉是无可厚非的；② 无论如何，动物都会被杀，自然界遵循弱肉强食的法则；③ 人类饲养了作为食物的动物，比如鸡鸭鱼等，既然付出了努力，我们自然有权利将它们摆上餐桌。当然，肯定有同学认为这些理由不怎么有说服力，或者还可以提出更有力的理由或者异议，感兴趣的同学可以在课后继续讨论。

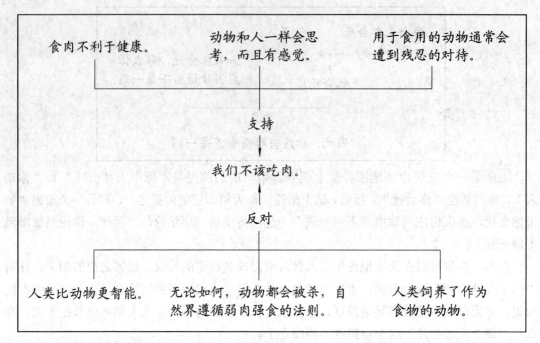

下面我们对之前学习的知识进行一下小结。

(1) 论证地图是什么？

论证地图是一种论证的图形表达。顾名思义，它就像一张地图，清晰地绘制论证中的前提、结论以及逻辑结构。

(2) 论证地图怎么用？

论证地图可以描述不同类型的论证，简单论证、复杂论证、引入异议的论证、不同立场的论证。论证地图应用广泛，特别是在分析多层复杂论证上，论证地图具有明显的优势。

(3) 论证地图怎么画？

绘制论证地图至少有三个步骤：① 区分论证的前提和结论；② 分析论证的逻辑结构。有的前提单独支持结论，有的前提需要联合在一起支持结论；③ 用箭头和实线将前提和结论连接起来。这里需要注意的是，箭头的方向应当从前提指向该前提所支持的结论。

(4) 论证地图有什么用？

其一，绘制论证地图是分析论证的前提和基础。论证地图是一种简单而且比较容易掌握的论证分析方法，它能够帮助我们分析日常生活中的各种论证，特别是复杂论证。它能够清晰地展示哪些命题是论证的前提，哪些命题是论证的结论，前提又是如何支持结论的，存在怎样的异议或可能的反驳等，这对我们理解论证十分有帮助。

其二，练习绘制论证地图能够锻炼我们的批判性思维。绘制论证地图的练习不仅能够刺激脑细胞，锻炼思维方式，还能促进我们积极地思考异议和反论证，培养全面的思维能力。当同学们经过大量练习和长期训练后，熟能生巧，以后遇到某些复杂论证时便可以在脑海中直接形成一个正确的论证地图，从而对论证的前提、结论、逻辑结构、异议等问题了然于胸。

11.2　细　节　问　题

11.2.1　绘制论证地图的基本原则

绘制论证地图主要有下述三条基本原则。

1．使用完整的句子作为前提和结论

请看下面两个论证地图。

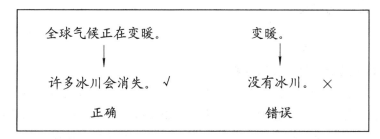

左图是"全球气候正在变暖，所以许多冰川会消失"；右图是"变暖，所以没有冰川"。显然，在右图中，"变暖"和"没有冰川"都不是完整的句子。如果这样绘制论证地图，可能会令人无法理解论证的含义，甚至产生误解。因此我们建议同学们，特别是初学论证地图的时候，尽量使用完整的句子作为论证的前提和结论。这使得论证中需要被证明的主张更加清楚，而且其他人也不需要去猜测你要表达的意思。

2．使用箭头展开所有的推理

我们应当避免在前提或结论中出现依然包含推理的情况。绘制论证地图的关键在于，使用箭头来表明论证中的逻辑结构。当你遇到一个可能被进一步展开的推理时，请将其内部结构进行分解，并使用箭头将前提和结论相连接。这样做能够确保论证的逻辑关系能被清晰、完整地理解。

例如，以下两个论证地图左边的是"这枚戒指是金做的，金能导电，所以这枚戒指能导电。"右边的前提是"这枚戒指是金做的"，结论是"因为金能导电，故这枚戒指能导电"。不难看出，右边的论证地图是错误的，因为它的结论"因为金能导电，故这枚戒指能导电"，不是一个完整的推理。

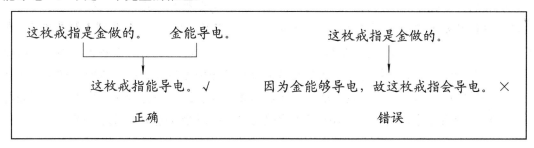

在绘制论证图示时，我们应当将推理的前提和结论区分开来，再根据它们的逻辑关系将其连接在一起。因此，左边的论证地图才是正确的绘制方式。

3．积极的思考异议和反论证

大多数人都倾向于只考虑有利于他们立场的论证，对反例和可能动摇他们的理由则缺乏思考，心理学家将这种心理称为"唯我立场偏差"。论证地图能够帮助我们克服这个问题，当我们绘制地图时，可同时从问题的正、反两个方面提出论证，思考对这些论证的异议，并列出可能的回答。通过将所有内容绘制到论证地图中，可以清晰地看出你是否对问题有更全面的分析和了解，或者是否存在某些尚未充分探讨的领域。

11.2.2　绘制论证的前提

第二类细节问题，与论证的前提有关。

问题一：区分联合前提与独立前提。

我们之前提到，有的前提独立地支持结论，而有的前提需要联合在一起共同支持结论。

那些联合在一起针对某个结论共同起作用的前提称为"联合前提"，而那些为某个结论提供了相对独立理由的前提称为独立前提。那么，这二者的区别在哪儿？对于联合前提 X 和 Y 而言，如果 X 为假，那么 Y 对结论的支持度会显著下降。相反，独立前提的真假则不会影响另一个前提对结论的支持度。

我们来看下面这个例子。

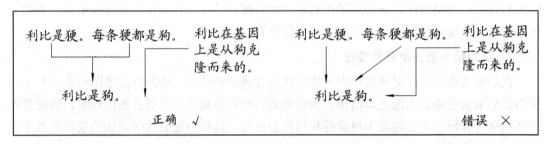

"利比是猄。每条猄都是狗"，"利比在基因上是从狗克隆而来的，所以利比是狗。"在这个例子中，左边的论证地图是正确的，右边的是错误的。因为"利比是猄，每条猄都是狗"是联合前提，它们必须同时一起支持"利比是狗"这个结论。假如"利比是猄"这一前提是假的，比如它是一只猫，那么独立依靠"每条猄都是狗"这一前提，并不足以提供让我们相信"利比是狗"的理由。相反，如果"并非每条猄都是狗"，比如说某类猄比较特殊，它们其实是狼，那么，单独依靠"利比是猄"这一前提也无法得出"利比是狗"结论，这就是为什么说两个前提共同起作用来支持结论。同时我们也可以看出，当联合前提中某个前提为假，便会削弱与之联合的其他前提对结论的支持度。另一方面"利比在基因上是从狗克隆而来的"是一个独立前提。也就是说即使利比不是克隆的，也不影响其他两个前提对这个结论的支持，所以这第三个前提与之前的两个前提不是联合前提。

在论证中，区分联合前提和独立前提很重要。因为联合前提能形成一个单独的论证，而独立前提并非如此。这种区分有助于我们统计支持结论的论证数量。在绘制论证地图时，我们先将联合前提所引导的箭头连接在一起，再指向结论。独立前提则用单独的箭头指向结论，这样我们就不会混淆不同的论证了。

请同学们尽量遵守这个原则，因为这能更准确地表现论证的逻辑结构，特别是当论证中既包含联合前提，也包含独立前提的时候。还有一种情况，如果论证不同时包含联合前提与独立前提，换句话说，如果一个论证的所有前提都是联合前提，或者所有前提都是独立前提，那么，分别使用单独箭头指向结论，还是将所有的前提连接到一起再指向结论，都是可行的。

比如以下这个关于吸烟的例子。

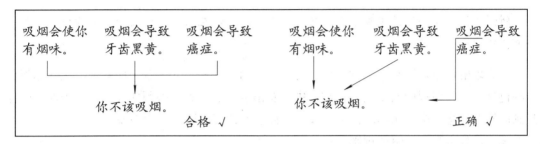

这个论证地图给出了人们不该吸烟的三个理由，分别是：吸烟会使你有烟味，吸烟会导致牙齿黑黄，以及吸烟会导致癌症。实际上这三个前提都是独立前提，因为它们互不干涉地支持结论。但由于论证中只有独立前提，因此既可以将论证地图绘制为三个前提分别支持结论的方式，也可以把它绘制为联合前提一起支持结论的方式。但需要强调的是，左边的论证地图只是合格的，右边才是正确的。

问题二：还原隐藏假设问题。

所谓隐藏假设是那些论证中被默认成立，但却没有在论证中直接展示出来的前提。

论证者可能有意无意地隐藏了这些前提，所以我们在绘制论证地图时，应当尽可能地将这些隐藏前提进行补充，还原出来。这样才能更准确更清晰地分析论证、了解论证意图。

例如，以下这个反同性恋论证的推理就不正确。

同性恋在道德上是错的，因为它是反自然的。

这是一个相当普遍的论证。想要评价这个论证，我们可以采用第 1 章学过的"好思维四步曲"，从论证的含义是什么开始提问，特别是对"反自然"这个词在这个论证中究竟指什么。如果"反自然"意味着违背自然规律、不会在自然环境中发生，那么"同性恋反自然"这个判断就不这么绝对。因为生物学家已经发现了 1000 多种物种具有同性恋行为。

下一个问题是论证是否合理。同性恋论证预设了这样的一个前提，即"反自然的事物在道德上是错误的。"如果添加这个前提，我们便可以将原本无效的论证变为有效论证。那么，这个新前提是真的吗？答案似乎是否定的。因为有许多东西是反自然的。比如，电脑游戏、外科手术、太阳眼镜等，但我们并不认为这些事物在道德上是错误的，如果这些东西并不令人反感，那么同性恋有何不同呢？退一步说，即使同性恋是反自然的，也不意味着它在道德上就是错的。

既然隐藏假设对分析论证如此的重要，那么，能通过什么方法使其还原出来呢？在这里向同学们介绍两种方法：

第一种方法是构造有效论证。

如果同学们熟悉有效论证和无效论证的典型模式，那么便可以轻易地通过补充某些前提使论证有效。这些补充的前提就是隐藏假设。

另一种方法是运用"兔子规则"和"握手规则"来发现隐藏假设。

什么是"握手规则"呢？

所谓"握手规则"是指每个出现在前提中但没出现在结论中的概念，必须出现在另一个前提中。

怎么理解这条规则呢？同学们可以想象一下两个人握手的情景，两只手握在一起形成一种链接，如果前提中某个概念在结论中没有出现，那么我们必须能够在另一个前提中也找到同样的概念，两个相同的概念形成一种握手的链接，这便是握手规则。

那么，什么又是"兔子规则"呢？

所谓"兔子规则"，是指每一个出现在结论中的概念至少出现在某一个前提中。

同学们可以想象一下魔术师从帽子里变出一只可爱的小兔子的场景，这是什么意思呢？无中生有。也就是说我们不能在结论中变出一个前提中从没有提到过的概念，否则就会违背兔子规则。根据上述规则，我们不难发现，之前的同性恋论证好像既违背了兔子规则，也违背了握手规则。为什么它违背了兔子规则呢？这是因为结论中"在道德上是错的"，这个概念没有出现在前提的任何地方。兔子规则的出发点，就是为了保证结论中所有组成部分都可以追溯回前提。

一般来说，如果结论存在某个概念，那么，我们必须找出与这个概念相关的假设。使用兔子规则的目的是，使这些假设能够清晰地显示出来，同时展示前提是如何支持结论的。否则我们可能就不清楚结论是如何产生的。

另一方面，反同性恋论证似乎也违背了握手规则。前提中"反自然"一词没有出现在结论中，也没有出现在其他前提中，当然这里只有一个前提。握手规则的基本原理是保证相关性。如果一个概念出现在前提中但没有出现在结论中，我们可能想知道为什么会提到这个概念？它在论证中究竟起着什么作用？它有必要吗？通过要求该概念再一次出现在另一个前提中的方式，我们希望能够揭示这个概念在推理过程中所起的作用。根据上述两条规则，我们为同性恋论证添加隐藏前提，也就是"任何反自然的事物在道德上都是错的"，这样，关于论证的推理就更加清晰了，如下所示。

下面各种画线的短语在论证中成对出现，表明添加隐藏假设之后论证地图同时满足了兔子规则和握手规则。

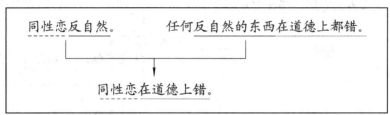

运用这两条规则需要注意的是，首先，兔子规则和握手规则，只是指导性规则，我们不能机械地运用它们。我们不能将这条规则运用在如下的逻辑词语上，包括"如果……那么……""每个""没有任何""有些"以及"任何"，等等。这些词语属于"非特定主题词"，它们不特指某类事物，而"特定主题词"，如"海豚""牛群""中国人"等则是可以运用握手规则和兔子规则的。其次，满足这两条规则的论证，仍可能是一个差论证。因为结构清晰的论证仍可能包含不好的推理和虚假的前提。因此评价论证时，请同学们注意这一点。

11.2.3　绘制对推理的异议

与展示前提真实性相比，用论证地图来展示对推理的异议相对比较复杂。比如下面这个例子。

所有鱼都有鳃，海豚不是鱼，所以海豚没有鳃。

请同学们看一看，这是一个好论证吗？首先，它同时满足了兔子规则和握手规则，而且前提与结论也是真的，但根据这两个前提，我们似乎不能够推出这个结论。为什么呢？这个论证的问题在哪儿？

我们可以这么分析，首先，如果要从"海豚不是鱼"这个前提得出"海豚没有鳃"这个结论，实际上我们需要的是"如果某个东西不是鱼，那么它没有腮"这个隐藏前提。那么，如果"从所有鱼都有鳃"这个前提能不能得出"如果某东西不是鱼，它就没有鳃"这

个假设呢？答案是否定的，因为从"所有鱼都有鳃"这个命题，我们能得到的是"如果某东西是鱼，那么它有鳃"，再根据命题与其逆否命题等价，得到"如果某东西没有鳃，那么它就不是鱼"，这与之前我们要补充的假设前提"如果某东西不是鱼，它就没有鳃"并不相等。所以从之前这两个前提我们是不能得出"海豚没有鳃"这个结论的。也就是说，这个论证的推理是有问题的。

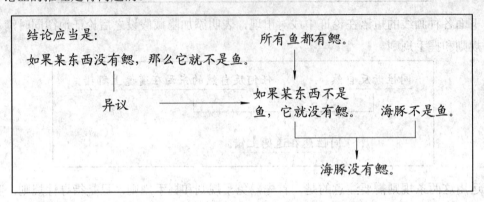

结论应当是：
如果某东西没有鳃，那么它就不是鱼。
— 异议 →
所有鱼都有鳃。
↓
如果某东西不是鱼，它就没有鳃。　海豚不是鱼。
↓
海豚没有鳃。

这节课我们学习了三个知识点：① **绘制论证地图的基本原则。**包括使用完整的句子，展示所有的推理以及积极地思考异议和反论证。② **绘制论证地图时关于前提的一些细节问题。**包括区分联合前提和独立前提，以及尽量发现和补充隐藏假设。发现和补充隐藏假设的方式有两种，一种是构造有效论证，第二是运用握手规则和兔子规则进行检查。③ **关于推理的细节问题。**通过论证地图展示针对推理异议的方式来检验前提是否能够得出结论。这个知识点有一定难度，所以请同学们课后多多练习。

主编结语

对于论证而言，形式逻辑关注的论证结构模式一直是前提结论式的，只关心支持结论的前提，从不关心反对结论的前提。著名哲学家图尔敏(Stephen E. Toulmin，1922—2009 年)在 1958 年给出了一种不同于传统的论证结构模式，该模式后来被非形式逻辑学家和论证理论家们命名为图尔敏模型。在这个模型中，最大的特点之一就是考虑到了可能的反驳。因此，如今该论证模型被众多批判性思维理论家采纳。由此可见，考虑到反驳、异议情形，是批判性思维的一大重要特征。刚才我们已经学习了引入异议的论证地图绘制诀窍，大家课后不妨试一试！

线上作业

一、单项选择题(本题共有 10 个小题，每个小题都有 4 个备选答案，但只有一个是最佳答案，请挑选出最佳的答案。)

1. 下列论证中，不包含隐藏前提的会话是(　　)。

　　A．小唐可能不在家，因为她的自行车不在楼下

B．他们肯定吵架了，因为一整天都没看到他们说话

C．我下午上班没精神，因为中午没有午睡我下午就不精神

D．既然老梁的车不在车库，他肯定不是步行上班了

2．握手规则的基本原理是保证(　　)。

A．前提可接受性　　　　　　　B．相关性

C．有效性　　　　　　　　　　D．归纳强度

3．联合前提是(　　)。

A．相对独立地支持前提

B．联合起来一起支持结论的那些前提

C．既可以联合起来，又可以独立支持结论的前提

D．先联合起来，再独立地支持结论的那些前提

4．下列选项中，能形成单独的论证的是(　　)。

A．联合前提　　　　　　　　　B．独立前提

C．隐藏前提　　　　　　　　　D．假设前提

5．"由于妈妈忘记买菜，家里没有吃的了。今天周末晚上店铺都关门了。所以我们只好出外就餐。"从绘制论证地图的角度来说，这是一个(　　)论证。

A．一层　　　　　B．二层　　　　　C．三层　　　　　D．四层

6．论证地图还原的是(　　)。

A．论证的结构　　　　　　　　B．论证的前提

C．论证的结论　　　　　　　　D．论证的类型

7．下列选项中，(　　)是复杂论证。

A．我不喜欢吃甜食，所以我不喜欢吃蛋糕

B．天气预报称明天会下雨，如果下雨我要带雨伞上学。因此，我要带雨伞上学

C．大熊猫是濒危物种，我们要保护它

D．今天天气很好，所以我们全家去爬白云山

8．"在公共场合吸烟是一件糟糕的事情。吸烟不仅危害自己的身体，还会影响他人的健康。"这个论证的结论是(　　)。

A．吸烟危害自己的身体　　　　B．吸烟影响他人的健康

C．吸烟是一件糟糕的事情　　　D．在公共场合吸烟是一件糟糕的事情

9．"电子游戏常常让孩子们不做作业沉迷其中。画面闪烁对视力也不好。何况玩游戏还非常浪费学习时间。因此，有的家长主张限制孩子们玩电子游戏的时间。"这个论证的结论是(　　)。

A．有的家长主张限制孩子们玩电子游戏的时间

B．电子游戏常常让孩子们不做作业沉迷其中

C．画面闪烁对视力也不好

D．玩游戏非常浪费学习时间

10. 妈妈在电话中对爸爸说："老李在家，因为他们家电话占线。"这个论证中的隐藏前提是(　　)。

　　A. 如果家里电话不占线，那么有人不在家

　　B. 老李在家，因为老李在打电话

　　C. 如果家里的电话占线，那么家里有人

　　D. 如果老李不在家，那么他家的电话不会占线

二、多项选择题(本题共有 11 个小题，每个小题都有 5 个备选答案，其中至少有 2 个正确答案，请挑选出正确答案，多选、少选、错选均不得分。)

1. "这部电影下周末就要下线了，而且它采用最新的技术来拍摄，观感和音效非常棒。你应该去看这部电影。虽然下周一你需要准备考试。"这个论证的前提是(　　)。

　　A. 这部电影下周末就要下线了　　　　B. 它采用最新的技术来拍摄

　　C. 观感和音效非常棒　　　　　　　　D. 你应该去看这部电影

　　E. 下周一你需要准备考试

2. 绘制论证地图的意义在于(　　)。

　　A. 分析论证的异议和反驳　　B. 分析复杂论证　　C. 区别前提和结论

　　D. 训练批判性思维　　　　　E. 刺激脑细胞

3. "我对这个餐厅很不满意。价格太贵了。餐厅的菜色单一。如果能多一些菜色，会更受欢迎。这家餐厅的服务质量也不好。"这个论证中支持主要结论的独立前提是(　　)。

　　A. 价格太贵了　　　　　　　B. 餐厅的菜色单一

　　C. 这家餐厅的服务质量也不好　　D. 如果能多一些菜色，会更受欢迎

　　E. 我对这个餐厅很不满意

4. 绘制论证地图的步骤包括(　　)。

　　A. 区分论证的前提和结论　　　B. 展开所有推理

　　C. 分析论证结构　　　　　　　D. 用箭头和实心直线连接前提和结论

　　E. 检测论证的前提是否为真或似真

5. 论证地图的功能是(　　)。

　　A. 分析论证　　　　　B. 明晰论证结构　　　　C. 厘清逻辑关系

　　D. 理解论证　　　　　E. 寻找谬误

6. 下面词语不能使用兔子规则的是(　　)。

　　A. 如果……那么……　　B. 任何　　　　C. 有些

　　D. 没有　　　　　　　　E. 所有

7. 发现隐藏假设的方法有(　　)。

　　A. 兔子规则　　　　　　B. 寻找隐藏假设　　　C. 握手规则

　　D. 构造有效论证　　　　E. 构造归纳强的论证

8. 绘制论证地图的需要考虑的基本要点是(　　)。

　　A. 尽可能用简单关键词代替句子　　　B. 用完整的句子作为前提和结论

C．使用箭头展开所有的推理　　　　D．积极思考异议与反论证

E．还原所有隐藏前提

9．下面的论证中，(　　)是简单论证。

A．小陈获得了年终奖励，因为他努力工作了一年

B．上星期你不可能去南校区找辅导员签字。我们学院的辅导员办公室不设在南校区，而且辅导员上星期去北京出差了

C．我明天早上不能帮你打卡，因为我有事出门

D．这个周末我准备好好地复习考试，否则就得不到奖学金了，我在学习上一直进步不大

E．明天我不能和你去打羽毛球，因为天气预报说明天会刮风，而且上周打球我脚崴了

10．绘制论证地图的基本原则是(　　)。

A．使用完整的句子作为前提　　　　B．使用完整的句子作为结论

C．使用箭头展开所有的推理　　　　D．必须展开所有的隐藏假设

E．必须将推理还原为演绎结构

11．"游泳前你应该多做运动和吃点东西。这样你就不会因为肚子饿而体力不支，也不会因为缺少运动前拉伸而导致手脚抽筋，更不会因此而存在增加溺水的风险。"这个论证的前提是(　　)。

A．肚子饿　　　　B．缺少运动拉伸　　　　C．体力不支

D．手脚抽筋　　　　E．存在增加的溺水风险

三、**判断题**(本题共有 10 个小题，请在对的后面画"√"，错的后面画"×"。)

1．如果 P 和 Q 是互相独立的前提，假如 P 为假，并不会影响 Q 对结论 S 的证明力。(　　)

2．满足握手规则和兔子规则，并且结构清晰的论证一定是一个好论证。(　　)

3．构造归纳强的论证也可以还原出论证的隐藏假设。(　　)

4．绘制论证地图只能使用实心箭头和直线连接前提和结论。(　　)

5．兔子规则可以运用在任何情况下，但握手规则不可以。(　　)

6．所谓"握手规则"是指每一个出现在结论中的术语至少出现在某一个前提中。(　　)

7．所谓隐藏假设就是被隐藏起来的前提。(　　)

8．绘制论证地图时，可以用自己熟悉的符号来标识异议。(　　)

9．一个简单论证只包括一个前提。(　　)

10．一个论证不可以包含多个结论。(　　)

第12章　论证评价标准

　　在第9章中，我们学习了什么是有效论证，什么是可靠论证。在第10章中，我们还学习了如何判定归纳论证的强度。那么，现在的问题是，有效论证一定是好的论证吗？可靠论证也一定是好的论证吗？归纳强的论证也一定是好论证吗？在人际交流中，为某一观点、信念或可能的行动而战在所难免。面对具有批判性思维能力的对手，我们应当如何评估他的论证呢？论证分析有没有一个可操作的指南呢？接下来，你应该能找到想要的答案。

讲授内容

　　本章主要包括三个内容。首先，我们来探讨一下什么是好论证。一个好论证需要满足哪些条件呢？其次，如果碰到一个不怎么好的论证，我们该怎么办？除了摒弃这个论证之外，我们能否提出拒绝它的理由？最后，我们将学习如何综合运用本章的内容对论证进行分析。

12.1　何谓好论证

　　在之前的几章中，我们已经讨论了论证的几个不同方面，现在是时候考虑它们如何帮助我们来解释什么是一个好论证了。直观地说，在好论证中，前提能为结论提供好的理由。这当然是一种很模糊的说法，下面我们试着让它变得更加具体一些。

　　首先，好论证的前提必须已知为真，或者必须至少很可能为真，或者说相当似真。

　　这个标准很明显，如果一个论证的前提为假，或者不太可能为真，我们就没有理由接受这个论证。比如"今天是星期天，所以你不用上学"这个简单论证。假如今天不是星期天，而是星期一，那么我们显然不应当接受"不用上学"这个结论。

　　其次，好论证应当是演绎有效或归纳强的论证。

　　演绎有效论证，当然是好论证的重要条件之一，因为有效论证不会让我们从真前提得出假结论。但如果我们要求所有的好论证都必须是演绎有效的论证，这就太苛求了。特别是对于经验学科来讲，归纳强的论证也扮演着同样重要的角色。当然这也意味着，虽然这些论证是无效论证，但也是好论证。

再次，好论证的前提没有循环。

对于好论证来说，只满足前面的两个条件是不够充分的。考虑一下这个论证，"(因为)燕麦片有益你的健康，(所以)燕麦片有益你的健康。"同学们发现了吗？这个论证的结论和前提是一样的。这不是一个好论证，因为论证没有给出充足的理由来说明为什么燕麦片有益健康，前提只是在重复结论的内容，然而这却是一个可靠论证。因为，首先论证的前提的确为真，燕麦片含有大量膳食纤维可以降低血液中的胆固醇含量，因此有益于我们的身体健康。其次，这是一个有效论证，它的前提和结论一样，所以当前提为真时，结论不可能为假。这个例子表明，不是所有的可靠论证都是好论证，所以，我们要求好论证的前提不能循环，也就是说，前提不应当预设结论试图确立的内容。

最后，前提与结论必须相关。

同学们请看下面的例子。

> 爱因斯坦是物理学家，
> 所有物理学家都研究数学，
> 爱因斯坦演奏小提琴，
> 因此，爱因斯坦研究数学。

"爱因斯坦是物理学家，所有物理学家都研究数学，爱因斯坦演奏小提琴，因此，爱因斯坦研究数学。"这个论证满足了之前的三个条件，它是一个非循环的可靠论证。那么，这是一个好论证吗？答案是否定的。不难发现，这个论证的第三个前提虽然为真，但和结论不相关。换句话说，即使去掉这个前提，也完全不影响论证的强度，所以对于论证而言，这是一个多余的前提，它并没有为结论提供好的理由，反而是一个干扰和负担。所以，我们要求好论证中不应当包含任何与结论不相关的前提。

综上，一个好论证应当满足以下四个条件：一是前提为真或相当似真；二是演绎有效或归纳强；三是前提没有循环；四是前提与结论相关，四个条件缺一不可。

12.2 如何攻击论证

生活中有好论证，也有不够好的论证。当遇到不够好的论证时，我们应当怎么办呢？直接摒弃这个论证吗？或者同学们可以试试看，你是否能够提出一些拒绝这个论证的合理理由？换言之，我们可以寻找这个论证的弱点对其进行攻击。

一般来说，我们可以通过以下四种方式来攻击一个论证，前两种为直接方式，后两种为间接方式。

1. 攻击论证的前提

假如你能够证明某个论证至少有一个不似真的前提，就能很好地说明这个论证并不够好。而且你不必去证明这个论证的前提是假的，只需要说明它不足以为真即可，这样证明责任就转交给了你的对手。不过需要注意，一个论证的某个前提为假，不意味着它的结论必然为假。

2．攻击论证的推理

即使一个论证的前提都为真或相当似真，我们仍需要检查其推理是否可接受，即前提是否能推出结论。因为这个论证可能是一个无效论证或者归纳弱的论证，也可能是前提循环的论证。比如之前提到的燕麦片的例子，虽然前提为真，但它不一定是一个好论证。

3．攻击论证的结论

有时候，我们碰到的论证会很复杂或者很冗长，这样的论证前提的数量往往比较多，可能嵌套了几层结构。我们一时难以用直接方式指出论证的不足，这时，我们可以选择攻击论证的结论。因为如果你能够证明某个论证的结论为假，那么，至少意味着这个论证存在着某些问题。不过，这种方法并没有真正解释论证究竟错在哪里，只能说明其结论不足以令人信服罢了。显然，这是一个简单快捷但不求甚解的方法。

4．构建类似的坏论证

第二种间接攻击论证的方式是通过构造一个与原论证结构相似，但显而易见的坏论证，通过类比来证明原论证的不足。如果所构造的新论证明显是一个坏论证，你的对手肯定不会接受它，然而它又与对手提出的原论证结构相似，那么原论证显然也是一个坏论证。当我们难以直接看出某个论证存在什么问题的时候，或者当你的对手拒绝承认他的论证不好的时候，这是一个很好的策略。

下面我们尝试应用一下这四种攻击论证的方法。请看下面这个论证。

死刑制度是错误的，因为它总可能错误地让某个无辜之人入刑。

我们可以先攻击这个论证的前提。

这个论证的前提是"它总可能错误地让某个无辜之人入刑"。"它"在这里指的是死刑制度，那么请问，是否被执行死刑的罪犯都是无辜的呢？显然不是。在许多案件中，指认犯罪的目击证人与嫌疑人之间并没有利益关系，有的犯罪嫌疑人甚至是被当场逮捕的现行犯，或者他们的犯罪过程被监视器记录下来作为证据。在这些情况下逮捕的嫌疑人通常没有太大问题。在美剧《越狱》中，犯罪分子利用高科技伪造视频监控，陷害主角哥哥入狱，但这是电视剧中的情节，在现实生活中，大多数视频证据还是可信赖的。

接着，我们尝试**攻击这个论证的推理**。退一步而言，如果死刑制度总可能犯错，那么，是否可以立即得出这个结论，死刑制度是错误的呢？似乎不太可能。因为总可能犯错并不是一个制度错误的绝对理由，或者说我们不能因为这一理由完全否认死刑制度的存在。另一方面也存在其他支持死刑制度的理由，比如它适用于惩罚那些穷凶极恶的犯罪。所以，客观地说，我们需要平衡考虑两方面的理由，而不是仅以"总可能犯错"这个理由就得出"死刑制度是错误制度"的结论。

我们还可以**通过攻击结论来攻击这个论证**。这个论证的结论是"死刑制度是错误制度"。

这句话其实在暗示死刑制度是一个"完全错误的制度"。这是真的吗？我们有没有支持死刑制度存在的理由呢？有的。比如古人云"杀人偿命，欠债还钱"。换句话说，人们认为刑法应当与所犯之罪成比例，特别是对于一些令人发指的残酷罪行，比如连环杀人，要求对罪犯判处死刑，是人们对正义的一种诉求。

最后，我们还可以**通过构造一个与原论证结构类似的坏论证来证明，原论证也是一个糟糕的论证**。比如我们构造一个这样的论证："判处自由刑也可能错误地使一个无辜之人入刑"，那么我们是否能得出"判处自由刑是错误制度"，因此应当取消自由刑呢？显然这是十分荒谬的。同理可得，这个关于死刑制度论证也是十分荒谬的。

关于死刑制度的存废问题，一直以来颇有争议。特别在西方发达国家讨论得更多，我们刚才给出的回应只是关于死刑制度的几个观点。未必能够完全说服你，但这没有关系，因为这些例子只是为了说明我们可以采用不止一种方法来攻击论证，同学们可以在课后运用这四种攻击论证的方法进行思考和讨论。

12.3　分析论证的主要步骤

论证分析是批判性思维最基本的内容之一。总的来说，分析论证大致经过三个主要步骤，分别是**明晰论证、评价论证和追问相关问题**。

同学们请看下表(表 12-1)。

表 12-1　分析论证的主要步骤

步　骤	任务和问题
1. 明晰论证	区分前提与结论。 划出关键词。 用自己的语言简化论证。 绘制论证地图。
2. 评价论证	这个论证是好论证吗？ 前提似真吗？ 这个论证是有效或归纳强的吗？ 论证中是否存在谬误？(参见第 19 章) 有什么理由认为结论为假吗？ 有明显的反例吗？
3. 追问相关问题	总的来说，这个论证在多大程度上是好论证？ 这个论证的重要性如何？ 结论是否出乎人意料？ 这个论证有应当修补或改善之处吗？ 还有能得出类似结论的其他论证吗？ 有相反结论的论证吗？ 可以在其他方面运用这个论证吗？ 有任何可能相关的其他信息吗？

在这个列表中，我们罗列了上述每个步骤中所需要完成的任务。分析论证的第一个步骤是明晰论证。

1．明晰论证

当我们遇到一个论证时，首先要区分论证的前提和结论。了解该论证证明了什么，以及采用什么理由来证明它。然后划出论证的前提和结论的关键词，并且简化论证。最后，在此基础上绘制论证地图。这样一个论证的基本结构就清晰地展示出来了。

2．评价论证

首先，可以利用"好论证的四个条件"来检验这个论证。即论证的前提是否为真或似真，论证的推理是否演绎有效，或者是归纳强度如何，前提是否循环，以及前提与结论是否相关。其次，检验论证中是否存在谬误或者可能推翻结论的反例。关于谬误的知识会在第 19 章中详细介绍。最后，检验是否有理由证成这个论证的结论为假。

3．追问相关问题

至此，对论证的分析已基本完成。不过对于一些比较冗长、复杂的论证，我们还可以进一步追问一些相关的细节问题，这些问题已在上表中列出。

需要注意的是，一来我们不需要死记硬背这些问题，二来也不需要在分析每一个论证的时候检验每一个问题。这些追加的相关问题是为了让我们更清晰地了解论证的其他信息。在本章中，我们已经讨论了论证分析的许多方面也列出了分析过程中涉及的一些主要任务。当我们想要系统地分析某个论证的时候，可以将它作为一份检验清单。如果能将这些步骤内化为自然而然的思维习惯，对于分析解决问题将会很有帮助。

最后，学习论证分析的意义在哪里？

在我们的生活中，论证无处不在，只要有观点就会有论证。特别在当今自媒体发达，微博、微信中各种观点林立，大到国家大事、国际争端、社会热点，小到八卦绯闻、日常琐事、人情世故，我们每一个人的行为决策都会受到纷至沓来的各种评论观点视角的影响。南海争端、钓鱼岛问题、老虎伤人、同性恋平权、经济发展与环境保护、明星炒作、恶意直播、大学生是创业还是就业、去国企还是去外企等，面对这些问题，你选择什么立场？是人云亦云还是主动独立思考？我们是否应当理性地、客观地进行分析和选择？如果你的答案是肯定的，那么学习论证分析，掌握分析技巧，可以为你提供一个实用的思维工具。不过，生活中的论证比课本上的例子要复杂得多，希望同学们课后多多观察、多多练习、多多运用，熟练掌握这一思维方法。

主编结语

论证不仅要证明自己的观点成立，还要考虑可能的反驳，同时常常还要反驳别人的论证。假如对手是位具有极强的批判性思维能力的高手，那你就摊上大事儿了！不过，这儿有些经典的例子供大家反驳时参考。请看：俗话说"瘦死的骆驼比马大"，你可以同样找一句俗话来反驳，比如，"拔了毛的凤凰不如鸡！"俗话说"好马不吃回头草"，你同样可以反驳说，"浪子回头金不换！"俗话说"人不犯我，我不犯人"，你还是可以反驳，"先下手为强，后下手遭殃！"俗话还说，"退一步海阔天空"，你也可以找一句俗话来反驳，"狭路相逢勇者胜！"俗话说"三百六十行，行行出状元"，你同样可以找一句反驳的俗话，那就是"万般皆下品，唯有读书高！"

线上作业

一、单项选择题(本题共有 12 个小题，每个小题都有 4 个备选答案，但只有一个是最佳答案，请挑选出最佳的那个答案。)

1．检验一个论证的前提是否为真，是在分析论证的(　　)步骤中。

　　A．明晰论证　　　　　　　　　　B．评价论证

　　C．追问相关问题　　　　　　　　D．查看是否存在谬误

2．下列选项中，(　　)不属于一个好论证必须满足的条件。

　　A．前提真或似真　　　　　　　　B．演绎有效或归纳强的论证

　　C．前提没有循环并且前提与结论相关　　D．结论为假

3．"月亮围着太阳转，所以 1+1=2。"这是一个(　　)，因为(　　)。

　　A．坏论证；结论为假　　　　　　B．好论证；结论为真

　　C．坏论证；前提和结论不相关　　D．好论证；前提和结论相关

4．针对一些(　　)的论证，我们可以追问一些(　　)问题。

　　A．冗长、复杂；细节　　　　　　B．简单、清晰；细节

　　C．冗长、复杂；概况　　　　　　D．简单、清晰；概况

5．在明晰论证步骤中，不需要(　　)。

　　A．区分论证的前提和结论　　　　B．绘制论证地图

　　C．提取关键词　　　　　　　　　D．检验论证的前提是否为真

6．分析论证的步骤不包括(　　)。

　　A．明晰论证　　　　　　　　　　B．攻击论证

　　C．评价论证　　　　　　　　　　D．追问相关问题

7．小陈说："大学生毕业之后去大城市比去小城市更好，因为大城市可以开阔视野，增加见闻。"小李反问："在大城市真的能开阔视野，增加见闻吗？"小李通过(　　)来攻击小陈的论证。

　　A．攻击前提　　　　　B．攻击推理　　　　　C．攻击结论

　　D．构造一个与原论证结构相似，但显而易见的坏论证

8．小陈说："我不喜欢吃西瓜，因为糖分太多吃了容易长胖。"小李说："冰激凌糖分更多，那你为什么总吃？"小李通过(　　)来攻击小陈的论证。

　　A．攻击前提　　　　　B．攻击推理　　　　　C．攻击结论

　　D．构造一个与原论证结构相似，但显而易见的坏论证

9. 在一个论证中，去掉(　　)的前提，不会影响论证的强度。

    A. 好　　　　　　B. 真　　　　　　C. 相关　　　　　　D. 不相关

10. 循环论证是(　　)论证。

    A. 前提和结论一样的　　　　　　B. 前提和结论不一样的

    C. 可靠　　　　　　　　　　　　D. 不可靠

11. 根据现有观察，这个公园里有 10 只黑天鹅，90 只白天鹅，所以，这里绝大部分的天鹅是白色的。这个论证是一个(　　)的论证。

    A. 演绎有效　　　B. 演绎无效　　　C. 归纳强　　　　D. 归纳弱

12. 生活中如果碰到一个不怎么好的论证我们可以(　　)。

    A. 直接摒弃它　　　　　　　　　B. 摒弃它或者寻找拒绝的理由

    C. 把它变成一个无效论证　　　　D. 把它变成一个归纳强的论证

二、**多项选择题**(本题共有 11 个小题，每个小题有 5 个备选答案，其中至少有 2 个正确答案，请挑选出正确答案，多选、少选、错选均不得分。)

1. "动物们总有一天会死亡，不是被猎杀就是自然死亡，所以吃素是没有意义的。"下面的选项中，正确的是(　　)。

    A. 这是一个好论证　　　　　　　B. 这是一个坏论证

    C. 这个论证的结论一定为真　　　D. 这个论证的结论一定为假

    E. 这个论证的前提是真的

2. 下列选项中，(　　)是好论证。

    A. 我喜欢吃香草蛋糕，因为香草蛋糕是我喜欢的甜品

    B. 我们应当听老师的话，因为他们的话总是正确的

    C. 我们要积极地响应保护地球的号召，因为这是与我们人类自身息息相关的事情

    D. 如果小陈出门办事，他一定会开车去。现在他的车库里没有汽车，那么他应当是出门办事去了

    E. 1+1=2，所以月亮是奶酪制成的

3. 间接攻击论证包括(　　)。

    A. 攻击论证的前提　　　B. 攻击论证的结论　　　C. 攻击论证的推理

    D. 构造一个与原论证结构相似，但显而易见的坏论证

    E. 构造演绎无效论证

4. 明晰论证是评价论证的(　　)。

    A. 必要条件　　　　　　B. 充分条件　　　　　　C. 基础

    D. 前提　　　　　　　　E. 充要条件

5. 直接攻击论证包括(　　)。

    A. 攻击论证的前提　　　B. 攻击论证的结论　　　　C. 攻击论证的推理

    D. 构造一个与原论证结构相似，但显而易见的坏论证　　E. 构造演绎有效论证

6. 选择攻击论证的前提意味着证明(　　)。

A．前提为假　　　　　B．前提为真　　　　　C．前提不似真

D．前提不真也不假　　E．结论为假

7．我们之所以攻击论证结论，一般是因为( )。

A．论证嵌套了几层结构　　　　　B．论证很冗长或者很复杂

C．攻击结论最有效果　　　　　　D．论证前提的数量比较多

E．攻击结论的方式最简单

8．我们可以通过攻击( )来攻击一个论证。

A．攻击论证的前提　　　B．攻击论证的推理　　　C．攻击论证的结论

D．构造一个与原论证结构相似，但显而易见的坏论证

E．构造一个与原论证结构相似，但显而易见的好论证

9．"因为爱，所以爱"，这是一个( )论证。

A．演绎无效　　　　　B．演绎有效　　　　　C．循环

D．好　　　　　　　　E．坏

10．下列选项中，正确的是( )。

A．好论证一定是演绎有效的　　　B．演绎无效的一定不是好论证

C．归纳强的论证可能是好论证　　D．归纳弱的论证一定不是好论证

E．演绎有效的一定是好论证

11．一个好论证的条件包括( )。

A．前提为真或相当似真　　　　　B．演绎有效或归纳强的论证

C．前提没有循环　　　　　　　　D．前提与结论相关

E．前提与结论不相关

三、判断题(本题共有 11 个小题，请在对的后面画"√"，错的后面画"×"。)

1．直接攻击论证比间接攻击论证更有效果。( )

2．小陈说："我的鱼钩下沉了，一定是钓上大鱼了!"小李说："这不一定，说不定是勾上水草了!"这段对话中，小李攻击的是小陈的结论。( )

3．要想把握好论证分析的技巧，就必须背下列表中的每一项问题，也必须在分析论证时检验每一个问题。( )

4．绘制论证地图能够清晰地展示出一个论证的基本结构。( )

5．论证分析是批判性思维最重要的内容。( )

6．检验论证是否存在谬误是评价论证的方式之一。( )

7．前提为真的论证一定是一个好论证。( )

8．"1+1=3，所以 2018 年的 2 月份有 28 天"，这个论证是一个好论证，因为它是一个演绎有效论证。( )

9．归纳强弱不是我们考虑一个论证好坏的条件。( )

10．前提为假的论证是一个坏论证。( )

11．有效论证一定是好论证。( )

第 13 章　把握科学推理

有一个我们大家都耳熟能详的概念，那就是"科技"。"科技"包括两层含义：一是科学；二是技术。科学是理论发现，而技术是科学的产物。在科技中，是否存在独特的推理呢？当然有，那就是科学推理。科学推理中有一种通用方法，叫 DEAR 方法。什么是DEAR 方法呢？本章将会告诉大家。

讲授内容

首先，让我们来认识一个人，这个人就是世界上最富有的基金管理者，大名鼎鼎的索罗斯(George Soros，1930—)。1992 年狙击英镑，1997 年狙击泰铢，2012 年做空日元，索罗斯取得了举世瞩目的胜利，不仅因其获得以 10 亿美元计的巨利，更在于对世界金融形势的影响。在与英格兰银行的攻防战中，他迫使英格兰银行放弃了其固定汇率。1997 年，这头"金融巨鳄"又掀起亚洲金融风暴。而索罗斯则把他的大部分投资成功都归功于科学推理。在做商业决策之前，索罗斯都会明确提出一个关于市场发展趋势的假说，然后检验他的假说。要是市场预期与假说背道而驰，他马上就会忍痛割肉。关于可靠的投资决策，他给出的建议是：与那些有反对意见的人谈谈，看看自己能否改变他们的想法。这是一个反确证偏差的好建议。

这一章我们会讲三个问题：① 假说检验与迪尔方法；② 挑战最佳解释的技巧；③ 专家意见的特殊功能。

13.1　假说检验与迪尔方法

科学推理的核心是假说检验，它也是批判性思维的核心部分。假说是指一种理论或一个主张，也就是一个或真或假的陈述，假说检验就是搜集证据以选择最佳假说。假说检验是科学推理的核心，但并不局限于科学领域。广义上说，只要我们需要解决问题，假说检验就有助于我们找到问题的最佳解决方案。

什么是迪尔方法呢？大家看看这个首写字母组合——DEAR，这可不是"亲爱的"的意思，它是由四个单词的缩写组合而成的。"D"也就是"define"的首写字母，也就是"定义"的意思；"E"是"evidence"的首写字母，也就是"证据"的意思；"A"是"alternative"的首写字母，即"可替"的意思；"R"是"rank"的首写字母，是"分等"的意思。顾名思义，迪尔方法分为四步：第一步是定义要检验的假说；第二步是搜集支持或反对假说的证据；第三步是列出可替的假说；第四步则是对假说进行分等，挑选并接受最佳的那个假说。

1. 定义假说

假说检验的第一步是：清晰地定义将要评估的假说，确信我们知道它的确切含义。如果假说的含义不清楚，那就很难甚至不可能对之加以检验。在这个步骤中，我们又需要注意以下三点：第一点，要澄清关键概念；第二点，要准确无误；第三点，要澄清假说的范围。

第一，要澄清关键概念。例如，有人认为，人人都被某种光环能量场所包围。为了解释这个假说，首先必须澄清光环能量场这个概念。光环能量场和物理学中的电磁场一样吗？如果一样，我们就能从电磁场联想到光环能量场，也就有了检验它们出现的办法。但是，如果不一样呢？这个概念就需要更进一步的澄清。如果假说的关键概念模糊不清，检验这个假说就是不现实的。

第二，要准确无误，准确的假说可以尽量减少误解。就"黄金是个很好的投资"这个主张来讲，其含义并不晦涩，但是，为了更好地指引，我们的假说应该准确无误。比如，我们需要明确，这个假说中的"黄金"是指"物理黄金"还是指"与黄金有关的股票"呢？

第三，要澄清假说的范围。主张的范围是指能够使该主张为真的那些事物的范围。比如，"天鹅是白的"这个主张，它是涵盖"所有""大多数"天鹅还是仅限于"有些"天鹅呢？对于其真假而言，该主张的范围具有重要的意义。

2. 搜集证据

为了评估假说，我们需要搜集所有的相关证据。这里有两个问题需要注意：第一，存在两类证据；第二，证据强度存在差异。

首先，存在哪两类证据呢？一类是支持证据，即增加我们对假说确信的事实。比如，对"天鹅是白的"这个主张而言，发现一只白天鹅就是支持证据。第二类是反对证据，是指降低我们对假说确信的事实，比如发现了一只黑天鹅。因为人们一般更关注支持自己观点的证据，因此，如果你同意某个假说，那就要特别努力地提出反对证据，找到那些与你意见不同的人，看看他们是否能提出你所不知道的反对证据。

其次，需要考虑证据强度的差异。支持假说的证据越多，意味着该假说为真的可能性越大。证据的数量很重要，我们要避免仅仅依赖单个证据来确定该假说为真。但同时要记住，与数量相比，证据证明力的强弱意义更加重大。除了正反性质上的分类，证据还可以根据证明力的不同分为决定性证据和非决定性证据。因此，即便有很多非决定性的支持证据，假说也可能是错的，因为这些证据即使再多，它们也都是非决定性的。

3. 可替假说

我们知道世界是复杂的，事情常常不像看起来那么简单，当我们有一个理论似乎已经能够解释所得的证据时，我们还应当积极地去考虑是否存在可替理论，而可替理论甚至可能提供更好的解释。比如，目前的通说认为，地球气温正在上升，并且全球变暖是由于污染等人类活动所致。但是，我们也可以考虑其他可替的理论。比如，气温上升可能只是气候自然波动的一部分，地球有时寒冷，有时炎热，也许现在它正好是处于炎热的时期，但这与人类活动的关系并不大。

可替理论有两大特征：① 有别于你正在考虑的理论；② 与一直观察到的证据一致。我们可以通过搜集更多的证据来排除可替理论。提出假说需要知识和想象，且其是否为真，也并不容易判定。人类常常受认知偏差的左右，他们往往通过自己更喜欢的视角来看待世界。科学推理要求我们正视这种偏差，主动寻求可替理论。

4. 假说分等

我们要对假说进行分等，以挑选最佳的那个理论。一旦我们提出了一系列的可替理论，就能够仔细地去评估它，挑选出最似真的那个。我们把这种方法称之为最佳解释推论，这种推论的形式如下：

我们有证据集 E、X、Y、Z 等，所有理论均与 E 兼容，其中 X 为 E 提供了最佳解释，因此我们可以得出：X 最有可能为真。

这就是最佳解释推论的一般形式。

13.2　挑战最佳解释的技巧

在做出最佳解释推论之后，科学推理并未结束。下面我们讲第二个问题，挑战最佳解释的技巧。挑战最佳解释有五个技巧，也就是我们需要关注的五个要点：预测力、机制性、丰硕性、融贯性和简单性。

1. 预测力

预测力涉及理论所作预测的质与量。预测的量即能够做出预测的数量。一个根本不产生任何预测的理论，就没有满足科学假说的最低要求。预测的质则是指假说的精确性和准确性。如果一个占星家根据星位预测，一位老人 20 年后会死，20 年之后那位老人果然死了，我们也并不会觉得这个预言的预测力很强。但是，如果这个占星家预言，那位老人将恰好在二十年零一天之后，被从天上掉下来的喷气式发动机砸死，而这个预言竟然真的实现了，那么这个预言的预测力就非常强、非常震撼了。

2．机制性

有时，两个事件虽然相关，但二者之间却没有直接的因果关联。比如，在澳大利亚，冰淇淋销量与鲨鱼攻击人类的次数之间或许真的正相关，但那并不意味着提高冰淇淋销量会导致鲨鱼攻击人类事件增多，可能只是因为夏季在海滩游玩的游客增多，澳大利亚鲨鱼攻击人类事件才增多的，而在旅游旺季，冰淇淋的销量当然也相应提高。

3．丰硕性

理论是否有助于我们做出令人意外但最后又确实正确的预测呢？或者说，理论是否有助于我们发现与解释一些我们不曾注意到的关联呢？以板块构造论为例，根据这一理论，地球表面是由漂浮在地幔上的板块组成的，而且它们彼此相互关联地移动着。20 世纪 60 年代，该理论被提出之后产生了许多新的预测、新的解释，而这些预测和解释后来都被确证了。比如，地震为什么易沿海沟及其扩张脊发生？这是因为它们与两个板块之间的摩擦边界相符。而之所以能够在海拔几千米的山上找到海洋生物化石，则是因为山是板块相互挤压而形成的。南美东部与西非的西部形状的吻合，很可能是因为它们曾经在一起，但后来因为分离板块移动而被推开了。

4．融贯性

融贯性分为两种：

一种融贯性是指理论应当内在融贯，也就是逻辑要一致。某个有价值的理论刚刚提出时，的确可能并不完全一致，这时不一致可以告诉我们，这个假设不完全真，因此，稍后可以对其做出修改和完善。

另一种融贯性是指理论融贯性或事实融贯性，好的理论应当与其他已确证的理论或事实相一致。如果某个发现与已确证的理论相矛盾，那么，默认回应是，这一发现错了。有时，融贯性也指与常识相一致。对于许多广告和骗局而言，尤其如此。

5．简单性

大体说来，简单理论是指假定很少，而且能够设定实体也比其他竞争理论要少的理论。许多科学家都坚信，我们应尽可能寻求简单理论。爱因斯坦曾经说过："自然体现的就是从数学上可以理解的最简单的东西"。经常有报道说，某地显现了神像流泪(或流血)的"圣迹"，而信徒们则会纷纷前往拜祭，有的信徒甚至坚信，正是因为拜祭神像才治愈了他们的疾病。比如，2002 年澳大利亚佩斯附近的圣母玛丽亚雕像，就流了差不多五个月的"血泪"，吸引了众多的朝圣者。当然，该奇迹发生在逻辑上是可能的，然而，可替解释是，那些"血泪"也有可能是人为的结果，或者是自然的原因。比如，可能是神像面部的着色出现了生锈或者熔化的结果。有趣的是，在这种血泪中找到了植物油与玫瑰油的混合物。当那个雕像被移到便于人们仔细观察的地方后，"血泪"就没有再流了。当然，血泪中出现了植物油与玫瑰油，可能仍然是个奇迹。但是，如果我们利用最佳解释推论，考虑到简单性和融贯性，超自然解释就不是最似真的解释了。

13.3　专家意见的特殊功能

我们不可能什么都知道，特别是在遇到科学议题和专业议题时，不可避免地需要依赖他人的意见与分析。但认同专家意见并不意味着我们停止批判性地思考了，我们也需要思考，这位专家是否可信？意见是否精确？有没有偏差？下面所述的七个方面是需要考虑的问题。

1. 专家意见

有时，媒体标题只会误解甚至曲解专家意见。例如，有位科学家也许说过，"存在一些弱证据支持 a 与 b 有关联"，但媒体标题可能就变成了某专家说"a 导致了 b"。

2. 该专家所属的领域是否相关

当信息源自某位该研究领域的专家时，这些信息就更可信。比如，2008 年欧洲核子研究中心实验室将激活离子碰撞以进行亚原子物理学研究，但是根据德国化学家罗斯勒(Otto Rössler, 1940—)的观点，该实验不可继续，因为它可能制造一个能够摧毁地球的极小黑洞。但是，现在我们知道事实上这个实验继续了，而地球当然还存在着。

3. 专家是否可信

他们是否有良好的声誉？有时，专家是匿名的，因此我们根本就无法验证那位专家的可信性。所以我们要小心一些从网页和微博、微信公众号等渠道上获取的、没有引文出处的信息。

4. 专家发表意见的语境

我们已经讲过有些引用脱离了语境。有时专家可能只是在开玩笑，或者是出于情感等其他原因所做的冲动性的、情绪化的发言。

5. 同一领域的其他专家是否同意该意见

我们要留意权威专家的意见是否相互一致。当某个专家意见与在同一领域的独立专家之间不存在任何重大争论时，其可信度就增加了。所以在诊断重大疾病时，多看一位医生是非常不错的主意。

6. 是否存在利害关系

如果受雇于某烟草公司的专家说吸烟有利于健康，该主张的可信性当然大打折扣，因为该公司和该专家会因此获利。

7. 是否存在可能导致偏差的其他因素

即使给出意见的那个专家，不会因其意见获得任何物质利益，该意见仍然可能存在偏差。例如，如果某个专家与涉及争论的某个人有某种特殊关系，那么这种关系仍然可能影响其判断。

最后，我们讲一讲罗素的怀疑论。关于专家意见认同，逻辑学家、数学家、哲学家、诺贝尔文学奖得主罗素(Bertrand Arthur William Russell，1872—1970 年)有一些明智的建议，他说：

我所主张的怀疑论是指：① 当专家们达成一致意见时，相反观点肯定不成立；② 当专家们没有达成一致意见时，非专家不宜认为某个意见是确定的；③ 当专家们都认为某个肯定意见不存在充足理由时，普通人最好是悬置自己的判断。

这些命题似乎很平实，但是如果接受了怀疑论的主张，绝对会彻底改变我们的生活。

主编结语

科学推理并不局限于科学发现与技术发明，它还适用于我们生活中的诸多场合，比如投资。在这个问题上，罗素的怀疑论特别值得大家去品味，他的忠告确实能够帮助我们改变生活！

线上作业

一、**单项选择题**(本题共有 13 个小题，每个小题都有 4 个备选答案，但只有一个是最佳答案，请挑选出最佳的答案。)

1. 迪尔方法的第一步是(　　)。
   A. 定义假说　　　　　　　　　　B. 搜集证据
   C. 列出可替假说　　　　　　　　D. 假说分等

2. 迪尔方法的第二步是(　　)。
   A. 定义假说　　　　　　　　　　B. 搜集证据
   C. 列出可替假说　　　　　　　　D. 假说分等

3. 迪尔方法的第三步是(　　)。
   A. 定义假说　　　　　　　　　　B. 搜集证据
   C. 列出可替假说　　　　　　　　D. 假说分等

4. 迪尔方法的第四步是(　　)。
   A. 定义假说　　　　　　　　　　B. 搜集证据
   C. 列出可替假说　　　　　　　　D. 假说分等

5. 预测力涉及理论所作预测的(　　)。
   A. 质与量　　　　　　　　　　　B. 相关性
   C. 惊讶性　　　　　　　　　　　D. 融贯性

6. 融贯性包括两种：一是(　　)，二是理论融贯性。
   A. 逻辑融贯性　　　　　　　　　B. 客观融贯性
   C. 事实融贯性　　　　　　　　　D. 认知融贯性

7. 融贯性包括两种：一是逻辑融贯性，二是(　　)。

　　A. 客观融贯性　　　　　　　　　　　B. 理论融贯性

　　C. 辩证融贯性　　　　　　　　　　　D. 认知融贯性

8. "自然体现的就是从数学上可以理解的最简单的东西"，这一观点出自(　　)。

　　A. 爱因斯坦　　　　　　　　　　　　B. 索罗斯

　　C. 罗斯勒　　　　　　　　　　　　　D. 罗素

9. "当专家们达成一致意见时，相反观点肯定不成立"，这一观点出自(　　)。

　　A. 爱因斯坦　　　　　　　　　　　　B. 索罗斯

　　C. 罗斯勒　　　　　　　　　　　　　D. 罗素

10. "当专家们都认为某个肯定意见不存在充足理由时，普通人最好是悬置他自己的判断"，这一观点出自(　　)。

　　A. 爱因斯坦　　　　　　　　　　　　B. 索罗斯

　　C. 罗斯勒　　　　　　　　　　　　　D. 罗素

11. "与那些有反对意见的人谈谈，看看您能否改变他们的想法"，这是(　　)的观点。

　　A. 爱因斯坦　　　　　　　　　　　　B. 索罗斯

　　C. 罗斯勒　　　　　　　　　　　　　D. 罗素

12. 迪尔方法有四步曲，简单地说，就是：① 列出可替假说；② 假说分等；③ 定义假说；④ 搜集证据，它们的正常顺序应当是(　　)。

　　A. ③②①④　　　　　　　　　　　　B. ③④②①

　　C. ④①③②　　　　　　　　　　　　D. ③④①②

13. 在迪尔方法的最后一步对假说进行分等，挑选最佳那个假说时，其中所使用的方法是(　　)。

　　A. 最佳解释推论　　　　　　　　　　B. 演绎推论

　　C. 归纳推论　　　　　　　　　　　　D. 归谬法推论

二、**多项选择题**(本题共有 11 个小题，每个小题都有 5 个备选答案，其中至少有 2 个正确答案，请挑选出正确答案，多选、少选、错选均不得分。)

1. 挑战最佳解释的技巧包括(　　)。

　　A. 挑战预测力　　　　B. 挑战机制性　　　　C. 挑战丰硕性

　　D. 挑战融贯性　　　　E. 挑战简单性

2. 迪尔方法的环节包括(　　)。

　　A. 定义要检验的假说　　　　　　　　B. 搜集支持或反对证据

　　C. 列出可替的假说　　　　　　　　　D. 对可替假说进行分等

　　E. 挑战最佳的那个假说

3. 在定义假说之后，搜集相关证据时，需要收集的证据有(　　)。

　　A. 支持证据　　　　B. 反对证据　　　　C. 证据强度

　　D. 可替假说　　　　E. 假说分等

4. 搜集相关证据需要考虑的问题有( )。

    A．支持证据   B．反对证据   C．证据强度

    D．可替假说   E．假说分等

5. 在迪尔方法中，定义假说需要做的工作包括( )。

    A．澄清关键概念   B．能够准确无误   C．澄清假说范围

    D．列出可替假说   E．挑出最佳解释

6. 在迪尔方法中，在列出可替假说时，必须注意可替假说的( )特征。

    A．必须有别于你正在考虑的理论   B．与一直观察到的证据是一致的

    C．必须类似于你正在考虑的理论   D．与已观察到的证据可以不一致

    E．选择自己最喜欢的视角看待世界

7. 在挑战最佳解释时，有五个技巧，其中一个技巧是挑战融贯性，这里的融贯性包括( )。

    A．逻辑融贯性   B．内在融贯性   C．理论融贯性

    D．事实融贯性   E．经验融贯性

8. 在论证中，我们常常诉诸专家意见，而且在科学论证中更是如此，那么，诉诸专家意见需要考虑的问题有( )。

    A．专家意见是什么？   B．该专家所属的领域是否相关？

    C．专家可信吗？   D．专家发表该意见的语境是什么？

    E．同一领域的其他专家同意该意见吗？

9. 在论证中，我们常常诉诸专家意见，而且是在科学论证中更是如此，那么，诉诸专家意见需要考虑的问题是( )。

    A．专家意见是什么？   B．该专家所属的领域是否相关？

    C．专家存在利益冲突吗？   D．是否存在可能导致偏差的其他因素呢？

    E．同一领域的其他专家同意该意见吗？

10. 按照罗素的怀疑论观点，下列说法正确的有( )。

    A．当专家们达成一致意见时，相反观点肯定不成立

    B．当专家们没有达成一致意见时，非专家不能认为某个意见是确定的

    C．当专家们都认为某个肯定意见不存在充足理由时，普通人最好是悬置自己的判断

    D．当专家们达成一致意见时，相反观点也可能成立

    E．当专家们没有达成一致意见时，专家不能认为某个意见是确定的

11. 按照罗素的怀疑论观点，下列说法不正确的有( )。

    A．当专家们达成一致意见时，相反观点肯定不成立

    B．当专家们没有达成一致意见时，非专家不能认为某个意见是确定的

    C．当专家们都认为某个肯定意见不存在充足理由时，普通人也不必悬置自己的判断

　　D．当专家们达成一致意见时，相反观点也可能成立

　　E．当专家们没有达成一致意见时，专家不能认为某个意见是确定的

三、判断题(本题共有 13 个小题，请在对的后面画"√"，错的后面画"×"。)

1．在科学推理中有一种通用的方法，即迪尔方法。（　　）

2．世界上最富有的基金管理者索罗斯的大部分投资成功都应当归功于科学推理。（　　）

3．在迪尔方法中，搜集证据有时只需要搜集支持证据即可。（　　）

4．在迪尔方法中，为了节约时间成本，我们要尽量仅仅依赖单个证据来确定该假说为真。（　　）

5．在迪尔方法中，我们找到的支持证据越多，其假说为真的可能性越大，而且许多非决定性证据累积起来可以变成决定性证据。（　　）

6．可替代理论必须有别于你正在考虑的理论。（　　）

7．当某个专家意见与在同一领域的独立专家之间不存在任何重大争论时，其可信度就降低了。（　　）

8．科学理论越复杂越好。（　　）

9．科学假说的最低要求是要有一定预测力。（　　）

10．在迪尔方法中，搜集相关证据只需要考虑支持和反对证据即可。（　　）

11．按照罗素的观点，当专家们达成一致意见时，相反观点可能成立。（　　）

12．按照罗素的观点，当专家们没有达成一致意见时，非专家可以认为某个意见是确定的。（　　）

13．按照罗素的观点，当专家们都认为某个肯定意见不存在充足理由时，普通人最好不要悬置自己的判断。（　　）

第 14 章　密尔因果方法

主编导语

亚里士多德在《工具论》中提出了演绎逻辑。在西方逻辑史上，它一直占据着主流地位，影响着西方分析进路的思想发展。文艺复兴时期，英国哲学家弗朗西斯·培根在《新工具》中给出了一种自然科学的研究方法，那就是三表法。这种方法后来被密尔发展到极致，即密尔因果方法。那么，什么是密尔因果方法呢？它又有什么局限性呢？

讲授内容

密尔因果方法是关于因果推理的方法，也称密尔方法。在日常生活和科学研究中，我们经常要用批创思维去分析、解决因果关系和进行因果推理。接下来 3 章，我们会分别介绍密尔因果方法、因果推理、还有因果过程图，等等。这一章我们就先来看一看密尔因果方法及其局限。

14.1　密尔因果方法

密尔因果方法是由英国哲学家密尔(John Stuart Mill，1806—1873 年)提出来的关于因果推理的五种方法。这五种方法是为我们观察到的某个结果 E 去寻找原因的方法。它包括五种基本方法：求同法、求异法、求同求异法、共变法、剩余法。

在学习这五种方法之前，我们先来了解因果推理的三个步骤。在日常生活和科学研究中，运用密尔因果方法时都会涉及三个步骤，或者说密尔因果方法的运用，是与这三个步骤结合在一起的。这三个步骤分别是：

(1) 识别出一系列的备选原因。什么是备选原因呢？备选原因就是指发生在结果 E 之前的那些事件、情形，对结果 E 来说，其中的一个事件或情形就是一个待验证的原因。

(2) 收集与这些备选原因有关的情形，确认结果 E 是否发生在这些情形之后。

(3) 在所收集信息的基础上，用密尔因果方法推导导致结果E的原因。

由此可见，第三个步骤才用密尔因果方法的具体规则去进行推导。

1. 求同法

什么是求同法呢？如果存在两个或者两个以上导致结果 E 的情形，而且在这些情形中，只有事件 c 是共同的，那么 c 就是导致结果 E 的原因。或者说，c 就是结果 E 的原因。

例如：

有一家三口去吃了一顿海鲜自助餐。餐后大家都胃疼了。三人吃过的食物有所不同，但有一点是相同的，就是每个人都吃过生蚝。在这种情况下，我们就可以用求同法去分析导致大家胃疼的原因是什么：首先，我们把每个人食用的餐点列出来，每一种被吃过的食物都是刚才所说的备选原因。假设爸爸吃了 A 和 C，而 C 就是生蚝。妈妈没有进食 A，但是有进食 B 和 C。小孩则吃了 A、B、C 三种食物。比较一下这三种情形就会发现，只有 C 是三人都食用了的。这时，我们就可以说，C(也就是生蚝)是导致大家胃不舒服的原因，如下表所示。

情 形	备 选 原 因			结 果
	A	B	C	E
1	√	×	√	√
2	×	√	√	√
3	√	√	√	√

运用求同法推导原因时需要注意，推导出来的原因对于结果来讲并不一定是充分的，也不一定是不充分的。换句话说，用求同法推导出来的原因与结果发生的充分性之间并没有必然的联系。例如，大家都知道 HIV 病毒是艾滋病发生的原因，但这是否意味着所有感染 HIV 病毒的人都是艾滋病患者呢？事实显然并非如此。所以，我们不能把用求同法推导出来原因看作是导致结果的充分原因。

2. 求异法

所谓求异法就是指如果有一组情形导致结果 E，另外一组情形没有导致结果 E，并且在这两组情形当中唯一不同的是，事件 C 出现在前一组情形中而没有出现在后一组情形中。这时我们就可以合理地得出结论：C 是导致结果 E 的原因。需要注意的是，这里所说的"情形"跟求同法中所讲的"情形"是不太一样的。在求同法中，我们讲的"情形"是一种一种的，而在求异法中的"情形"是一组一组的。我们来看一个运用求异法的例子：

有一部手机不能开机，在作了不同尝试以后，发现还是有时能开机，有时不能开机。这时就可以用求异法去分析：手机从不能开机到能开机的原因是什么？类似地，我们要把能开机和不能开机的若干情形中所作的尝试都列出来。如下表所示。根据此表，在情形 1 和情形 2 这两种手机可以开机的情形里，"更换新电池"这个备选原因 C 都出现了，而在第三种情形，即不能开机的情形里，"更换新电池"则没有出现。据此，我们就可以得出结论：备选原因 C(更换新电池)，是导致手机可以开机的原因。

情 形	备 选 原 因			结 果
	A	B	C	E
1	√	×	√	√
2	√	×	√	√
3	√	×	×	×

求异法对科学研究，尤其是对照实验来说是很重要的。在确保备选原因的条件以及其他相关条件一致的前提下，我们就可以确定备选原因导致了被观察到的结果。例如，为分析化肥是否对植物生长起到了促进作用，有位研究人员进行了对照实验。他在相同的环境里种植了两株相同的植物，然后给其中的一株植物施化肥，另外一株植物则不施化肥。如果观察到的结果是施化肥的这株植物确实比另一株长得快，他就可以得出结论：施化肥确实能促进植物生长。

当然，在对照实验当中运用求异法也存在一些问题。主要表现为在很多时候都很难确保其他的变量一致。比如在刚才的实验中，怎么样才能够找到两株一模一样的植物呢？而且即便把这两株植物放在同一个温室里，也很难确保与植物生长相关的所有其他条件都一致的。不仅如此，即便技术上的确能够做到这一点，那确保其他变量一致也是十分昂贵的，而科学研究的经费往往是有限的，这些限制使得求异法在对照实验中的应用存在一定难度。

3. 求同求异法

求同求异法是指，如果 C 是当且仅当唯一在结果 E 发生时出现的备选原因，那么就是 C 导致了结果 E(如下表)。也就是说，假设有一组情形导致了结果 E，而另外一组情形却没有，如果 C 是在第一组情形当中唯一相同的因素，而在第二组所有情形里都没有出现，那么 C 就是导致结果 E 的原因。

情 形	备 选 原 因			结 果
	A	B	C	E
1	√	×	√	√
2	√	×	√	√
3	√	×	×	×

4. 共变法

共变法是指如果因素 C 的变化导致结果 E 的出现发生变化，那么 C 就是导致结果 E 的原因。共变法是出于这样的考虑：一些原因出现与否影响着结果是否出现。例如：

汞导致皮肤过敏。我们把"皮肤过敏"看作是结果 E，通过观察，我们发现不同量的汞暴露在空气中所引发的皮肤过敏程度并不一样，汞的量越大，所导致的皮肤过敏程度就越严重。在这种情况下，我们就可以推导出汞是导致皮肤过敏这个结果的原因。由此，我们也会发现，共变法应用的关键在于原因的变化，会对结果的变化产生某种可以预见的联系。需要注意，所谓"结果的变化"，是可预见、可观察的，否则我们就无法应用共变法。

5. 剩余法

如果一系列的条件引起了一系列的结果，而其中的某些结果，又可以被解释为是由其中的某些条件引起的，那么剩下来的那些结果，就可以认为是由剩下来的条件所引起的。例如：

房间里有两本书不见了，有两个人曾经到过这个房间，经过询问知道其中一人拿走了其中一本书，这时根据剩余法，就可以推导出是另外一个到过此房间的人拿走了另外一本书。

关于剩余法，福尔摩斯有一句名言："排除了一切不可能之后，剩下的那个无论多不可能的，也应当是真相。"剩余法不仅被应用于案件侦查中，在科学研究中也有过重大贡献。在海王星发现之前，除了天王星以外，人们已计算得出所有行星的运行轨迹，但却一直未能计算得出天王星的运行轨迹。后来，法国数学家勒维耶(Urbain Jean Joseph Le Verrier, 1811—1877 年)就纳闷儿：会不会是有别的被忽视的因素导致无法计算呢？顺着这个方向，果然发现了海王星，同时也把天王星的运行轨迹的问题给解决了。

14.2　密尔因果方法的局限

谈到密尔因果方法的局限性，有三点需要大家注意：

(1) **备选原因清单里可能未包括真正的原因。** 像前面讲的例子那样，用密尔因果方法去推导原因，是以预先选定的备选原因为基础的。如果真正的原因不在预先选定的原因里，就根本无法被推导出来，而推导出来的那个"原因"，也自然不是真正的原因了。

(2) **可能不止一个原因导致了结果。** 在这种情况下，密尔因果方法特别容易失效。拿讲求同法时的例子来说，大家都吃过生蚝，不过沙拉和面条可能也是导致胃疼的原因，而由于预设了导致结果的是单个原因，所以用求同法就无法推导出真正的原因。

(3) **因果关系可能存在盖然性。** 有些因果关系不是决定性的，朝一扇窗扔石头可能会砸坏它，也可能不会。心脏病可能导致死亡，也可能并不导致死亡。

遇到要推导的原因不是决定性原因时，密尔因果方法也可能导致错误的结论。例如，求同求异法这种方法本身就预设了情形的发生是结果出现的充分必要条件，因此，那些并不必然导致结果、但又确实提高了结果发生之可能的原因就被排除出去了。了解密尔因果方法及其局限之后，我们应当认识到，密尔因果方法虽然不能保证推导出导致某个结果的真正原因，但它仍然是因果推理的重要工具，可以在科学研究和社会生活中给我们很好的启发，大家在学习、生活中可以多尝试使用这种方法。

> ### 主编结语
>
> 密尔因果方法是一种求因果联系的方法。佛曰："一切皆有因果"。当然，佛教里关注的是三世因果，我们这里关注的一世因果，那就是今生因果。科学技术离不开因果分析，

社会问题的解决离不开因果分析。希望大家学了密尔因果方法之后，在现实生活中多尝试使用这种方法。你会很有成就感的！

线上作业

一、单项选择题(本题共有 14 个小题，每个小题都有 4 个备选答案，但只有一个是最佳答案，请挑选出最佳的答案。)

1. 密尔因果方法是关于(　　)的方法。

　　A．演绎推理　　　B．归纳推理　　　C．因果推理　　　D．经验推理

2. 如果存在两个或者是两个以上导致结果 E 的情形，而且在这些情形中，只有事件 c 是共同的，那么 c 就是导致结果 E 的原因。这种求因果联系的方法称为(　　)。

　　A．求同法　　　B．求异法　　　C．剩余法　　　D．共变法

3. 如果有一组情形导致结果 E，另外一组情形没有导致结果 E，并且在这两组情形当中唯一不同的是，事件 c 出现在前一组中而没有出现在后一组情形中。这时我们就可以合理地得出结论说，c 就是导致结果 E 的原因。这种求因果联系的方法称为(　　)。

　　A．求同法　　　B．求异法　　　C．剩余法　　　D．共变法

4. 如果因素 c 的变化导致 E 的出现发生变化，那么 c 就是导致 E 的原因。共变法是出于这样的考虑：一些原因出现与否影响着结果是否出现。这种求因果联系的方法称为(　　)。

　　A．求同法　　　B．求异法　　　C．剩余法　　　D．共变法

5. 如果一系列的条件引起了一系列的结果，而其中的某些结果，又可以被解释为是由其中的某些条件引起的，那么剩下来的那些结果，我们就可以认为是由剩下来的条件所引起的。这种求因果联系的方法称为(　　)。

　　A．求同法　　　B．求异法　　　C．剩余法　　　D．共变法

6. 用密尔因果方法进行推理，是以(　　)为基础的。

　　A．相关关系　　　B．不同事件　　　C．备选原因　　　D．相同事件

7. 密尔因果方法是由(　　)哲学家约翰·斯图亚特·密尔提出来的。

　　A．美国　　　B．英国　　　C．德国　　　D．比利时

8. 密尔因果方法包括(　　)种因果推理方法。

　　A．3　　　B．4　　　C．5　　　D．6

9. 密尔因果方法预设了(　　)原因导致了结果。

　　A．1 个　　　B．2 个　　　C．3 个　　　D．无所谓多少个

10. 对于由多个原因导致的结果 E，使用密尔因果方法可能(　　)。

　　A．找到导致 E 的两个原因　　　　B．找到导致 E 的三个原因

　　C．找到导致 E 的全部原因　　　　D．找到导致 E 的某个原因

11. 从错综复杂的不同场合中，排除不相干的因素，找出共同的因素，确定与被考察

现象的因果联系。这是密尔因果方法中(　　)。

    A. 求同法　　　　B. 求异法　　　　C. 求同求异法　　　　D. 共变法

12. 物理教学中，在讲解二力平衡时，教师先给出二力平衡的实例，即两个力满足同物、同线、等大、反向。再给出一个例子，此时两个力满足同物、等大、反向，此例结果物体不平衡，由此归纳出二力平衡必须有同线这个条件。这是运用密尔因果方法中的(　　)在进行推导。

    A. 求同法　　　　B. 求异法　　　　C. 求同求异法　　　　D. 剩余法

13. 空气污染变严重时，哮喘复发人数增加，而空气质量提升时，哮喘复发人数减少。据此得出结论，认为空气污染是导致哮喘复发的原因。这是用密尔因果方法中的(　　)进行推导。

    A. 求同法　　　　B. 共变法　　　　C. 剩余法　　　　D. 求异法

14. 福尔摩斯说过："当你排除了不可能，所剩下的，即便是不大可能的，那也应当是真相"。这是应用了密尔因果方法中的(　　)。

    A. 剩余法　　　　B. 共变法　　　　C. 求同法　　　　D. 求同求异法

二、多项选择题(本题共有 11 个小题，每个小题都有 5 个备选答案，其中至少有 2 个正确答案，请挑选出正确答案，多选、少选、错选均不得分。)

1. 假设有一组情形导致了结果 E，而另外一组情形却没有。如果 C 是在第一组情形当中唯一相同的因素，而在第二组所有情形里都没有出现，那么这个 C 就是导致结果 E 的原因。求同求异法也有另一种表述：如果 C 是当且仅当唯一在结果 E 发生时出现的备选原因，那么就是 C 导致了 E。这里包括了(　　)。

    A. 求同法　　　　　　B. 求异法　　　　　　C. 剩余法

    D. 共变法　　　　　　E. 求同求异并用法

2. 人们种植豆类作物如大豆、豌豆、蚕豆时，不仅不需要给土壤施氮肥，而且豆类作物还可以使土壤增加氮；而种植其他作物如小麦、高粱、玉米等时，则没有这种现象，即土壤中未增加氮而且要给土壤施氮肥。经过研究后人们发现，豆类作物的根部有叫作根瘤菌的东西，而非豆类作物则没有。由此人们做出结论：豆类植物的根瘤菌能使土壤中增加氮。这里使用的密尔因果方法包括(　　)。

    A. 求同法　　　　　　B. 求异法　　　　　　C. 剩余法

    D. 共变法　　　　　　E. 求同求异并用法

3. 对于多个原因导致的结果 E，用密尔因果方法(　　)。

    A. 可能一个原因也找不到　　　　　　B. 可能找到其中的一个原因

    C. 可能找到所有原因　　　　　　　　D. 可能找到其中的两个原因

    E. 可能找到其中的三个原因

4. 密尔因果方法包括(　　)。

    A. 求同法　　　　　　B. 求异法　　　　　　C. 求同求异法

    D. 共变法　　　　　　E. 剩余法

5. 密尔因果方法的局限包括(　　)。

A. 不够简单　　　　　　　　　　　B. 真正的原因不在备选原因之列

C. 结果可能会有超过一个的原因　　D. 因果关系可能不是决定性的

E. 在科学研究中没什么用

6. 用密尔因果方法寻找原因的步骤包括(　　)。

A. 识别出备选原因　　　　　　　　B. 找出事件间的关联

C. 确认备选原因是在结果出现之前的事件

D. 分析关联事件有什么样的因果关系，并确认哪些是导致结果的原因

E. 用密尔因果方法推导原因

7. 下列说法中正确的有(　　)。

A. 著名英国哲学家约翰·斯图亚特·密尔是一位逻辑学家

B. 用求同法找到的原因未必是导致结果的充分原因

C. 共变法背后的一般性原理是，结果会随原因的变化而变化

D. 剩余法就是用排除法来找原因

E. 当真正原因不在备选原因之列，就无法用密尔方法找到它

8. 下列说法中错误的是(　　)。

A. 在某种程度上，求同求异法就是求同法和求异法的组合

B. 每一种用求同求异法可以找到正确答案的情形，用求同法同样可以找到正确答案

C. 每一种用求同求异法可以找到正确答案的情形，用求异法同样可以找到正确答案

D. 每一种用求同法可以找到正确答案的情形，用求同求异法同样可以得到正确答案

E. 每一种用求异法可以找到正确答案的情形，用求同求异法同样可以得到正确答案

9. 丽莎和朋友们出去吃火锅，吃过后除丽莎以外大家都肚子不舒服了，事后发现除丽莎以外，大家都喝了店家提供的果汁。于是推断喝了店家的果汁是肚子不舒服的原因。这没有用到(　　)。

A. 求同法　　　　　B. 求异法　　　　　C. 求同求异法

D. 共变法　　　　　E. 剩余法

10. 房间里放的两本书不见了，已知甲进去拿走了一本，除乙之外再没别人进过这个房间，所以另外一本书是乙拿走了。这里没有使用的密尔因果方法是(　　)。

A. 求同法　　　　　B. 求异法　　　　　C. 求同求异法

D. 共变法　　　　　E. 剩余法

11. "如果 C 是唯一一个仅出现在结果 E 发生时的备选原因，那么就是 C 导致了 E"，这不是(　　)的另一种表述。

A．求同法　　　　B．求异法　　　　C．求同求异法

D．共变法　　　　E．剩余法

三、判断题(本题共有 10 个小题，请在对的后面画"√"，错的后面画"×"。)

1．在某种意义上，求同求异法就是求同法和求异法的组合。（　　　）

2．求同求异法本身就预设了作为原因的出现是结果发生的充分必要条件。（　　　）

3．用求同法找到的原因就是导致结果的充分原因。（　　　）

4．用剩余法可以发现新的原因。（　　　）

5．用求同求异法进行对照试验的主要困难在于：确保可能原因之外的其他相关条件一致既困难又昂贵。（　　　）

6．小明父母有一双儿女，小明是男孩，那么他们家另一个小孩一定是个女孩。这是密尔方法里的剩余法。（　　　）

7．即使在没有观察到原因的变化与结果的变化之间的联系，也可以用共变法推导原因。（　　　）

8．密尔因果方法的提出者是美国人。（　　　）

9．"你越高兴我也越高兴，所以你高兴是我高兴的原因"，这是密尔因果方法里的共变法。（　　　）

10．把老鼠放在一个密封的有空气的玻璃罩内，老鼠活动自如；然后抽净罩内空气，老鼠随即窒息死亡。两个场合中，密封的玻璃罩、老鼠等情况均相同，唯一不同的是有无空气。有空气则老鼠活动正常，没有空气则老鼠窒息死亡。由此得出结论：没有空气是老鼠死亡的原因。这里使用的是密尔因果方法之求异法。（　　　）

第 15 章　理解因果推理

主编导语

密尔因果方法是一种因果推理方法。因果关系是很复杂的问题，最理想的情形是一因一果和一果一因，但现实往往并非如此。某两个事件相关，但可能根本没有因果关系。某两个事件似乎不相关，却可能有因果关系。因此，我们还需要了解因果关系到底有多复杂。

讲授内容

在上一章，有些同学可能已经注意到，存在着一些复杂的因果关系限制着密尔因果方法的应用。在这一章，我们要了解跟因果推理有关的一些知识。主要包括：(1) 相关关系与因果关系；(2) 因果关系确立的证据；(3) 因果关系的复杂性。

15.1　相关关系与因果关系

在很多情形下，原因和结果是相互关联的。在事件 C 出现会增加事件 E 发生的可能性时，C 与 E 正相关。当事件 C 出现会降低事件 E 发生的可能性时，C 与 E 负相关。如果 C 出现与否并不影响 E 的发生，那么 C 与 E 就不相关，或者说 C 独立于 E。例如，闪电的出现与打雷正相关，与晴天则负相关，而与当天是星期几就不相关了。

因为相关性是指两个事物间相互联系的频率，所以这是个程度问题。闪电总会伴随着打雷，没有闪电就不会打雷，这是百分之百相关或者说完全相关。吸烟与肺癌正相关，但显然并非所有吸烟者都会患上肺癌。事实上，有时虽然两个事件之间相关性较低，但对于具体个例而言，二者之间却仍然可能具有因果相关。比如，大部分人对阿司匹林并不过敏，阿司匹林和过敏反应之间是低度相关。但不可否认，对百分之一的人群而言，阿司匹林确实会引起过敏反应！

如果说低度相关不意味着没有因果关系，那么，相对地，高度相关是否就一定存在因果关系呢？根本不是这样！把正相关与因果关系混同，是因果推理中一种常见的错误。即便 C 并不导致 E，也还有很多理由表明为什么 C 与 E 正相关。这并不是说，能够表明两者具有相关性的证据就与因果关系完全无关。事实上，相关往往有助于我们找到因果关系。

看似而不是因果关系的相关关系主要有四种：偶然相关、反向因果、隐性共因和部分因果。

1. 偶然相关

偶然的相关关系不是因果关系，包括两种情况。第一种情况，有一些高度相关的关系其实只是缺乏充分数据的结果。例如：

在第一次穿上红色裤子的那天，戴维经历了他有生以来唯一一次车祸。如果他就此认为导致车祸的原因是他穿了红裤子，他就犯了把偶然的相关关系等同于因果关系的错误。在"穿红裤子"和"发生车祸"之间似乎高度相关，但证明这种"高度相关"的统计数据其实只有一次。

第二种情况是由于数据聚合方式错误导致的假相关。曾经有过这样的一种观点：在冰箱问世以后，随着冰箱的普及，肺癌发病率越来越高。因此，使用冰箱是罹患肺癌的原因。在这个例子中，"冰箱普及"和"肺癌发病率上升"之间实际上并不相关。但人们把这两者错误地聚合在一起，进而错把使用冰箱当成肺癌发病率上升的原因。

2. 反向因果

反向因果关系是指这样的一种关系：事件 C 和事件 E 相关，但并非想当然的由 C 导致 E，而是 E 导致了 C。把反向因果关系当作因果关系进行的推理是错误的。我们来看一个例子：

吸毒与吸毒者有心理问题相关。"吸毒"与"吸毒者有心理问题"之间的因果关系有两种可能：一种是吸毒导致了心理问题，另一种是心理问题导致吸毒。有人会下意识地认为是吸毒导致心理问题，而科学研究结果则恰恰相反：是原来就有的心理问题使人们转向了吸毒。

这个例子表明，相关关系本身并没有表明哪个事件为因，哪个事件为果。把反向因果关系当作因果关系会造成因果推理中的因果错位。

3. 隐性共因

有的时候，C 和 E 相关并不是因为其中的一个导致了另一个的发生，而是因为存在一个隐性的原因同时导致了 C 和 E。我们把同时导致 C 和 E 的这个隐形的原因称为隐性共因。我们来看下面的例子：

曾经有研究者认为，穿大码鞋的孩子能掌握更好的阅读技巧。但后来的研究却发现，"穿大码鞋"和"掌握更好的阅读技巧"之间并没有因果关系。事实上，在这两者背后的真正原因是"年龄较大"。也就是说，不是"穿大码鞋"导致了"掌握更好的阅读技巧"，而是"年龄较大"，所以"穿大码鞋"和"掌握更好的阅读技巧"之间存在一个隐性共因。

4. 部分因果

在某些情况下，C 和 E 相关，但却不是 C 直接导致了 E，而是 C 的副作用或 C 与其他条件一起导致了 E。

科学研究和日常生活中有一些应用隐性共因的例子。如安慰剂效应。我们来看一个安慰剂效应的例子：

在一项用人类胚胎细胞治疗帕金森病的试验中，所有被试的头骨上都被打了一个小孔，其中一半被试进行了细胞移植，另一半则没有进行细胞移植。但所有被试都被告知医生为他们做了细胞移植。一年后的跟踪调查发现，那些相信自己真的被实施过细胞移植的病人有更好的术后体验，无论他们事实上是否真正被实施过细胞移植。

从上面这个例子可以看出，有助于更好的术后体验的是病人确信自己进行了胚胎细胞移植，而不是真正进行了细胞移植。除安慰剂效应外，生活中还有类似的一些效应，如霍桑效应、新奇效应、皮格玛利翁效应，等等。

15.2　因果关系确立的证据

前面讲了为什么有些相关关系不是因果关系，接下来我们要了解怎样能把某些相关关系确定为因果关系，或者说可以根据什么样的证据，将相关关系确定为因果关系。

1. 发现共变量和共变关系

第一种用于确立因果关系的证据是，找到共变量并弄清楚共变关系。例如：

已知"吸烟"与"肺癌"相关。为了确立"吸烟"与"肺癌"存在因果关系，我们还需要找到其中隐含的共变关系。发现共变关系意味着找到共变量，并确定这个共变量对结果的影响。在本例中，共变关系可能是死于肺癌的比例随每天吸烟人数的增加而提高。有了这个共变关系以后，我们就可以说它为"吸烟"与"肺癌"存在因果关系提供了更强有力的证据。

2. 找到原因作用机制的可信赖模型

第二种用于确立因果关系的证据是找到原因作用机制的可信赖模型。原因作用机制是用来说明某个原因是怎样引发作为结果的一系列对象、过程或事件的。简单来说就是原因是怎样引发结果的。我们来看一个敲击琴键发出声音的作用机制的例子：

首先敲击琴键，然后琴键触动其下的音锤，使音锤触碰钢弦，于是钢弦震动并引起空气分子运动，琴声就发出来了。我们把这一系列进程看作是"敲击琴键"这个原因的作用机制，并且这个作用机制是科学的、可信的。

有一点需要注意，"找到原因作用机制的可信赖模型"并不是确立因果关系的必要条件，即便对原因作用机制的细节缺乏了解，也仍有可能获得强有力的证据来支持相应因果关系确立。正如许多人所了解的那样，感染 HIV 病毒是得艾滋病的一个原因。然而，迄今为止并没有科学研究阐明二者之间的原因作用机制。吸烟和罹患肺癌之间的作用机制，也是在确定吸烟是罹患肺癌的原因几十年后才被解释清楚的。

15.3　因果关系的复杂性

因果关系的复杂性主要有以下五个表现：因果相关性、因果上的充分必要条件、触发性原因、近因和远因、偶然性与因果决定性。

1. 因果相关性

假设一名学生有一门考试不及格。原因可能有很多，比如说考试时身体不舒服、学习不认真等。这些原因是因果相关的，每一个都是该生考试不及格的一个原因，没有哪一个是唯一的原因。在这些原因中，影响最大的是首要原因，或者说是核心原因。

2. 因果上的充分必要条件

如果 Y 在没有 X 的情况下就不会发生，那么 X 对于 Y 来说就是因果上必要的；如果对于 Y 来说，仅 X 就足以导致它发生，那么 X 对于 Y 而言就是因果上充分的。比如，水对于我们的生存来说，是因果上必要的，但不是充分的，而对于磁场的出现来说，运动电荷是充分的但不是必要的。但就算 X 对于 Y 来说，既不是因果上充分的也不是因果上必要的，它们之间仍然可能在因果上相关。这表明在因果关系当中，原因对于结果来讲，可能是必要的，也可能是充分的，但并不总是充分或必要的。

3. 触发性原因

一个触发性原因是一个启动一连串事件的原因，而"一连串事件"导致了某个结果。一个结构性原因与结果因果相关，但它自己只是结果发生的一个背景性条件，并不能充分导致结果。例如，在一个煤气泄露的厨房，电火花能引发爆炸。其中，电火花是触发性原因，而可燃气体则是结构性原因。

4. 近因和远因

近因出现在结果发生的时间附近，远因则发生在更早的时间里。由这个定义我们可以注意到，所谓的近因、远因，是相对而言的。但这种相对性本身也表明了因果关系的复杂性。

5. 偶然性与因果决定性

一个偶然事件是没有被早前发生的事件所因果地决定的事件，说一个事件是被决定了的，是指此前发生的事件和我们所在的宇宙物理规律共同确定了它必将发生。

主编结语

因果关系虽然很复杂，但人作为社会性动物，不可避免地要处理各种复杂的因果关系。比如一个人感觉身体不舒服，那一定是有原因的，只有找对原因才能从根本上解决不舒服的问题。面对社会生活中复杂的因果关系，我们每个人都需要学会找对原因，因为那会让我们更好地行动。

线上作业

一、单项选择题(本题共有 10 个小题，每个小题都有 4 个备选答案，但只有一个是最佳答案，请挑选出最佳的答案。)

1. 相关关系可以分为正相关和(　　)。
　　A. 负相关　　　　B. 高相关　　　　C. 低相关　　　　D. 不相关

2. 相关关系可以分为高相关和(　　)。
　　A. 负相关　　　　B. 低相关　　　　C. 不相关　　　　D. 正相关

3. 如果 Y 在没有 X 的情况下就不会发生，那么 X 对于 Y 来说就是(　　)。
　　A. 决定性的　　　B. 充分的　　　　C. 必要的　　　　D. 相关的

4. 如果对于 Y 来说，仅 X 就足以导致它发生，那么 X 对于 Y 来说就是(　　)。
　　A. 决定性的　　　B. 充分的　　　　C. 必要的　　　　D. 相关的

5. 有时候 C 与 E 相关并不是因为其中一个导致了另一个，而是因为存在一个潜在的原因分别导致了 C 和 E。这指的是(　　)。
　　A. 偶然相关　　　B. 反向因果　　　C. 隐性共因　　　D. 结构性原因

6. 吸毒者比一般人更容易出现心理问题，但这并非是吸毒所致，而是原先就有的心理问题使人转向了吸毒。这种情形说的是(　　)。
　　A. 偶然的原因　　　　　　　　B. 反向因果
　　C. 结构性原因　　　　　　　　D. 隐性共因

7. 穿大码鞋的孩子有更好的阅读技巧，但不是穿大码鞋本身造就了更好的阅读技巧，而是"年纪较大"导致了穿更大码鞋，还导致了更好的阅读技巧。这说的是(　　)。
　　A. 偶然相关　　　　　　　　　B. 反向因果
　　C. 隐性共因　　　　　　　　　D. 部分因果

8. 以下选项中，副作用导致的因果关系是(　　)。
　　A. 吸毒者比一般人更容易出现心理问题
　　B. 喝瓶装水的小孩身体更健康
　　C. 穿上红色裤子那天，戴维遭遇了人生第一次车祸
　　D. 安慰剂效应

9. 下面(　　)是触发性原因。
　　A. 运动电荷对于磁场　　　　　B. 磁场对于运动电荷
　　C. 电火花对于燃气爆炸　　　　D. 燃气对于爆炸

10. 下列与打雷正相关的是(　　)。
　　A. 晴天　　　　B. 闪电　　　　C. 星期天　　　　D. 小明心情不好

二、**多项选择题**(本题共有 10 个小题，每个小题有 5 个备选答案，其中至少有 2 个正确答案，请挑选出正确答案，多选、少选、错选均不得分。)

1. 下列不是因果关系的是(　　)。
　　A. 隐性共因　　　　　　　B. 偶然相关　　　　　　C. 反向因果
　　D. 部分因果　　　　　　　E. 因果上的必要条件

2. 确立因果关系的证据包括(　　)。
　　A. 寻找高度相关关系　　　　　　　B. 寻找正向相关关系
　　C. 寻找共变量及其可操作方案　　　D. 寻找因果上的充分条件
　　E. 寻找因果机制的可信赖模型

3. 下列(　　)体现了因果关系复杂性。
　　A. 因果相关性　　　　　　　　　　B. 因果上的充分与必要条件
　　C. 近因和远因　　　　　　　　　　D. 触发性原因
　　E. 偶然性与因果决定性

4. 下列说法错误的是(　　)。
　　A. 正相关关系是因果关系　　　　　B. 高度相关关系是因果关系
　　C. 负相关关系不是因果关系　　　　D. 低相关关系不是因果关系
　　E. 百分之百相关是因果关系

5. 即使 C 不导致 E，但它们之间仍然可以是正相关的，这主要有以下几种可能(　　)。
　　A. C 与 E 之间的相关性纯属偶然
　　B. E 导致了 C，而不是 C 导致了 E
　　C. C 并没有导致 E，但它们是由一个共同的原因导致的不同结果
　　D. 导致 E 的主要原因是由 C 带来的某种副作用，而不是 C 本身
　　E. C 与 E 之间的相关性是负相关

6. 下列属于由副作用导致的因果关系的是(　　)。
　　A. 安慰剂效应　　　　　　B. 霍桑效应　　　　　C. 新奇效应
　　D. 皮格玛利翁效应　　　　E. 蝴蝶效应

7. 下列属于偶然相关关系的有(　　)。
　　A. 戴维遭遇了人生中的第一次车祸那天是他第一次穿红色衬衫
　　B. 在过去两个世纪里，威尼斯的海平面和英国的面包价格都在普遍上升
　　C. 穿大码鞋的孩子有更好的阅读技巧
　　D. 相信自己被施行了细胞移植手术的患者有更好的术后体验
　　E. 吸毒者更容易出现心理问题

8. 下列不属于隐性共因例子的有(　　)。
　　A. 戴维遭遇了人生中的第一次车祸那天是他第一次穿红色衬衫
　　B. 在过去两个世纪里，威尼斯的海平面和英国的面包价格都在普遍上升
　　C. 穿大码鞋的孩子有更好的阅读技巧

　　　D．相信自己被施行了细胞移植手术的患者有更好的术后体验

　　　E．吸毒者更容易出现心理问题

　9．以下不属于由副作用导致的因果关系的是（　　　）。

　　　A．戴维遭遇了人生中的第一次车祸那天是他第一次穿红色衬衫

　　　B．在过去两个世纪里，威尼斯的海平面和英国的面包价格都在普遍上升

　　　C．穿大码鞋的孩子有更好的阅读技巧

　　　D．相信自己被施行了细胞移植手术的患者有更好的术后体验

　　　E．吸毒者更容易出现心理问题

　10．下列不属于反向因果关系的是（　　　）。

　　　A．戴维遭遇了人生中的第一次车祸那天是他第一次穿红色衬衫

　　　B．在过去两个世纪里，威尼斯的海平面和英国的面包价格都在普遍上升

　　　C．穿较大码鞋的孩子有更好的阅读技巧

　　　D．相信自己被施行了细胞移植手术的患者有更好的术后体验

　　　E．吸毒者更容易出现心理问题

三、**判断题**(本题共有 10 个小题，请在对的后面画"√"，错的后面画"×"。)

1．高度相关关系是因果关系。（　　　）

2．就算 X 对 Y 来说，在因果上既不是必要的，也不是充分的，它们之间也可以是因果上相关的。（　　　）

3．有时候 C 与 E 相关，并不是因为 C 导致了 E，而是 E 导致了 C。这是反向因果的情形。（　　　）

4．有时候，要求对相关关系进行实验是有违伦理要求的。（　　　）

5．如果事件 X 与 Y 相关，要么是 X 导致了 Y，要么是 Y 导致了 X，要么是这两者由某个共同原因所致。（　　　）

6．虽然 X 对于 Y 来说在因果上既不充分也不必要，但事件 X 与 Y 也可能存在因果相关。（　　　）

7．焦虑与失眠可以是互为因果的关系。（　　　）

8．低度相关事件之间不存在因果关系。（　　　）

9．因果作用机制是把某个相关关系确立为因果关系的唯一证据。（　　　）

10．近因和远因是相对而言的。（　　　）

第 16 章　因果过程图示

主编导语

因果关系如此复杂，但弄不清楚因果关系又会给我们的工作和生活带来麻烦。那么，有没有一种可能的操作技巧可以用来描述复杂的因果关系网呢？当然有，这就是图示因果过程。

讲授内容

这一章我们介绍三种常用的因果过程图示方法，即因果关系网络图、鱼骨图和流程图。

16.1　网　络　图

什么是因果关系网络图呢？因果关系网络图是用一些节点来代表事件，并且用一些箭头将不同的事件连接在一起的因果关系图示。其中，被表示为节点的不同的事件，可能是原因，也可能是结果。在画因果关系网络图的时候，我们要用箭头指向表示结果的事件。下面我们一起看看因果关系网络图是怎样的：

图 16-1 是一个表示水土流失和耕地减少之间的因果关系网络图。我们首先把相关的事件列出来，这些不同的事件分别用不同的节点表示，如气候变化、极端天气、工业化、滥伐林木、更多的洪水、水土流失，等等。然后，我们用箭头把有因果关系的节点连接起来。

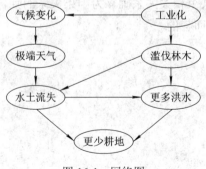

图 16-1　网络图

这一步需要注意要先确定两点：一是哪些节点之间的联系是因果关系；二是在每一对有因果关系的节点组合里，哪个是原因，哪个是结果。只有在明确这两点以后，我们才能确定箭头应该指向哪个节点。这是最普通的因果关系网络图。事实上，还有一些人会在箭头处标上"+"或"–"来说明原因正向或反向影响结果的方式。我们还可加上一些用数值表示的概率。拥有充分的信息后，我们就可计算与其他事件相关的概率，并预测该系统将会对变化如何反应。这也被称为贝叶斯网。

当然，因果关系网络图不仅可以用来表示科学研究中的因果关系，还可以用来表示社会生活各领域的因果分析。

16.2 鱼 骨 图

顾名思义，鱼骨图就是用鱼骨状的图表示因果关系。鱼骨图是由日本的石川馨(Kaoru Ishikawa，1915—1989 年)提出来的。石川馨是 20 世纪 60 年代日本质量圈运动中的一个典型代表人物，也是日式质量管理的一个代表人物。石川馨认为，鱼骨图和其他工具一样，都是能够帮助人们或者是质量管理小组进行质量改进的工具。

鱼骨图的画法分为以下步骤(如图 16-2 所示)：首先，画一个三角，这个三角形表示结果或是待解决的某个问题。然后在这个三角的左侧画一条直线，直线上画一些分叉的、鱼刺状的线段。每一个分叉的线段，表示一种类型的原因性要素。需要注意的是，每一根"鱼刺"上的原因性要素是同一类型的。

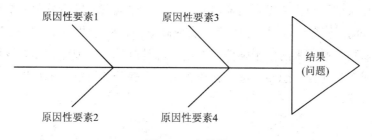

图 16-2 鱼骨图

我们以照相机照出的照片模糊为例画一个鱼骨图(如图 16-3 所示)，来分析其原因。首先，画一个三角形标明结果"照片模糊"，再画一条直线，并在这条直线上画出分叉的鱼刺，用来表示不同类型的原因。假设相对于"照片模糊"这个结果来讲，原因性要素可以分为四种类型：环境、机器、方法、用户。在每一种类型里，又有更具体的原因。比如在"环境"这一类型里面，我们可以列出"目标移动太快""周围光线太暗"，等等；在"机器"这一类型则可以列出"镜头脏了""使用了错误的镜头"，等等；在"方法"里可能又包括"不正确的曝光""对焦不准""用了错误的模式"，等等；在"用户"中可能又包括了"手抖""没有按说明书去操作"，等等。将这些具体的原因分门别类地安排在不同的位置后，我们就会发现，通过鱼骨图，不同类型的原因要素得到了更为清晰的表示。

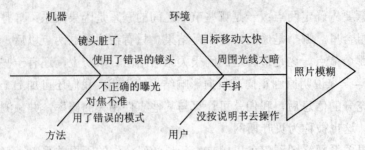

图 16-3　照片模糊鱼骨图

从上面的鱼骨图画法中，我们可以了解到鱼骨图涉及原因性要素的分类，表 16-1 是一些常见的分类标准，供大家参考。

表 16-1　鱼骨图常见分类标准

缩写	领域	分　类
6Ms	制造业	机械设备；方法；物料；评估方法；人力(人员)；自然(环境)……
4Ps	服务行业	政策；程序；人员；设备(技术)……
4Ps	市场营销	产品；价格；促销；地点……

16.3　流　程　图

流程图是一种关于复杂过程的因果关系图示(如图 16-4 所示)。它是用连在一起的图形来代表一个复杂过程的各个步骤，这些步骤可能是行动，也可能是决定和判断。借助流程图，人们能将复杂过程的各个步骤清晰地表现出来，也就有可能更好地分析和评价复杂过程中的判断或行动，使得该过程更加完善，实现高效的目标。假设有一个人工作非常忙碌，每天都要面对如潮水般涌来的电子邮件，但他却总是能处理得很好。如果我们想了解他是怎么做到的，或者是他自己想要看看是否还有进一步提升的可能，就可以用流程图将他处理邮件的过程给整理出来。

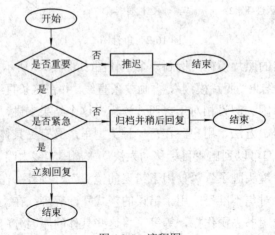

图 16-4　流程图

流程图标明了某个节点上所要完成的任务和方式。因此，人们就可以借助它来将不同的任务分派给不同的人，而被分派任务的人则可以明确自己的责任是什么，自己的任务在整个流程中所处的地位等，从而对自己要做什么，怎么做有更加清晰的概念。

因果关系虽然很复杂，但是可以掌握。希望大家能自觉、熟练地运用因果过程图示的方法，将所要明晰的因果过程清楚明白地展示出来。

主编结语

因果关系虽然很复杂，但也并非难以捉摸。刚才给大家介绍了因果关系网络图、鱼骨图和流程图，学习之后，相信大家应当也有同感了吧。既然如此，在你的日常生活决策中，何不尽量去试试这些因果过程图示技巧呢？相信它们能够让你的决策达到事半功倍的效果！

线上作业

一、**单项选择题**(本题共有 10 个小题，每个小题都有 4 个备选答案，但只有一个是最佳答案，请挑选出最佳的答案。)

1. 因果过程通常是复杂的，(　　)的方法可以让它们更容易被理解。
　　A．论证地图　　B．统计图　　　C．决策图　　　D．流程图

2. (　　)不是因果过程图示方法。
　　A．贝叶斯网　　B．鱼骨图　　　C．流程图　　　D．要素分类表

3. (　　)是因果关系网络图。
　　A．贝叶斯网　　B．鱼骨图　　　C．流程图　　　D．要素分类表

4. 鱼骨图是由(　　)发明的。
　　A．日本学者石川馨教授　　　　　B．美籍亚裔学者石川馨教授
　　C．中国学者石川馨教授　　　　　D．新加坡学者石川馨教授

5. (　　)是用连在一起的图形来表示某个复杂过程的各步骤。
　　A．贝叶斯网　　B．网络图　　　C．鱼骨图　　　D．流程图

6. (　　)被用来图示由多个原因和结果组成的因果关系。
　　A．思维导图　　B．网络图　　　C．鱼骨图　　　D．流程图

7. 可以清晰呈现导致结果的不同类型原因性要素的是(　　)。
　　A．贝叶斯网　　B．网络图　　　C．鱼骨图　　　D．流程图

8. (　　)可以被用作任务指引，将任务的各个部分分派给相关人员。
　　A．贝叶斯网　　B．网络图　　　C．鱼骨图　　　D．流程图

9. 在鱼骨图中，"鱼头"代表(　　)。
　　A．原因　　　B．原因性要素类型　　　C．结果　　　D．事件

10. (　　)最早是在计算机科学中用来描述计算机程序的各个步骤的。

    A．网络图　　　　B．贝叶斯网　　　C．鱼骨图　　　　D．流程图

二、多项选择题(本题共有 10 个小题，每个小题都有 5 个备选答案，其中至少有 2 个正确答案，请挑选出正确答案，多选、少选、错选均不得分。)

1. (　　)都是图示因果过程的方法。

    A．网络图　　　　　　　B．贝叶斯网　　　　　　C．鱼骨图

    D．流程图　　　　　　　E．要素图

2. 画因果关系网络图的步骤的有(　　)。

    A．首先画一个三角形表示结果或问题

    B．用节点将不同事件标示出来

    C．在三角形的左侧画一条直线，并在直线两侧分别画若干直线，用来表示原因性要素的各个类型

    D．用箭头将所有的原因和对应的结果连起来

    E．把具体原因填进相应类型

3. (　　)是画鱼骨图的步骤。

    A．画一个三角形表示结果或问题

    B．用节点将不同事件标示出来

    C．在三角形的左侧画一条直线，并在直线两侧分别画若干直线，用来表示原因性要素的各个类型

    D．用箭头将所有的原因和对应的结果连起来

    E．把具体原因填进相应类型

4. 下列不属于画因果关系网络图的步骤的有(　　)。

    A．画一个三角形表示结果或问题

    B．用节点将不同事件标示出来

    C．在三角形的左侧画一条直线，并在直线两侧分别画若干直线，用来表示原因性要素的各个类型

    D．用箭头将所有的原因和对应的结果连起来

    E．在箭头上添加"＋"或"－"，表明原因是增加还是减少了结果出现的概率

5. 下列说法正确的是(　　)。

    A．用流程图表示某个复杂过程的各个步骤，这些步骤可能是决定或行动

    B．在可以把导致一个结果的原因分为不同类型时，鱼骨图是很有用的

    C．用鱼骨图表示导致结果的所有情形的信息时，类型的选择至关重要

    D．网络图被用来图示多个原因和结果组成的关系网络

    E．贝叶斯网也是因果关系网络图

6. 关于贝叶斯网，下列说法中正确的是(　　)。

    A．贝叶斯网是因果关系网络图的一种

  B．要在连接原因和结果的箭头旁标上"＋"和"－"，表示原因增加或减少结果发生的概率

  C．还可以加上一些数值表示的概率

  D．贝叶斯网不用节点标示不同事件

  E．贝叶斯网要用节点表示不同事件

7．流程图用连在一起的图形来表示某个复杂过程的各个步骤，这些步骤可能是(　　)。

  A．行动　　　　　　B．原因类型　　　　　　C．原因性要素

  D．决定　　　　　　E．概率

8．下列说法正确的是(　　)。

  A．网络图用节点表示事件　　　　　　B．鱼骨图用三角形(鱼头)表示结果

  C．流程图用图形表示行动或决定　　　　D．鱼骨图用鱼刺表示原因(类型)

  E．贝叶斯图会标上用数值表示的概率

9．下列说法不正确的是(　　)。

  A．因果过程图示方法可以使因果关系更直观，从而更易于理解

  B．鱼骨图不需要对原因进行分类

  C．可以把流程图用作任务指引的看法是错误的

  D．因果过程通常是复杂的，网络图使这样的过程更复杂

  E．流程图比鱼骨图好用

10．下列说法正确的是(　　)。

  A．因果过程图示方法可以使因果关系更直观，从而更易于理解

  B．鱼骨图需要对原因进行分类

  C．可以把流程图用作任务指引的看法是错误的

  D．因果过程通常是复杂的，网络图使这样的过程更复杂

  E．流程图比鱼骨图好用

三、判断题(本题共有 10 个小题，请在对的后面画"√"，错的后面画"×"。)

1．鱼骨图因其形状而得名。(　　)

2．流程图各个图形表示的步骤就是行动。(　　)

3．流程图不能用作任务指引。(　　)

4．如今流程图的应用范围涵盖了从产品售后服务到医疗诊断的许多领域。(　　)

5．用鱼骨图面向所有情形进行信息分析时，类型的选择至关重要。(　　)

6．在可以把导致某个结果的原因区分为不同类型时，鱼骨图很有用。(　　)

7．贝叶斯网不是因果关系网络图。(　　)

8．要将导致某个结果的原因及其相互关系表示出来，网络图是比较好用的。(　　)

9．因果关系网络图不只对科学家有用。(　　)

10．石川馨教授不仅发明了鱼骨图，还将它应用于质量管理中。(　　)

第17章　概率统计密码

在第 14 章到第 16 章中，我们学习了因果推理。因果推理是一种科学推理，它主要面向自然科学研究，但密尔方法只是一种定性方法，因而其结果还不够精确。因果推理还能用于社会科学研究，但其精确性就更差了。为此，本章我们学习另外两种主要面向社会科学研究的逻辑方法，那就是统计推理与概率推理。

讲授内容

许多人认为，统计涉及艰涩的数字与公式，因此望而却步。的确，统计数字会相当技术化，但它们所对应的内容却与现代生活密切相关。比如，在订酒店前，我们或许会比较一下在线好评以及差评的数量。做投资决策时，我们也可以先看看相关的财经统计数据。在本章当中，我们将讨论解释统计研究的某些一般原则，而不会深入太多的数学细节。在这里，我们会讲四个问题：第一，评估调查与抽样研究；第二，把握绝对量与相对量；第三，令人误解的统计图；第四，概率是生活的真正指南。

17.1　评估调查与抽样研究

关于评估调查与抽样研究，我们有五个问题需要回答：

问题一：准确地说，该发现是什么？其关键词的含义又是什么？

我们需要聚焦主要的结论，要问问其重要意义何在，最重要的发现是什么，如何正确地去表达这一发现，以及如何去定义其中的关键词。我们需要区别实际结果及其解释。例如，许多报告都把相关性与因果性混为一谈。比如，微信朋友圈曾大量转发一篇文章说"睡得越多越短命"。这是一种因果主张，但实际统计数据也许只告诉我们："一天睡眠超过 8 小时的成年人，比那些只睡 6～7 小时的成年人死亡率要高得多"。这些关联数据与因果关系完全是两回事儿。我们还需要检查关键概念的定义。比如某项社会调查得出了这样一个结论，"27%的大学生都是基督徒"。但是，这里的"是基督徒"的含义是什么呢？这些大学生说自己是基督徒吗？或者其实指的是"定期去教堂做礼拜"？摩门教徒又是不是基督徒呢？

问题二：确定样本量，当我们从总体中抽取样本时，样本越大，结论可能越准确。

如果一个餐馆想要调查其顾客是否喜欢自己的饭菜以及服务，只征求某一位或者某几位顾客的意见肯定不够。但另一方面，要是用小样本量就足够做好，那么，用大样本量额外花费金钱和时间就不值得了。当然，要决定最佳样本量并不容易，这取决于总体量以及所需结果的精确水平。

问题三：如何选取样本？

如何选取样本，会大大影响结论的可靠性。样本应当代表总体，也就是说，所研究的特征可以用同样的方式分布到样本和总体当中。如果你想知道人们多久锻炼一次，却仅仅在体育馆进行调查，那你就错了，因为经常去体育馆的人，锻炼习惯跟普通人可能区别很大。这就构成了我们所说的偏颇样本，或者说样本偏颇谬误。我们应当仔细检查如何选取样本，看看是否存在隐性的偏差。

问题四：有什么方法可用于研究样本？

如果使用有偏差的方法来研究样本，即便样本具有代表性，其统计结果也不可靠。这里主要包括下列几种有偏差的方法：

(1) 社会性压力。 假如某位老师随机选取一些学生，调查他们是否曾经在考试中作弊，既然学生不可能向老师承认作弊，那么这项研究就会低估作弊的程度。

(2) 诱导性问题。 这种方法的问题是通过特定的提问方式，从而使回答者的答案偏向某个特定的方向。比如，"你不想把维生素 E 给你的小孩，以改善他们的健康吗？"这完全是一个多余的问题，有哪个父母不希望小孩健康呢？这就属于一种诱导性的问题。

(3) 观察者的影响。 要想开展统计研究，而又对研究结果不产生任何影响，这非常难。面对不同的提问者，人们可能会改变他们的答案。就连动物意识到自己正被观察时，它们也会改变自己的行为。甚至测量仪器也会出错。所以，当我们解释统计结果时，必须小心谨慎。

问题五：误差可以有多大？

许多统计调查都包含了数字，其中也有误差。对于解释结果来讲，这个数字非常重要。这个概念有一点不好把握，但我们应当去理解它。如果你是一位不得不报道统计数据的记者，或者是一位必须根据这些数据来做出决定的人，那么，你就更加需要了解这个概念。当样本小于总体时，误差就会大于零。这个数字反映的是真正的结果偏离估计的程度，定义误差是相对于置信区间的。在统计中，我们通常要么说 99% 的置信区间，要么说 95% 的置信区间，要么说 90% 的置信区间。假如没有指明置信区间，通常都是指 95%。假如某项针对即将进行的选举的民意测验说："64% 的人都支持马克龙，其误差为 3%"。既然没有提及置信区间，我们就假定与此相关的置信区间为 95%。在这种情况下，该调查告诉我们的是在 95% 的置信区间内支持率为 64±3%。这意味着，如果重复 100 次调查，你能够预见其中 95 次实际结果会在上述指定的范围内。换句话说，在正确使用同样方式做出的 95% 民意测验中，真正支持马克龙的结果应当是在 61%～67%。

考虑误差为什么重要呢？这里有两个理由：(1) 要是不知道误差，我们就不知道应该在多大程度上信任这个结论；要是样本小，误差可能就意味着在真正的结果与调查结果之间会有很大的不同。(2) 在解释随后进行的重复研究所呈现的统计结果变化时，特别是在民意调查中，误差就特别重要。假如 64% 的人第一个月都支持马克龙，但第二个月这个数字跌到了 60%。我们应当在多大程度上认定它表示马克龙的支持率正在下滑呢？如果说误差是 5%，那么，这个新发现就在早期结果(64%)上下浮动五个点的 95% 置信区间内，因此，很有可能马克龙的支持率在两次公众调查中实际上并没有发生变化，该数据结果的下降，仅仅是因为有限的抽样。

17.2　把握绝对量与相对量

当我们解释统计数字时，需要区分绝对量与相对量。这非常重要。什么是绝对量？绝对量是指具体条目的实际数字。下面有两个例子：

(1) 中山大学女教授的人数。
(2) 中国计算机程序员的人数。

相对量是指两个数量之间比较的数字，通常是比例，或者说分数，或者表明两个不同变量之间的比例的数字，比如说：

(1) 中山大学男女教授的比例。
(2) 中国人中计算机程序人员的百分比。

这种区别非常重要，因为有意义的比较，常常涉及恰当类型的数据信息。假如今年暴力犯罪比十年前多了很多，这意味着我们的城市变得更加危险了吗？未必。因为暴力犯罪的增多，可能是因为人口增加了。我们需要看的是相对量，比如，每 1000 人的暴力犯罪率。如果在过去这段时间内，这个数字实际上下跌了，那么，尽管暴力犯罪总量增多，但实际上城市却可能变得更加安全了。

在医疗卫生领域，尤其是医疗广告中，区分绝对量与相对量非常重要。与疾病、药物以及医疗有关的风险，常常被用绝对或者相对术语来加以说明。拿下面这两个标题来讲：

(1) 新特效药能把患肝癌的风险降低 50%。
(2) 新特效药把患肝癌的风险降低了 1%。

第一个标题给人的印象会更为深刻，但在描述临床试验结果时，二者可以都是正确的。我们设想一下两个健康情况相同的被试组：每组 100 人，第一组被试服用这种新特效药，10 年以后，100 人中有 1 人患了肝癌；另一组则只服用安慰剂，10 年以后该组有 2 人患了肝癌。对于那些不服用新特效药的人来讲，患肝癌的绝对风险是 2%；而对于那些服用新特效药的人来讲，患肝癌的风险是 1%，因此，第二个标题如实表述了绝对风险的降低，但把 2% 降低到 1%，就等于把相对风险降低了 50%，故第一个标题也是正确的。

17.3　令人误解的统计图

我们来看下图，你认为这两个统计图有差别吗？

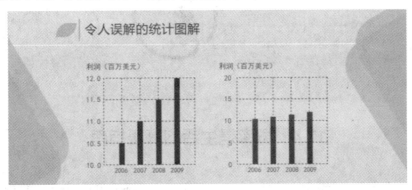

你可能会意外，看似大相径庭的两个统计图实质上竟然没有差别。在统计图上有横轴和纵轴，我们要小心检查这些轴的起点，看看它们是否从零开始。比如，这两个图说明的都是某公司 2006～2009 年营利的数据，但是左图中纵轴却没有从零开始。粗心大意的同学可能会形成这样的印象：在这几年中，该公司的利润引人注目地增加了几倍，但事实上仅仅是略有增加。对比这两个图，看起来似乎是左图中的利润增加了几倍，右图中的利润基本上没有增加，其实，两个图表现的数据是一样的。

除了起点之外，我们也应当检查它们的刻度。请看下图某商店 2000～2008 年蛋糕销售量的图解。

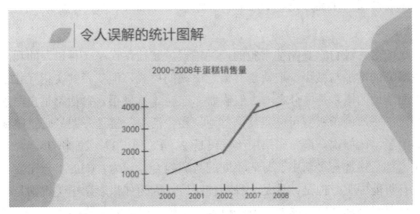

该图似乎表明某商店的蛋糕销量激增，但实际上这是一种错觉，因为表示时间的横轴没有等分刻度，与其他时间段相比，2002 年到 2007 年(红色部分)这个时间段被压缩了，以至于给人销量激增的印象，但事实上，增长也许是相对平稳的。

让我们再来看看下图。该统计图试图表明，在 1980 年到 2000 年间，某医院接到紧急电话的次数增加了五倍。因此，右图表示的数量应是左图表示的数量的五倍，但问题是，在这个统计图中，我们对相对差别的感觉取决于面积，而不只是高度。既然右图数字是左图数字的五倍，那么，它的实际面积也应当是左图的五倍，但上图显然并非如此，结果是，看到这个图，读者会觉得紧急电话的增量要比五倍多得多。

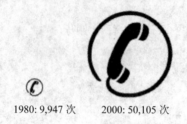

1980: 9,947 次　　　2000: 50,105 次

17.4　概率是生活的真正指南

神学家、人类学家、哲学家约瑟夫·巴特勒主教(Joseph Butler，1692—1752 年)曾经说过一句名言：

概率是生活的真正指南。

我们说"概率是我们的生活指南"。这毫不夸张，因为生活充满着不确定性。但是，我们却必须预先规划：什么可能发生，什么不可能发生？在各行各业中，概率与风险评估都至关重要。比如，要预测销售额，计算保险需求与额外的费用，决定工程安全标准，等等。

如前所述，我们是以为社会科学服务为目的讨论统计和概率问题，因此，在本节中，我们不打算讨论数学概率。如果你对此感兴趣，可以在课后扩展阅读。相反，我们将关注概率推理的主要谬误：赌徒谬论、倒退谬误和惊人巧合谬误。

1. 赌徒谬误

赌徒谬误的名称源自它是赌徒常犯的一种错误。赌徒谬误是一种错误的观念，认为某个事件发生概率的增加与减少，取决于其最近出现的模式，但二者其实相互独立。比如，均衡硬币正面落地的概率是二分之一，但假如你连抛 4 次硬币，每次都是正面落地，有的人就会认为，下一次硬币极有可能是反面落地。在生活中，挑选彩票号码是赌徒谬误一个非常现实的例子。比如说，最新彩票中奖号码是 2、4、18、27、29 和 36。那么，许多人在买彩票时，都会挑选与最新中奖号码不同的号码组合，认为它们的组合比前一次中奖号码的组合更有可能中奖。但是，这是一种赌徒谬误，因为如果彩票中奖规则是公平的话，那么所有的号码组合都是等可能的，或者说，都是等不可能的。

赌徒谬误的一个非常危险的表现就是热手谬误。当一个赌徒连续赌赢了几把之后，就认为自己是个幸运儿，这种情形经常发生，但这是一个谬误，因为下一轮赢的概率与其过去的记录是独立的。热手谬误非常危险，因为当这些赌徒开始感到战无不胜，他们就会加大筹码，以至于最终输得血本无归。

2．倒退谬误

倒退谬误是一种因果推理错误，因为事情的起伏波动通常是某个平均状态下的波动，而倒退谬误没有考虑到这一点。例如，剧痛、运动表现以及股票涨跌，都可能最终由于自然波动而伴随着更多的抑制条件，没有认清该事实，就会导致错误的因果结论。比如，某人现在可能后背疼，但疼得不那么厉害，就也没想办法解决，但当发展成强烈的剧痛时，他选择尝试其他治疗方案，比如，在后背贴上一片苗老爹膏药，然后果然不那么疼了，于是，他就得出结论，那片苗老爹膏药发挥作用了。但这可能只是倒退的结果，作为自然循环的组成部分，疼痛达到峰值之后，一般就会减轻，由此推出膏药有效，就忽略了另一种相关的可替解释。

3．惊人巧合谬误

最后一种谬误是惊人的巧合。我们看一个关于惊人巧合的故事。

1975 年，有位男子在百慕大骑助动车时被一辆出租车撞死了。一年后，他的弟弟在骑同一辆助动车时同样被出租车撞死。事实上，他是被同一个出租车司机撞死的，而且载的是同一名乘客！

关于此类巧合，还有许多故事，有些还相当诡异，人们难免好奇它们是否内藏玄机。这是正常反应，因为人类自然会寻找模式与解释，但是，我们不应当忽略这些事情的发生，也许只是一个概率事件。不然的话，我们也许就会去接受某一种难以置信的理论。

下图是一幅圣经密码图。根据圣经密码的说法，在《圣经》中包含了世界上重大事件的隐藏信息，甚至能够预知未来。为了解码这些信息，需要省去空格以及标点符号，用数组排列希伯来圣经文本的字母，从文本某个位置开始，向前或者向后选择第 N 个字母，然后，你就能找到对应的名人的名字，如美国前总统比尔·克林顿(Bill Clinton，1946—)、阿道夫·希特勒(Adolf Hitler，1889—1945 年)等。可问题在于，在给出大量字母的情况下，这些字母的某些随机组合，能够得到有意义的词语甚至语句，这并不奇怪。事实已经表明，用列夫·托尔斯泰(Лев Николаевич Толстой，1828—1910 年)的小说《战争与和平》以及梅尔维尔(Herman Melville，1819—1891 年)的小说《白鲸》，同样能够做到这一点。

"圣经密码"的说法是指在圣经中包括了涉及重大世界事件的隐藏信息与预知未来的想法。

关于惊人的巧合，利特尔伍德(John Edensor Littlewood，1885—1977年)提出了一个有趣的定律，被称为"利特尔伍德定律"，或者"利特尔伍德法则"。这个定律或者这个法则是什么意思呢？根据利特尔伍德法则，奇迹的发生司空见惯，大约每个月就有一次。利特尔伍德的论证从将奇迹定义为意外事件开始，这种意外事件概率极低，低到百万分之一。但假如一个人每天有8小时醒着，每周7天，每秒钟经历大约1个事件(比如观看电视上的画面或收听音频节目)，这个人在35天内就会经历100万个事件，因此，这个人遇到奇迹的概率就是大约每个月1次！当然，你们也许会声明，奇迹必须是某个有意义的事件，或者是更低概率的事件。但无论怎样，利特尔伍德想要表明的是，在给定许多随机事件的情形下，那些看似神奇的事件肯定会发生。即便很难相信它们，或者相信它们令人扫兴，但这就是统计事实。

主编结语

我们常常被广告商精心设计的令人误解的统计图和统计数字所欺骗，我们自己也常常会犯赌徒谬误或者倒退谬误。更重要的是，我们通常都认为，巧合发生的概率是相当低的，但是学了本章的内容之后，我相信大家的看法应该有很大的不同了吧。

线上作业

一、单项选择题(本题共有18个小题，每个小题都有4个备选答案，但只有一个是最佳答案，请挑选出最佳的答案。)

1. 下列统计图中，不具有欺骗性的是(　　　)。

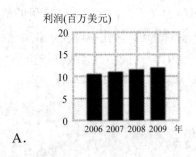

A.

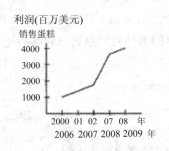

B.

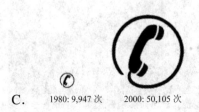

C.　　1980: 9,947 次　　2000: 50,105 次

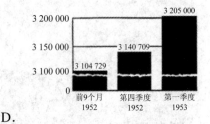

D.

2．关于评估调查与抽样研究，我们首先需要问的问题是(　　)。

    A．准确地说明该发现是什么？　　　B．样本有多大？

    C．是如何选取样本的？　　　　　　D．是用什么方法研究样本的？

3．关于评估调查与抽样研究，我们需要问的第二个问题是(　　)。

    A．准确地说该发现是什么？　　　　B．样本有多大？

    C．是如何选取样本的？　　　　　　D．是用什么方法研究样本的？

4．关于评估调查与抽样研究，我们需要问的第三个问题是(　　)。

    A．准确地说该发现是什么？　　　　B．样本有多大？

    C．是如何选取样本的？　　　　　　D．是用什么方法研究样本的？

5．关于评估调查与抽样研究，我们需要问的最后一个问题是(　　)。

    A．准确地说该发现是什么？　　　　B．样本有多大？

    C．是如何选取样本的？　　　　　　D．是用什么方法研究样本的？

6．关于评估调查与抽样研究，我们需要问(　　)个问题。

    A．5　　　　　　B．4　　　　　　C．3　　　　　　D．2

7．假如某位老师随机选取一些学生，问他们是否有过考试作弊行为，既然学生不可能向老师承认作弊，那么这项研究就会低估作弊的程度。这种影响属于(　　)。

    A．社会性压力　　　　　　　　　　B．诱导性问题

    C．观察者的影响　　　　　　　　　D．调查者的背景

8．"你不想把维生素 E 给你的小孩，以改善他们的健康吗？"推销员在此使用的偏差策略是(　　)。

    A．社会性压力　　　　　　　　　　B．诱导性问题

    C．观察者的影响　　　　　　　　　D．调查者的背景

9．"当动物意识到正在被观察时，它们也会改变自己的行为"。这种偏差情况属于(　　)。

    A．社会性压力　　　　　　　　　　B．诱导性问题

    C．观察者的影响　　　　　　　　　D．调查者的背景

10．假如某项针对即将进行的选举的民意测验显示说："64%的人都支持马克龙，其误差为3%"。既然没有提及置信区间，我们就假定与此相关的置信区间为95%。那么，在正确使用同样方式做出的95%民意测验中，真正支持马克龙龙的结果应当是(　　)。

    A．61%~67%　　　　B．95%　　　　C．64%　　　　D．67%

11．与概率推理有关的主要谬误有三个：一是(　　)；二是倒退谬误；三是惊人巧合谬误。

    A．赌徒谬误　　　　　　　　　　　B．不当预设谬误

    C．轻率概括　　　　　　　　　　　D．推不出谬误

12．与概率推理有关的主要谬误有三个：一是赌徒谬误；二是(　　)；三是惊人巧合谬误。

A. 倒退谬误　　　　　　　　　B. 复杂问语谬误

C. 人身攻击谬误　　　　　　　D. 转移论题谬误

13. 与概率推理有关的主要谬误有三个：一是赌徒谬误；二是倒退谬误；三是(　　)。

A. 惊人巧合谬误　　　　　　　B. 合成谬误

C. 分解谬误　　　　　　　　　D. 循环谬误

14. 不考虑到事情如何起伏波动，通常是某个平均状况下的波动，从而得出了一个错误的因果结论的谬误，这被称为(　　)谬误。

A. 倒退谬误　　　　　　　　　B. 赌徒谬误

C. 惊人巧合谬误　　　　　　　D. 轻率概括谬误

15. 本期彩票中奖号码是 2，4，18，27，29 和 36，因此，下一期中奖号码出现这组数字的概率极低。这里所犯的谬误是(　　)。

A. 倒退谬误　　　　　　　　　B. 赌徒谬误

C. 惊人巧合谬误　　　　　　　D. 轻率概括谬误

16. 根据圣经密码，《圣经》中包含了世界上重大事件的隐藏信息，而且能够预知未来的想法，比如，你能找到对应的名人的名字如前美国总统比尔·克林顿(Bill Clinton，1946—)、阿道夫·希特勒(Adolf Hitler，1889—1945 年)等。这里所犯的谬误是(　　)。

A. 倒退谬误　　　　　　　　　B. 赌徒谬误

C. 惊人巧合谬误　　　　　　　D. 轻率概括谬误

17. 关于惊人巧合谬误，有一个重要人物需要提及，因为以他的名字命名了一条法则，这个人是(　　)。

A. 利特尔伍德　　　　　　　　B. 马弗里克

C. 弗朗西斯·培根　　　　　　D. 约瑟夫·巴特勒

18. "概率是我们生活的真正指南"这句话源自(　　)。

A. 利特尔伍德　　　　　　　　B. 马弗里克

C. 弗朗西斯·培根　　　　　　D. 约瑟夫·巴特勒

二、多项选择题(本题共有 12 个小题，每个小题都有 5 个备选答案，其中至少有 2 个正确答案，请挑选出正确答案，多选、少选、错选均不得分。)

1. 影响评估调查和抽样研究结果的偏差因素包括(　　)。

A. 社会性压力　　　B. 诱导性问题　　　　C. 观察者的影响

D. 受调查者的社会背景　　E. 受调查者的社会阅历

2. 影响评估调查和抽样研究的主要结论，我们需要关注的问题有(　　)。

A. 其重要意义何在？　　　　　B. 其最重要的发现是什么？

C. 如何正确地去表达这一发现？　　　D. 如何去定义其中的关键词？

E. 结论有无误差？

3. 关于评估调查与抽样研究，我们需要问的问题有(　　)。

A. 准确地说该发现是什么？　　　B. 样本有多大？

C．是如何选取样本的?　　　　　　　D．是用什么方法研究样本的?

E．误差可以有多大?

4．误差很重要的理由是，因为(　　　)。

A．要是不知道误差，我们就不知道应该在多大程度上信任这个结论

B．要是样本小，误差可能就意味着在真正的结果与调查结果会有很大的不同

C．在解释随后进行的重复研究所呈现的统计结果变化时，特别是在民意调查中，误差特别重要

D．如何选取样本，会大大影响结论的可靠性

E．如果使用有偏差的方法来研究样本，即便样本具有代表性，其统计结果也不可靠

5．关于赌徒谬误，下列说法正确的有(　　　)。

A．赌徒谬误是一种错误思维的观念

B．赌徒谬误的一个非常危险的表现就是热手谬误

C．某事件发生概率的增加与减少并不取决于其最近出现的模式

D．赌徒谬误是一种正确思维的观念

E．下一轮赢的概率与其过去的记录相互关联

6．下列属于相对量的有(　　　)。

A．中国女博士的人数　　　　　　　　B．中国男女博士的比例

C．新特效药能把患肝癌的风险降低 50%　　D．新特效药把患肝癌风险降低了 1%

E．中国每 1 万人中大学生的人数

7．下列属于绝对量的有(　　　)。

A．中国女博士的人数　　　　　　　　B．中国男女博士的比例

C．新特效药能把患肝癌的风险降低 50%　　D．新特效药把患肝癌风险降低了 1%

E．中国每 1 万人中大学生的人数

8．下列说法中，犯有赌徒谬误的有(　　　)。

A．某赌徒在玩老虎机时连续赌赢了几把，因此，认为下一把输的概率很大

B．某赌徒在玩老虎机时连续赌赢了几把，因此，认为下一把赢的概率很大

C．某赌徒在玩老虎机时连续赌输了几把，因此，认为下一把赢的概率很大

D．某赌徒在玩老虎机时连续赌输了几把，因此，认为下一把输的概率很大

E．某赌徒在玩老虎机时连续赌输了几把，但认为下一把输赢的概率与前几把的输赢无关

9．下列说法犯有赌徒谬误的有(　　　)。

A．某人抛一枚硬币，连续 10 次都是正面朝上，因此，认为下一次正面朝向上的可能性极大

B．某人抛一枚硬币，连续 10 次都是正面朝上，因此，认为下一次反面朝向上的可能性极大

C. 某人抛一枚硬币，连续 10 次都是反面朝上，因此，认为下一次正面朝向上的可能性极大

D. 某人抛一枚硬币，连续 10 次都是反面朝上，因此，认为下一次反面朝向上的可能性极大

E. 某人抛一枚硬币，连续 10 次都是正面朝上，因此，认为下一次哪面朝向上与前 10 次无关

10. 根据利特尔伍德法则，下列说法正确的有(　　)。

A. 事实上奇迹的发生是司空见惯的

B. 意外事件概率极低，低到百万分之一

C. 在给定许多随机事件情形下，那些看似神奇的事件肯定会发生

D. 一般来说，普通人遇到奇迹的概率是大约每月 1 次

E. 我们每秒钟经历大约 1 个意外事件

11. 下列统计图中，具有欺骗性的有(　　)。

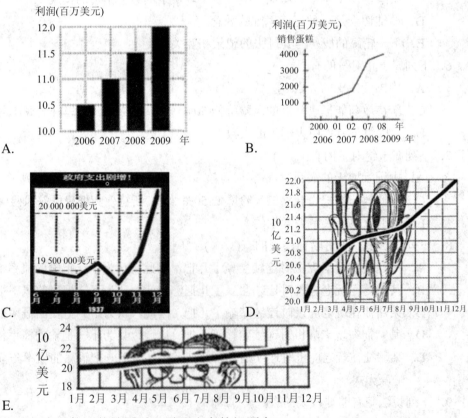

12. 当我们审视柱形统计图时，需要注意的问题有(　　)。

A. 图表中的横轴与纵轴是否从零开始

B. 检查它的刻度有没有等分刻度

C. 差别是否取决于面积而不是高度

D．图表中的横轴与纵轴是否从某个数值开始

E．差别是否取决于高度而不是面积

三、判断题(本题共有 11 个小题，请在对的后面画"√"，错的后面画"×"。)

1．绝对量是指具体条目的实际数字。(　　)

2．绝对量是指两个数量之间比较的数字。(　　)

3．为观察某种新特效药能否降低罹患肝癌的风险，实验组织了两组被试：每组 100 人，健康状况均正常并相似。第一组服用该特效药，10 年以后，100 人中有 1 人患了肝癌；另一组只服用安慰剂，10 年以后有两人患了肝癌。那么，下列两个描述中，第一个是正确的，第二个是错误的：(1) 新特效药能把患肝癌的风险降低 50%；(2) 新特效药把患肝癌风险降低了 1%。(　　)

4．赌徒谬误的一个非常危险的表现就是惊人的巧合谬误。(　　)

5．"在轮盘游戏中，赌徒往往认定其中的红黑两色会交替出现，如果之前红色出现过多，下次更可能出现黑色。"这位赌徒所犯的谬误叫"热手效应"。(　　)

6．根据利特尔伍德法则，下列事件是极其诡异的："1975 年，有位男子在百慕大骑着助动车时被一辆出租车撞死了。一年后，他弟弟在骑同一辆助动车时同样被出租车撞死。事实上，他是被同一个出租车司机撞死的，而且载的是同一名乘客！"(　　)

7．根据利特尔伍德法则，下列事件是很正常的："俄国彼得大帝与中国康熙皇帝几乎同时继位，相继去世(康熙死于 1722 年，彼得死于 1725 年)。"(　　)

8．根据利特尔伍德法则，下列事件是非常奇怪的："公元前 3000 年左右，埃及金字塔王朝建立，恰与司马迁著《史记》中记载的中国炎帝、黄帝产生在同一时间。"(　　)

9．根据利特尔伍德法则，下列事件很正常："西方伟大的历史巨著《荷马史诗》产生于公元前 9～8 世纪，与中国伟大的诗歌典籍《诗经》产生时代恰好相同。"(　　)

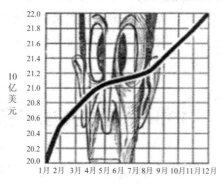

10．本统计图具有欺骗性。(　　)

11．本统计图不具有欺骗性。　1980: 9,947 次　　2000: 50,105 次　　(　　)

第 18 章　价值判断考量

主编导语

　　马克思曾经说过，人的本质是一切社会关系的总和。既然如此，身处社会关系网中的每一个人在行事时都必须进行价值考量。我们需要考量哪些行为是应当的，哪些行为是不应当的。自然科学研究如此，社会科学研究更应如此。那么价值的种类有哪些呢？价值与道德的关系何在呢？

讲授内容

　　在前面的几章里，大家已经学习了批创思维中一些重要的概念，以及如何进行批创性思考。从本章开始，我们将考量批创思维中其他很重要的因素。这些因素决定了我们日常行为以及有助于我们作出决策，它就是价值考量。在本章中，我们将会涉及以下内容：

　　首先是日常生活中的价值类型。我们会学习价值类型里对于我们进行决策最为重要的道德价值、道德价值的特点以及道德价值与有神论之间的关系。接下来，我们会介绍一些当代比较流行的道德观。比如道德相对主义、道德普遍主义以及道德语境主义。之后我们将会介绍道德论证、在道德讨论之中需要避免的一些雷区，以及可以采取的一些论证类型。

18.1　价值种类与道德规范

　　著名哲学家维特根斯坦曾经讲过："如果哲学只是让我们对逻辑等学科，这些艰深的问题巧舌如簧，但是对思考日常生活的重要问题却毫无助益，那么研究哲学还有什么意义呢？"对于批创思维学习来说也是如此。学习批创思维的最重要的一个目的就是帮助我们去思考日常生活之中的重要问题。例如，本章讨论的价值，对我们思考日常生活中的重要问题就是非常重要的。什么是价值呢？价值就是我们评价行为或者一个人或者某种形式的标准或者典范。影响价值形成的因素有很多，包括：一个人的个性、经验以及其所处的这个社会中的社会文化。

我们一般认为，价值可以分为三个种类：

(1) 个人价值。 个人价值指的是影响个人对事物评价或者生活决策的价值。

(2) 审美价值。 审美价值，是对艺术或者文学进行评价的一种价值，它能帮助我们判断什么是美。但是，因为审美价值与生活决策关系不是很大。所以不是我们这一章主要讨论的内容。

(3) 道德价值。 道德价值是本章讨论的主要内容。所谓道德价值，指的是对每个人都普遍适用的客观道德标准。道德价值和个人价值有非常重要的关系，因为我们的个人价值往往需要和道德价值保持一致，这样个人才能够实现社会价值。

在讨论道德价值的时候，要注意它的一些特点。道德价值，首先是规范性的。什么是规范性呢？规范性是一种主张，是关于我们应当为或者不应当为什么行为的一种主张，或者是我们关于一个事物是好还是坏的判断。在讨论道德价值的时候，我们往往会用道德陈述去陈述这些道德价值。从概念上来说，道德陈述是相对于事实陈述的概念。当我们在做事实陈述和道德陈述的时候，一定要注意进行区分。

区分二者的时候主要考虑两个问题：

第一，某事是否在"事实上为真"与其"在道德上应当或不应当，是好是坏"，两者在逻辑上是完全没有关系的，前者是一个事实判断，后者则是一种道德评价。

第二，从纯描述性前提(也就是从一种事实陈述)推出规范性结论的论证。这是我们在生活中经常犯的一种错误，需要特别小心避免。

对于第一个问题，我们比较容易理解。一件事情，它在事实上为真，比如，历史上曾经出现过大灾害时代，这在事实上为真，但是它跟道德没有关系。我们不能够因此去判断这一个大灾害时代到底是好还是坏。

第二点是我们在日常论证里要特别小心的，也就是论证不能从纯描述性的前提(即事实陈述)推出规范性的结论。我们通过几个例子来了解：

① 自私没什么不对，因为人人都自私。

② 女人就应当待在家里照顾小孩，因为我们传统如此。

③ 吃肉是对的，因为我们比其他动物的智商都要高。

④ 政府不应当提供社会救助，因为优胜劣汰是自然法则。

首先来看第一个例子。"自私没有什么不对，因为每个人都自私。"这个论证的前提是"每个人都自私"，这个前提是一个事实陈述。而"自私没有什么不对"却是一个规范性陈述，实际上蕴涵了一个价值陈述。也就是说，它隐含了一层意思，就是如果每个人都这么做，那么这样做就是对的。我们要把这句话里隐含的这种价值主张明示出来，只有这样，我们才能够去判断这一主张到底是对的还是错的。

第二个例子说，"女人就应当待在家里照顾小孩，因为我们传统如此。"这个论证同样也隐含了一个价值主张，就是所有的社会传统都是应当被遵循的。只有加进了这一价值前提，才能够推出女人就应当待在家里照顾小孩的这种结论。当然也是要把这个价值主张明示出来之后，我们才能够去判断这一论证是不是可接受的。

　　第三个例子是，"吃肉是对的，因为我们比其他动物的智能都要高。"这个例子里面蕴含的价值主张是什么呢？它的价值主张隐藏在论证中，"如果一个主体 X 比另外一个主体 Y 的智能要高，那么智能较高的主体 X 吃掉 Y 就是正确的。"大家可以讨论一下，这样的论证可不可以接受呢？

　　第四个例子是，"政府不应当提供社会救助，因为优胜劣汰是自然定律。"大家也可以思考一下，这里又隐藏着什么样的道德主张？实际上隐藏的是，"在动物群体里面适用的所有自然规则，比如说优胜劣汰，也同样适用于人类社会。"这样的主张你可以接受吗？

　　接下来，我们要讨论道德和神性之间的问题。道德和神性之间到底有什么关系呢？从传统上来讲，有一种道德价值观叫作道德神谕论。道德神谕论为许多有神论者所接受。他们认为神是道德的基础，离开了神道德就无从谈起。到了现代，道德神谕论渐渐地退出主流视野。原因是什么呢？因为我们都会进行一个哲学思考，就是如果神谕是不对的，或者说是不道德的，那么这个时候，是不是还是要执行所有的神谕呢？如果我们有一个先行的判断认为这个神谕是不对的，那是不是意味着在神之外还有其他决定什么是道德的因素呢？对于无神论者来说，我们要从更普遍的意义去讨论价值和神性之间的关系。实际上，我们可以把神替代成为权威，这时我们要讨论的最终问题是什么？就是权威是不是道德的基础。换言之，只要是他在社会中处于较高的社会地位，或者占有较多的社会资源，或者拥有较多的知识，那么这种人是不是就能够成为我们的道德基础呢？这也是批创思维里要考虑的一个重要问题。

18.2　道德相对主义

　　除了道德神谕论之外，现代社会还有比较流行的一种道德价值观，就是道德相对主义。**道德相对主义的主要观点是：道德判断并不存在客观的真或者假，一个行为的对错和特定的社会环境、评价者本身以及这个社会的文化传统是相关的**。道德相对主义的支持者认为，道德相对主义体现了一种对他人思想的容忍和开放的态度。他们也认为，道德信仰应该因应文化和时代的变迁而有所不同。同时他们还认为，用于处理道德分歧的科学方法是不存在的。正是因为这种科学方法不存在，所以处理道德分歧，应该是相对的，不是客观的。

　　当然，对于这种观点，我们仍然要进行批判思考。比如说，道德相对主义体现了对他人思想的容忍和开放的态度，这是真的吗？实际上我们讨论的就是，这种"思想的容忍和开放"，对于我们认为可以接受的观点和那些我们觉得不可以接受的观点是同等的。比如说，我们很多人认为非暴力不合作是一种可以接受的观点，但是道德相对主义者对"以暴制暴"这种观点同样也持容忍和开放的态度。这时，我们就觉得这样的观点很难以接受了。对于道德相对主义还存在这样的批判性反思。比如说，如果道德相对主义为真，那么"我们应当尊重他人"的这一命题，也应当是相对的，否则道德相对主义就为假，这时就出现了悖论。

在介绍完道德相对主义之后，我们还要介绍两种在现代影响较大的道德价值观：道德普遍主义和道德语境主义。道德相对主义认为，行为 X 的对错，在任何情况之下，都是相对的，那么，道德语境主义的主张是什么呢？道德语境主义认为，行为 X 的对错和个体的处境有关系。道德普遍主义则认为，行为 X 的对错无关处境或者可能的后果。像大家熟知的哲学家康德，他在说谎这个问题上所持的就是道德普遍主义观点。他认为在任何情况之下说谎都是不对的。

我们举个具体的例子，方便大家去理解道德普遍主义、道德相对主义和道德语境主义。比如说在一个案件中，受害人因为被强奸而受孕，这个时候她选择堕胎是对的还是错的呢？三种不同的道德价值观的观点是这样的：道德相对主义认为，受害人堕胎的对错是相对的；道德语境主义认为，在强奸的这个语境之下，受害人堕胎是对的；道德普遍主义认为，不论在何种情况之下，即使受害人是因为被强奸而受孕，堕胎仍然是错的。

18.3　道德讨论中的雷区

在了解了当代比较流行的道德价值观之后，我们将要进一步讨论道德讨论和道德论证之中存在的问题。首先我们来看一下，道德讨论之中的一些雷区。

(1) 在进行道德讨论的时候，一定要避免言语侮辱或者点名批评。 在网络上讨论的时候，大家可能经常会遇到这种情况。由于在讨论中出现了点名批评或者对个人的言语侮辱，而导致对一个问题的讨论没有办法再理性地进行下去。为了避免出现这种情况，一定要注意，在道德讨论的时候，要多提建设性方案，而不要去针对对方进行言语侮辱或者点名批评。

(2) 要避免教条主义。 很多时候，有一些我们自己接受为真的这些教条，实际上对于其他人来说可能不一定为真。因此，在进行道德讨论的时候，一定要注意，要尽量诉诸讨论双边的共识或者常识。

(3) 要注意区分志趣不同与道德分歧。 很多时候，我们会把喜欢或者不喜欢跟道德分歧相等同。但实际上，有的时候反感并不代表道德错误。比如说，我们会觉得别人用手去抓饭不卫生，或者这件事会让我们觉得很不高兴，但是用手去抓饭实际上不是道德错误。

(4) 一定要注意避免在道德讨论里出现事实性的错误。 因为出现事实性错误会导致我们道德讨论里所得出的结论不可接受，因此，我们一定要反复地去验证我们在道德讨论里所引用的事实或者假说的客观性。比如说，反同性恋者经常会提出这样的主张：如果孩子在同性恋家庭里长大，他(她)出现行为偏差的可能性就更高。但根据近现代的社会学研究，实际上在同性家庭里成长的孩子出现行为偏差的几率甚至要小于在异性家庭里成长的孩子。反同性恋者引用这种假说来论证他们的观点，实际上就是出现了事实性的错误。

(5) 要避免滑坡论证。 滑坡论证是指出现了一个不愿接受的结果之后，就臆测这种不好的结果会导致更加糟糕的结果。在道德讨论里，要关注的是那些真正不可避免的因果关系，而不能进行臆想性的推测。

(6) 要避免双重标准。 在日常生活中，我们要反对宽于律己严于律人，不能对自己很宽松但是对别人要求却很高。那么，怎样才能避免双重标准？就是对于自己的问题和别人的问题都要采取统一的标准。这个标准中还隐藏了一个更重要的意思，就是为他人着想。为他人着想，不是用我们自己的标准去要求别人，而是要站在别人的立场上，真正去考虑别人的问题。比如说我喜欢吃榴莲，但是有一个同学不喜欢吃榴莲，我觉得榴莲美味且营养丰富，就每天都拿给她吃。那对于这个同学来讲，这件事情就很难忍受，这实际上也是一种双重标准的体现。

18.4　道德论证的四种类型

道德论证可以采取四种论证类型：基于道德原则的论证；基于道德计算的论证；基于法律权利的论证；基于类比推理的论证。

1. 基于道德原则的论证

基于道德原则的论证一般有这样的固定形式，行为 X 具有特点 A、B、C，而实施具有特点 A、B、C 的行为是错误的，因此，行为 X 就是错误的。比如说，考试作弊行为是不公平且不诚实的，而实施不公平且不诚实的行为是错的，因此，考试作弊就是错的，这个论证就是基于道德原则的论证。

在进行道德原则的论证的时候，要注意以下评价原则：首先，论证的道德原则要是来自于更基础的广为接受的道德原则。大家一定要注意"广为接受"这个关键词，在这个论证里所涉及的道德原则不应当是一般的个人价值，而应当是"广为接受"的道德价值。其次，要注意论证中的这种道德原则和其他道德原则之间的一致性。如果论证者在前后论证中所采用的道德原则不一致，基于道德原则进行的论证就会被削弱。

2. 基于道德计算的论证

基于道德计算的论证经常会在日常的论证或者决策里面出现。常见的形式就是后果推理。后果推理就是以行为造成的后果好坏来判断行为本身的好坏。举例来说，适用加氯消毒法为自来水消毒会增加居民患癌的几率，但是如果不加氯消毒，就会增加居民因为罹患水传性疾病而死亡的几率，那么，在经过利弊权衡之后，我们论证应当适用加氯消毒法。

在基于道德计算论证的时候，也有一些需要注意的评价标准：第一，在进行道德计算的时候要尽量穷尽支持相反观点的理由。第二，这些理由是否合理以及与我们论证的内容是否相干。第三，双方行为的利弊分别是什么，而这些利弊的重要性如何进行位阶的排列。第四，这样的行为选择能不能够体现主体的价值以及道德原则。

3．基于法律权利的论证

在现代社会中，基于法律权利的论证非常重要，因为法治的基本根基就是法律权利。现代法治认为，人有很多生而有之的基本权利，比如生存权、自由权、发展权。在基于法律权利的论证里讨论的主要是两个问题：第一，权利是一种行为资格，就是我们做某件事情的资格的问题。第二，用这种权利去对抗他人行为的资格的问题。比如说，我有一幅毕加索的油画，我享有这幅油画的所有权，那么，我就有权把它收藏在自己的家里，而不是把它放在博物馆里供更多人观赏。虽然把这幅画放在博物馆里会产生更多的社会效应，但是因为我对这幅油画有所有权，所以我有权决定如何处分它。我将油画收藏在自己家里，这个行为看起来比较自私，但基于法律权利的论证认为这是无可指摘的。

基于法律权利论证的评价标准如下：第一，权利的限制。任何权利都是有边界的，不是绝对的。比如说你有自由言论的权利，但是你在行使自由言论的时候，不能够干扰到他人行使权利。第二，道德和法律权利是有区别的。现代社会，我们常会觉得讨论美德好像是一件很过时的事情，但实际上，美德对我们的日常行为有非常重要的指向作用。第三，不侵犯他人权利不等于合乎道德。有这样一句著名的法谚，法律是最低限度的道德。举个例子，我在路上看到一位老奶奶背着一个很重的包，但我选择不去帮助她，这完全不违法，是符合法律的。但是如果在这个环境里，除了我能给这位老奶奶提供帮助之外，其他人都没有办法给这位老奶奶提供帮助。那么我选择不去帮助她，其他人在进行行为评价的时候，就会感觉我品行不太好。也就是说，很多合乎法律的行为本身并不完全合乎道德。对这一点，大家一定要有充分的认识。

4．基于类比推理的论证

类比推理论证在第 21 章里会进行更详细的阐释，所以本章只介绍一些主要的基础概念。什么是基于类比推理的论证呢？类比推理的论证，就是将我们论证的行为和一些属性类似的行为进行类比，去证明论证的行为也具有该属性。比如说，非法下载和盗窃是一样的，所以非法下载是不对的。这里的类似行为是什么呢？就是非法下载，它是一种与盗窃财物类似的行为。盗窃财物的行为是不对的，所以非法下载也是不对的。进行类比推理时要注意的论证评价标准是什么呢？就是用于类比的两个对象是不是真的相似。

本章的内容就是如何去运用道德考量，然后将其应用到日常行为的决策和行为判断里。希望大家在课后也能够运用这种批判性思维方法去指导自己的决策和行为。

主编结语

有人说，"上帝是道德的基础，因此，如果不承认上帝，那么什么违法乱纪的事情都可以做了！"我才不信呢！不信你做做试试？道德是约束人们行为的一种规范，它依靠人们的自觉性来维系，但道德与个人行为有时会发生冲突，当冲突发生时我们应该如何应对呢？想想前面给大家讲的道德普遍主义、道德相对主义和道德语境主义，相信大家会有更明确的答案。

线上作业

一、单项选择题(本题共有 10 个小题，每个小题都有 4 个备选答案，但只有一个是最佳答案，请挑选出最佳的答案。)

1. 以下(　　)陈述是事实陈述。

    A. 玛丽出轨了　　　　　　　　　　B. 玛丽背叛了她的丈夫

    C. 玛丽用情不专　　　　　　　　　D. 玛丽和一个不是她丈夫的男人亲吻了

2. 以下(　　)陈述与"不是上课不睡觉就能学习好"逻辑等值。

    A. 上课睡觉，且学习好　　　　　　B. 上课不睡觉，且学习不好

    C. 上课睡觉，且学习不好　　　　　D. 上课不睡觉，且学习好

3. 以下(　　)陈述与"燃烧煤炭是造成雾霾的原因"逻辑等值。

    A. 燃烧煤炭是造成雾霾的主要原因　　　B. 燃烧煤炭是造成雾霾的唯一原因

    C. 燃烧煤炭不是造成雾霾的唯一原因　　D. 燃烧煤炭是造成雾霾的一个原因

4. 以下(　　)陈述是道德普遍主义的观点。

    A. 在面临危险时，我们可以适当说谎

    B. 只有在面临极度危险的时候，我们才可以说谎

    C. 不论我们面临什么样的危险，我们都不可以说谎

    D. 在一般情况下，我们不可以说谎

5. 以下(　　)陈述是道德普遍主义的观点。

    A. 在不影响本国公民权益的前提下，我们可以接纳战争难民

    B. 如果难民认同本国法律及价值观，我们可以接纳这些难民

    C. 我们必须保障人类的基本生存权，无条件接纳难民

    D. 我们将对难民情况进行综合评估，并决定是否接纳该难民

6. 以下(　　)陈述是事实陈述。

    A. 善有善报　　　B. 沉默是金　　　C. 吃亏是福　　　D. 早睡早起

7. 下面的(　　)是事实陈述。

    A. 花是红的　　　B. 她很善良　　　C. 打人是不对的　　　D. 你不应该说谎

8. 以下(　　)属于道德语境主义的观点。

    A. 如果某人被胁迫去杀人，那么某人杀人是可接受的

    B. 某人被胁迫去杀人的可接受性是相对的

    C. 即使某人被胁迫，但是杀人仍然是不可以接受的

    D. 某人被胁迫去杀人的正确性取决于其是否信仰特定宗教

9. 规范性主张是关于(　　)的主张。

    A. 什么是美　　　　　　　　　　B. 应不应当，好或坏

    C. 自然状态　　　　　　　　　　D. 人与社会问题

10．以下(　　)行为与"言论自由"这一价值是一致的。

　　A．焚书坑儒　　　　　B．罢黜百家　　　C．独尊儒术　　　D．百家争鸣

二、**多项选择题**(本题共有 10 个小题，每个小题都有 5 个备选答案，其中至少有 2 个正确答案，请挑选出正确答案，多选、少选、错选均不得分。)

1．以下(　　)属于应当在道德讨论时避免的话语。

　　A．你就是一个"键盘侠"　　　　　　　B．世界上不存在任何的神

　　C．广东人什么都吃，这实在太可怕了　　D．你一个文科生懂什么

　　E．如果你不赞成我的说法，那就摆事实来讨论

2．以下(　　)属于应当在道德讨论时避免的话语。

　　A．你就是个笨蛋！

　　B．如果你今天考试不及格，那么以后你干什么都不行

　　C．同性恋是一种精神疾病，所以应当加以治疗

　　D．玩游戏只会玩物丧志

　　E．易地而处，我可能也会做出和你一样的决定

3．以下(　　)论证是基于道德计算的论证

　　A．比起伤害别人，还不如说点小谎糊弄过去

　　B．你不能随意动别人的电脑，因为你还没问过它的主人

　　C．去旅游时要特别注意其他国家的习俗，因为入乡随俗是游客的基本素质

　　D．在紧急避险时，应当选择造成损害较小的方式进行避险

　　E．己所不欲勿施于人

4．以下(　　)是基于法律权利的论证。

　　A．我可以选择丢掉自己的电脑，因为这是我自己的财产

　　B．你不能偷看我的手机，因为这是我的隐私

　　C．你应该要给老太太让座，因为尊老爱幼是应当的

　　D．你不应当打你的小孩，因为打骂不利于小孩的成长

　　E．诚实是美德，因此我们不应当说谎

5．以下(　　)观点属于道德语境主义。

　　A．穷则独善其身，达则兼惠天下

　　B．男女授受不亲，礼也。嫂溺，援之以手，权也

　　C．杀人者死　　　　D．圣经说的都是对的　　　　E．己所不欲勿施于人

6．道德普遍主义和道德相对主义的区别不包括(　　)。

　　A．观点的对错是否取决于特定情势　　B．某个观点的对错是否客观存在

　　C．是否宽容对待他人的观点　　　　　D．是否体现价值多元性

　　E．道德的基础是否来自于神权

7．下面属于事实陈述的有(　　)。

　　A．食用狗肉是野蛮的行为　　　　　　B．狗的嗅觉和听觉灵敏

C. 狗自古以来就被驯化为人类伴侣

D. 近现代以来，狗逐步从役使工具变成情感伴侣

E. 狗是人类的朋友，吃狗肉和吃人没有区别

8. 下面属于事实陈述的有(　　)。

A. 我讨厌文身的人　　　　　　　B. 文身的人都不是好人

C. 我以前认识李四　　　　　　　D. 李四身上有很多文身

E. 后来李四进监狱了

9. 下面属于事实陈述的有(　　)。

A. 大学生不应当玩网游

B. 网络游戏分为角色扮演类、回合战略类等等种类

C. 大学生应当以学习为主

D. 玩网游是一种玩物丧志的行为

E. 有些网络游戏还需要投入金钱

10. 下列属于道德价值的有(　　)。

A. 诚实　　　B. 绘画美　　　　C. 重视家庭　　　D. 不盗窃　　　　E. 自由

三、判断题(本题共有 10 个小题，请在对的后面画"√"，错的后面画"×"。)

1. 对于无神论者来说，讨论道德神谕主义已经没有意义。(　　)

2. "你不应当购买名牌包包，因为非洲还有很多人衣不蔽体"，这是事实性陈述。(　　)

3. "任何情况下，都不可以堕胎"是道德普遍主义的观点。(　　)

4. "他不是个好人，因为他染发"是从描述性前提推出规范性结论。(　　)

5. "只许州官放火"体现了双重标准。(　　)

6. 基于道德计算的论证需要尽可能穷尽支持相反观点的理由。(　　)

7. "尽管核电存在一些潜在风险，但是它是现有最优的发电方式之一，因此我们应当发展核电"是基于法律权利的论证。(　　)

8. "你不能大声说话；因为这里是图书馆!"是基于道德计算的论证。(　　)

9. "随地吐痰是可以的，因为法律并没有禁止这一行为"，这是基于道德原则的论证。(　　)

10. "去旅游时应当入乡随俗"，这是基于道德原则的论证。(　　)

第 19 章 厘清各种谬误

主编导语

古希腊有一个专门教人打官司和公共演讲的阶层，叫智者。亚里士多德认为他们是在诡辩，并专门写了一篇论文《论智者的反驳》。我国习惯上把这篇论文翻译为《辨谬篇》。谬误问题总会影响到人们的决策，有时我们会在无意中放大谬误，但有时却是明知故犯。但不管哪一种情形，作为批创思考者首先必须知道何为谬误。

讲授内容

本章主要讲：谬误分类以及生活中常见的谬误。

19.1　谬 误 分 类

本章主要将会介绍以下知识点。首先是谬误的分类，并逐一详细讲解，比如说，不一致谬误、不当预设谬误、不相干谬误和不充分谬误，最后，将会针对论证里出现较多的一些谬误来进行介绍。

谬误这个词语在日常生活中用得不是很多。但是从谬误的这个"误"字，我们可以知道它实际上也是一种错误。谬误，指的是违反正确推理规则的错误。我们来看一个例子，有些猫是短尾的，有些猫是黑毛的，那么我们能否从这两个前提得出这样的结论，有些猫是短尾且黑毛的？这个论证中出现的问题是什么呢？是结论没有办法从前提中得出。在看这个论证的时候，我们的直觉感觉这个结论是可接受的，因为结论跟我们的经验相符合，日常生活中我们的确会见到一些短尾且黑毛的猫，但是这一结论却无法从论证中的两个前提"有些猫是短尾的"和"有些猫是黑毛的"推导出来，类似这种论证的错误，我们就把它称之为谬误。

根据香港中文大学李天命教授的观点，我们将对谬误进行一些具体的分类。但是实际上谬误的分类研究，不是我们现代才有，从古代开始，就有很多人对谬误进行研究了。比如说西方的亚里士多德和我国的荀子，在《辨谬篇》以及《荀子》里都对谬误进行了讨论。李天命教授将我们日常里面会遇到的一些谬误，分成了四大类型：第一类是不一致谬误，指的是包含不一致和自我否定前提的谬误；第二类是不当预设谬误，指的是包含不恰当的假设或者忽略了相关选择的谬误；第三类是不相干谬误，是在论证里诉诸了与结论不相干的信息的谬误；第四类是不充分谬误，是指支持结论的证据强度不足的谬误。要特别注意的是，这些谬误之间并不是截然地互相排斥的，在一个坏的论证里有时可能包含多个不同种类的谬误。四类不当谬误总结如下表：

谬误名称	特　征
不一致谬误	包含不一致或自我否定前提
不当预设谬误	包含不恰当的假设； 忽略相关选择
不相干谬误	诉诸结论不相干的信息
不充分谬误	支持结论的证据强度不足

1. 不一致谬误

不一致谬误中又分为两种：

第一种是矛盾。 什么是矛盾呢？矛盾指的是在主张里同时包括了关于同一事实的肯定陈述和否定陈述的这种错误。例如说"我们不能够认知任何事物，因为人类的知觉是不可靠的"，这句话就包含了一个矛盾，因为它既认为我们不能认知任何事物，又认为人类的知觉是不可靠的。如果这一论证的结论为真，那么起码我们会有一个可靠的直觉，就是"人类的直觉是不可靠的"这个结论(这一认知)应当是正确的，这个时候就出现了矛盾。**第二个就是自我否定。** 自我否定指的是陈述本身在逻辑上为真，但是做出陈述的行为使得陈述传达的信息为假。比如有一个人用英语对你说："I cannot speak any English"，我一点儿英语都不会说，但实际上当他说出这句话的时候，他已经至少会说一句英语了，就是"我不会说任何英语"这句话，这就是自我否定。自我否定跟矛盾有什么区别呢？矛盾往往是在句子本身语义上面出现了矛盾。而自我否定，在一个句子的语义上面还是没有问题的。I cannot speak any English，我不能够说任何英语的这个句子本身是没有问题的。问题出在他说了英语这个行为。行为所传达的信息使得他的语义信息为假了，这就是自我否定。

2. 不当预设谬误

不当预设谬误主要分为三种：

第一种是循环论证和乞题论证。 循环论证和乞题论证指的是，结论同时也作为前提出现的论证。很多时候循环论证就是乞题论证，但反之则不然。我们首先来看一个循环论证的例子：神是完美的，因为圣经就是这样说的，而圣经不可能是错的，所以，神是完美的。我们可以看到，在这个例子里，前提和结论在逻辑上是对等的，这同时也是一个乞题论证。但在一些方面，乞题论证和循环论证又是不一样的。有时候，乞题论证的前提和结论不一定完全对等，比如说婚姻就是一男一女的结合，所以同性婚姻是不可接受的。这个论证是一个乞题论证，却并不是一个循环论证，为什么呢？因为它的前提跟结论不是完全对等的。

在不可接受的婚姻里，如果从"一男一女"这一前提出发的话，那不可接受的婚姻还有可能包括人类和动物结合的婚姻，因此前提和结论在逻辑上并不完全对等。

第二种是虚假两难。虚假两难指的是缺乏充分理由支持，而排除其他可能的选项，仅对其中的某些选项进行考量的谬误。比如说这个例子，人性本善还是人性本恶呢？这个论证实际上就是一个虚假两难，因为它把人性，分成了纯然善和纯然恶的两个部分，但人性实际上有可能先天是善的，但是慢慢变成了恶，或者原来是恶的，随着生活的发展变成了善。或者在某一些事情上是本善，在另一些事情上是本恶的。这个论证就排除了一些其他的可能选项。

第三种是诱导性问题。诱导性问题经常会出现在法庭辩论里。什么是诱导性问题？它指的是包含了多个应当分别提问的问题。例如，在一个刑事案件的审判里，律师问被告人，"你杀人之后洗手了吗？"在这句话里实际上包含了一个不当预设，就是他先认定这个被告人杀人了，然后才问，"洗手了吗？"也就是说，这个问题包括了两个应该拆分的问题，"你有没有杀人？"以及"如果你杀人了，那你洗手了吗？"对这个问题拆分之后，才有可能对问题进行正确的回答。

3．不相干谬误

不相干谬误指的是，使用和结论不相干的信息作为前提的论证。不相干谬误分为以下三种：第一种叫作人身攻击谬误。比如说，我们很多的时候在日常生活里会见到一些人身攻击。人身攻击这种谬误指的是通过攻击论证者本身的背景或者品格，去攻击论证的结论。比如说，你之所以支持降低个人所得税，是因为你是一个贪婪的资本家。这个论证就是非常典型的人身攻击。因为论证者是不是一个资本家，和他支不支持降低个人所得税率是没有必然关系的。第二种叫作诉诸不相干信源。诉诸不相干信源里又有很多种谬误。比如说，诉诸传统、诉诸根源或者诉诸权威。举个例子，在 2010 年的时候，有一位麻省理工的教授声称纸质书将会在五年内消亡，因为他是麻省理工的教授，所以他说的话一定是真的。这个论证我们能接受吗？显然不能。因为 2015 年早就过去了，纸质书到现在也没有消亡。所以这个论证很明显不为真。这个诉诸权威就是错误的。第三种叫作不相干回应，或者叫转移话题。这种谬误主要是转移我们对焦点问题的关注。比如说有一个爬进狮笼的小男孩被人抓出来的时候解释说："可是我上次爬进去的时候，什么危险都没有发生。"但是上一次什么危险都没有发生，并不代表这一次他爬进去就是正确的，是否危险和行为是否正确之间没有关系。

4．不充分谬误

不充分谬误指的是前提提供的证据强度不足以支撑结论的谬误。不充分谬误分为三种：第一种是轻率概括，指的是从已知的有限个例中归纳整体情况的谬误。在日常生活中，很多人主张读书无用论。为什么呢？因为像比尔·盖茨他们都是中途辍学，但是比尔·盖茨依然生活得很好，还成为世界的首富。这就是轻率概括，因为比尔·盖茨只是中途辍学的人中很小很小的一部分个例，因此他并不能够概括整体的情况。第二种是选择性忽略。选择性忽略跟我们前面讲的假两难实际上是有交集的，即在前提里没有讨论全部可能性。第三种是论证形式的错误。论证形式上的谬误指的是论证形式本身是无效的。这种错误我们后面会更具体地阐述。第四种是不当类比。不当类比指的就是我们类比的对象不足够类似。

19.2 谬误一览

接下来，我们看一下日常生活里面常见的谬误。因为数量比较多，所以按照传统方法把它们分成了形式逻辑谬误和非形式逻辑谬误。

形式逻辑谬误里主要有两种：一种是肯定后件谬误，另外一种是否定前件谬误。

肯定后件谬误。我们看这个例子，如果他正在睡觉，那么他在家。现在我们已知他在家，所以我们得出结论，他在睡觉。这就是肯定后件的谬误。因为实际上"他在家"这个前提是没有办法推出"他在睡觉"这个结论的。

否定前件的谬误。否定前件谬误和肯定后件谬误，本质上很类似。比如我们看这个例子，如果神存在，那么地狱也存在。因为神不存在，所以地狱也不存在。实际上，由神不存在这个前提是没有办法推出地狱也不存在的结论的。

那么接下来我们来看一些常见的非形式逻辑谬误。但要注意的是，以下并不涵括全部的谬误种类，实际上还有更多的谬误类别。

(1) 诉诸无知。诉诸无知是什么呢？就是在现有的证据不能够证明某一种结论不存在(或存在)的时候，然后就因此得出这个事情就是存在(或不存在)的结论。举例来说，这个世界上没有人能够证明世界上没有鬼，所以鬼就是存在的。这就是典型的诉诸无知。因为没有人能证明世界上没有鬼，同样也没有人能证明世界上有鬼，所以你也不能得出鬼是否存在这样的结论。

(2) 诉诸同情。诉诸同情也叫作诉诸怜悯，就是通过激发论证对象的同情心、同理心，去达到自己论证的目的。比如说，我叔叔心脏病发不是因为和我争吵的原因，因为如果你这样说的话我会觉得很内疚。但是，"我觉得很内疚"的这种情绪跟"我叔叔心脏病发"是不是跟我争吵造成，是没有关系的。

(3) 诉诸公众。比如说，中世纪时地心说这一少数观点的遭遇。当时人们普遍认为太阳是围绕地球转动的，现在大家都知道是地球绕着太阳转动，这个论证肯定是错误的。

(4) 样本偏颇。样本偏颇指的是在进行论证时样本的选择不够公正。比如说，如果在反对同性恋的团体里进行调查，讨论是否支持同性恋的问题，那得出来的支持率肯定非常低。这就属于样本选择的偏差。

(5) 复杂问语。复合问题跟刚刚讲到的诱导性问题是一样的。比如说，你现在考试还作弊吗？这个问题里隐含了另外一个前提，就是你以前考试曾经作过弊。

(6) 合成谬误。合成谬误是将部分具有的特性归结到整体。举个例子，像巧克力、芝士和啤酒，三样东西的味道都很好，所以由这三者做出来的甜品味道肯定也很好。但事实上，巧克力、芝士跟啤酒混在一起，味道不一定会很好，这就属于合成谬误。

(7) 分解谬误。与合成谬误对应的是分解谬误。分解谬误是把整体的特性当成是部分也具有的特性。比如说一辆跑车的零件也能够跑得很快，这就是典型的分解谬误。跑车跑得快，但它的零件并不会跑。

(8) 含糊其辞。什么叫含糊其辞呢？含糊其辞就是利用语词本身的模糊性进行论证。比如说，人与人之间天然就存在差异，因此，人天然就应当被区别对待。这个论证中前后两个"天然"的语义被混淆了，实际上这两个"天然"是一样的意思。

(9) 词源谬误。词源谬误指的是从词语本来的根源去判断这个词语现在的意思，认为二者是同样的。比如说像"香港"，原意是指一个干净、充满香气的海港。但现在，"香港"作为城市名称跟"香气"没有什么关系。

(10) 赌徒谬误。赌徒谬误经常会出现在赌场。有些赌徒赌钱的时候，看到已经开了 14 盘大了，就认为到第 15 盘的时候一定会开小，这实际上就是一种赌徒谬误。因为每一盘开出来的大小的几率是独立的，后面开出来的几率并不受前面开出来的大小的几率的影响。

(11) 起源谬误。起源谬误指的是诉诸某个说法的来源。如果这个说法的来源本身是错误的，我们就认为它是错误的。比如说，优生学是纳粹分子提出来的，所以，优生学是错误的。这个论证就犯了起源谬误，现代生物学认为，优生学是非常可取的。

(12) 推不出谬误。推不出指的就是前提跟结论之间没有关系。比如说，有人说小甜甜布兰妮是一个伟大的歌手。为什么呢？因为我非常崇拜她。但是你崇不崇拜她跟她是不是一个伟大歌手之间完全没有关系。这个论证就犯了推不出的错误。

(13) 错为因果。错为因果就是把因果关系给颠倒了，或者误认为本来没有因果关系的事物之间具有因果关系。比如说约翰亲吻了一只青蛙，然后他的疣就好了。但约翰亲吻青蛙跟那个疣的消失本身并没有关系，这个就叫错为因果。

(14) 转移论题。转移论题是我们在论证里面经常会犯的错误。比如说我们在论证"吃肉是不健康的"这一命题的时候，有些人会主张说，吃动物本身很残忍，但是吃动物本身残不残忍，跟吃肉健不健康这两个论题是完全不同的论题。这个时候就犯了转移论题的谬误。

(15) 滑坡谬误。滑坡谬误指的是我们认为一个不好的情况出现了之后，会导致后面一系列的不良情况发生。比如说，我们不应该吃阿司匹林缓解我们的头痛，如果头痛你就要吃阿司匹林来缓解的话，那情绪低落的时候你就要吃抗抑郁药，最后你就会陷入对药物的无限依赖。实际上这种滑坡是不存在的。

(16) 稻草人谬误。稻草人谬误指的是什么呢？它指的是把一个比较难驳倒的论点转化为一个比较容易驳倒的论点。比如说安乐死的反对者提出，你们之所以支持安乐死，就是因为你们想要摆脱病弱老人。为了摆脱病弱老人而对其实施安乐死是错误的，但实际上安乐死的实施对象并不只有病弱老人。

(17) 错错得对。错错得对指的是什么意思呢？因为别人也是犯了这种错误，所以我认为我自己实施错误行为是对的。举例来说，因为其他人也污染环境，所以污染环境没有什么不对的。

(18) 一厢情愿。 一厢情愿的谬误指的是单纯因为我们个人的希望，就认为这样的结论是存在的。比如说天堂是存在的，因为我们希望天堂存在。

主编结语

有人把谬误分为形式谬误与非形式谬误。形式谬误是指那些违背形式逻辑有效性的谬误。非形式谬误与形式逻辑无关，而是人们在日常生活中非常容易犯的一种谬误，这部分内容属于非形式逻辑的内容。非形式逻辑的一项重要成果是，曾经被形式逻辑认为是谬误的论证，并不一定是谬误的。比如诉诸权威、诉诸个人、诉诸无知，有时却是一种合理的论证形式。最后提醒大家，这部分知识大家需要去拓展阅读一些非形式逻辑的教科书。

线上作业

一、单项选择题(本题共有 9 个小题，每个小题都有 4 个备选答案，但只有一个是最佳答案，请挑选出最佳的答案。)

1. "他无法证明自己没有杀人，因此他杀人了"这一论证存在(　　)谬误。
   - A. 诉诸权威
   - B. 诉诸无知
   - C. 诉诸公众
   - D. 推不出

2. "我相信他，因为他是一个可信的人"，这一论证存在(　　)谬误。
   - A. 人身攻击
   - B. 循环论证
   - C. 诉诸无知
   - D. 复杂问语

3. "我不能穿这双鞋子参加比赛，上次我穿这双鞋子的时候初赛就出局了"，这一论证存在(　　)谬误。
   - A. 诉诸威力
   - B. 起源谬误
   - C. 滑坡论证
   - D. 赌徒谬误

4. "龙生龙，凤生凤，老鼠的儿子会打洞"，这一论证存在(　　)谬误。
   - A. 诉诸公众
   - B. 诉诸威力
   - C. 合成谬误
   - D. 起源谬误

5. "我动手打她是对的，谁叫她先动手打的我？"这一论证存在(　　)谬误。
   - A. 转移论题
   - B. 错为因果
   - C. 滑坡论证
   - D. 错错得对

6. "长得漂亮的女孩子一般都不聪明，我以前认识一个女孩子就是这样的。"这一论证存在(　　)谬误。
   - A. 转移论题
   - B. 错为因果
   - C. 滑坡论证
   - D. 轻率概括

7. "不转不是中国人"这一论证存在(　　)谬误。

    A．转移论题　　　　　　　　　B．错为因果

    C．滑坡论证　　　　　　　　　D．虚假两难

8．"小时偷针，大时偷金"这一论证存在(　　)谬误。

    A．转移论题　　　　　　　　　B．错为因果

    C．滑坡论证　　　　　　　　　D．轻率概括

9．"你敢反对的话，我就打死你"这一论证存在(　　)谬误。

    A．诉诸权威　　　　　　　　　B．诉诸同情

    C．诉诸威力　　　　　　　　　D．人身攻击

　　二、**多项选择题**(本题共有 10 个小题，每小题都有 5 个备选答案，其中至少有 2 个正确答案，请挑选出正确的答案，多选、少选、错选均不得分。)

　　1．某对外营业游泳池更衣室的入口处贴着一张启事，称"凡穿拖鞋进入泳池者，罚款五至十元"。某顾客问："根据有关法规，罚款规定的制定和实施，必须由专门机构进行，你们怎么可以随便罚款呢？"工作人员回答："罚款本身不是目的。目的是通过罚款，来教育那些缺乏公德意识的人，保证泳池的卫生。"上述对话中工作人员所犯的逻辑错误，与以下(　　)选项中出现的不类似。

    A．管理员："每个进入泳池的同志必须带上泳帽，没有泳帽的到售票处购买。"某顾客："泳池中那两位同志怎么没戴泳帽？"管理员："那是本池的工作人员。"

    B．市民："专家同志，你们制定的市民文明公约共 15 条 60 款，内容太多，不易记忆，可否精简，以便直接起到警示的作用。"专家："这次市民文明公约，是在市政府的直接领导下，组织专家组，在广泛听取市民意见的基础上制定的，是领导、专家、群众三结合的产物。"

    C．甲："什么是战争？"乙："战争是两次和平之间的间歇。"甲："什么是和平？"乙："和平是两次战争之间的间歇。"

    D．甲："一样东西，如果你没有失去，就意味着你仍然拥有。是这样吗？"乙："是的。"甲："你并没有失去尾巴。是这样吗？"乙："是的。"甲："因此，你必须承认，你仍然有尾巴！"

    E．甲："人口统计发现一条规律：在新生婴儿中，男婴的出生率总是摆动于 22/43 这个数值，而不是 1/2。"乙："不对，许多资料都表明，多数国家和地区，例如日本、美国、德国以及我国的台湾都是女人比男人多。可见，认为男婴出生率总在 22/43 上下波动是不成立的。"

　　2．一对恋人有如下一段对话："我最亲爱的，你能发誓说我是你的第一个恋人吗？""当然是。这还用得着说吗？真怪，男人们为什么总要这么问我？"下列哪些选项不是姑娘答话中存在的逻辑错误？(　　)

    A．转移论题　　　　B．虚假两难　　　　C．错为因果

    D．自相矛盾　　　　E．诉诸怜悯

3. "人们在抱怨邮局准备增加 5 分钱邮资的同时指责邮政部门不称职和缺乏效率，但这只看到了问题的一个方面，很少有比读到一位朋友的私人来信更让人喜悦的体验了。从这个角度来看，邮资是如此之低，增加 5 分钱根本不值一提。"上述论证的推理是有缺陷的，因为(　　)。

　　A. 将邮资是否应当增加 5 分钱的讨论转移到收信是否喜悦的问题上

　　B. 声称准备增加的邮资是无关紧要的，但没说明增加到什么水平才值得严肃讨论

　　C. 把邮品的价值和邮送的价值混淆了

　　D. 诉诸外在的权威来支持一个需要通过论证才能得到确立的前提

　　E. 没有表明邮政局的批评者是否是邮政局的雇员

4. 以下哪些选项体现了自相矛盾的谬误(　　)。

　　A. 以子之矛攻子之盾　　　　　　　B. 溶解一切物质的溶液

　　C. 人之初性本善　　　　　　　　　D. 没有恶何来善

　　E. 群众的眼睛是雪亮的。

5. 虚假两难指在两个极端之间，不恰当地二者择一。以下哪个选项符合虚假两难(　　)。

　　A. 大家都说张三很爱你，所以他一定是很爱你的

　　B. 张三不是一个成年人，所以他一定是未成年人

　　C. 张三不是一个工作狂，所以他一定是一个懒汉

　　D. 张三是个黑皮肤的人，所以他一定不是黄种人

　　E. 张三考试没能拿 100 分，所以他一定是个笨蛋。

6. 下面哪些选项是诉诸无知？(　　)

　　A. 没人能证明鬼不存在，因此鬼是存在的

　　B. 公诉方不能证明被告人犯罪，因此被告人没有犯罪

　　C. 你是个笨蛋，所说的话根本没有价值

　　D. 你之所以这样说是因为你是个资本家

　　E. 他太可怜了，他说的话应该是真的吧

7. 以下哪些选项是诉诸怜悯？(　　)

　　A. 他上有老下有小，因此恳请法院予以轻判

　　B. 恳请你接受我的建议书，我个把月来天天通宵撰写，可谓是呕心沥血

　　C. 如果你不想被解雇，那么你就必须服从领导

　　D. 你再不闭嘴，我就揍你

　　E. 你杀人之后洗手了吗？

8. 以下哪些选项是不当诉诸权威？(　　)

　　A. 经济学家认为相对论是错误的

　　B. 罗老师认为"根据我多年教学经验，学生是没有资格评价老师的"

　　C. 有香车自然有美人，上次奔驰的董事长喝醉酒之后也是这样说的

D．曾经有人说过，每个人都是天生犯罪人

E．根据医生的鉴定报告，被告的伤情达到轻微伤

9．下面的谬误哪些属于形式谬误？（ ）

A．肯定后件 B．否定前件 C．虚假两难

D．模棱两可 E．复合问题

10．以下哪些选项属于滑坡论证？（ ）

A．小时偷针，大时偷金

B．小时了了，大未必佳

C．千里之堤毁于蚁穴

D．如果我们允许同性恋婚姻，那么我们以后就会允许人兽婚

E．你之所以同意税收改革，是因为你是个穷光蛋

三、判断题(本题共有 10 个小题，请在对的后面画"√"，错的后面画"×"。)

1．"所有的鸟都会飞。鸡不会飞，所以鸡不是鸟"，这一论证包含谬误。（ ）

2．"你现在还打你的妻子吗？"这是复合问题谬误。（ ）

3．"你之所以不同意单双号限行，是因为你有一台私家车"，这是人身攻击。（ ）

4．"他说的话不可信，因为他没读过几年书"，这是人身攻击。（ ）

5．"轮回是存在的，因为没有证据证明它是不存在的"，这是诉诸权威。（ ）

6．"群众的眼睛是雪亮的，我是一名群众，所以我的意见是正确的"，这是合成谬误。
（ ）

7．并非所有的诉诸权威都是无效的。（ ）

8．一个论证中只能有一个谬误。（ ）

9．"他不应该坐牢，因为他去盗窃都是为了治他太太的病"，这个论证是诉诸怜悯。
（ ）

10．"地狱是存在的，因为没有人能证明地狱是不存在的"，这句话是虚假两难。（ ）

第20章　当心认知偏差

主编导语

英国哲学家罗素(Bertrand Arthur William Russell，1872—1970 年)在《哲学问题》一书中说："当我们站在铁轨上向前看时，我们看到前方两条铁轨是交叉的，但事实上它们是平行的，这就是认知偏差所致。"人的认识能力总是有限的。认知偏差有记忆偏差、语境偏差、框架效应等，如何有效地避免认知偏差呢？下面我们开始学习第20章，认知偏差。本章的内容既贴近生活又十分有趣，相信同学们和我一样非常期待。

讲授内容

在正式学习之前，我们先来做一些热身练习。请同学们拿出纸和笔记录下你的答案，也可以让你的小伙伴们一起来回答这些问题。

(1) 你认为在中国，死于癌症和死于交通事故这两种情况，哪种更容易发生？

(2) 在你印象中，以 k 开头的英文单词和 k 是第三个字母的英文单词相比，哪一种的数量更多？

(3) 厄立特里亚是一个非洲国家，你认为它的人口是多于还是少于 5000 万？请你猜猜厄立特里亚有多少人口？

(4) 你会开车吗？如果你会，你的驾驶技术怎么样？高于还是低于平均水平？处于哪一段百分比呢？比如，你认为自己的驾驶技术比 60% 的司机更好吗？还是 40%？

(5) 你如何评价自己的批判性思维能力？你会将自己的定位在哪一段百分比水平上？你认为自己思考问题比其他人更理性、更积极吗？

请同学们记住这些问题的答案，我们将在之后的内容中进行分析。

20.1　常见的认知偏差

在上面的练习中的五个问题都与认知偏差有关。所谓认知偏差，是一种普遍存在于我们思维中，而且比较稳定的心理倾向。在极端的情况下，它可能形成一种偏见或者刻板印象，比如网上的"地域黑"就是这种极端的表现。认知偏差的存在不利于我们对事物进行客观判断，以及进行批判性思考。本章要介绍四类常见的认知偏差，同学们可以通过了解这些偏差的概念和表现方式来学习如何在日常生活中发现识别它们。然后我们将学习如何避免认知偏差影响日常判断和思维的具体方法。

20.1.1　记忆偏差

日常生活的第一类常见认知偏差是记忆偏差。更生动、更近期、更容易回忆的信息，可能使我们的推理产生偏差。

以[讲授内容]中的第一个热身问题为例。

你认为在中国，死于癌症和死于交通事故这两种情况，哪种情况更可能发生？

可能许多人认为，比起死于癌症，他们更可能死于交通事故。但事实恰恰相反，每年死于癌症的人数比死于交通事故的更多。之所以容易产生这样的误会，是因为我们频频在新闻中看到关于交通事故的报道，或者事发当场的录像，而且一般比较生动。虽然大部分报道的目的是为了警示人们珍惜生命，遵守交通规则，但却形成了一种交通事故频发的印象。相反，关于肺癌的报道就没有这么频繁。

又比如[讲授内容]中的第二个问题。

在你印象中，以 k 开头的英文单词和 k 是第三个字母的英文单词相比，哪一种的数量更多？

很多人可能认为，以 k 开头的英文单词里的三个字母是 k 的英文单词数量更多，但实际上也刚好相反。这也许是因为人们更容易想起那些以 k 开头的英文单词，却难以想起 k 是第三个字母的英文单词。

这些现象又称为"可及性偏差"。人们根据回忆的难易程度来估计事情发生的频率和可能性。越容易想起的事情，人们越觉得它可能发生，但实际上这不一定。

我们再举一些例子。

戏剧性的事情会更可能发生。

比如在海边遇到鲨鱼袭击，或者动物园的猛兽伤人。但实际上，与海边游客的流量或者参观动物园的人流量相比，这些事情发生的概率其实非常低。当然我们也不应该因为发生概率低，就不遵守相关的规章制度，从而使自己和他人陷于危险之中。

比起统计数据，人们更重视和相信第一手经验。

比如，即使现在大量研究表明，跑步运动有益于人们的身体健康，还是会有人因为隔壁的邻居或者朋友的朋友在跑步的时候不小心崴了脚，而坚信跑步很容易受伤。

在脑海中想象某件事情发生的结果，会让我们更倾向于认为它更可能发生。

美国有一项实验，研究人员让受试者想象某位候选人当选的画面，后来他们发现，这会使受试者更倾向于相信这位候选人真的能够当选，而且更倾向于把选票投给他。这也许可以解释为什么竞选团队会在媒体上积极地播放那些暗示自己的候选人取得选举胜利的原因。

公开目标反而会阻碍目标的实际实现。

另一个例子与目标达成有关。曾有一项心理学研究主张，人们在达成目标之前不要公开这个目标。比如你打算减肥，瘦成一道闪电，或者练出八块腹肌，在达成之前请不要与人分享你的目标。因为研究发现一旦你公开这些积极进取的人生目标，便会有朋友或他人恭维你或者点赞。这会让你在脑海中形成一种你已经达成目标的假相，反而抑制了你的实际行动，实际上你离目标还很远。这也是为什么常常嚷嚷着要减肥的人总无法减轻体重的原因之一。

人们不愿意相信那些令他们不愉快的事情发生。

比如，一些熊孩子干了一些不好的事儿，他们的父母不愿意承认，也不愿意面对现实。在西方国家，一些父母即使已经在孩子的房间里或书包里发现了大量的证据，比如针头、大麻等，也不愿意承认自己的孩子吸毒的事实。

20.1.2　语境偏差

语境偏差通常由我们做判断时的语境或者情境中的不相关因素引发。 这些不相关因素可能跟提问者的提问方式有关，也可能与某些特征有关。但这些特征与我们试图解决的问题并没有太多关联，正是这种提问方式和无关的特征阻碍了我们客观理性地思考。接下来我们介绍语境偏差的两种具体表现。

第一种是呈现效应，第二种是框架效应。

我们先来说说呈现效应。同学们还记得[讲授内容]中的第三题吗？

厄立特里亚是一个非洲国家。你认为它的人口是多于还是少于5000万？请你猜猜厄立特里亚可能有多少人口？

猜猜厄尔特里亚人口的数量是多少？现在我们来看看你和你的朋友的答案是否介于3000万到1亿呢，大部分猜测的数值，最可能落入这个区间，为什么呢？因为问题中"5000万"这个数字影响了人们的答案。它就像一个"船锚"，一旦固定在脑中，估计的数值就会容易围绕5000万上下浮动。假如我们把数字改为500万，可能同学们答案就会比现在的更小。

这是一个典型的**锚定偏差**的例子。当我们提问时，除了内容本身，提问方式也可能同时传递某些其他信息，即使这些信息与问题寻求答案并不怎么相关，它们也可能影响人们最终的判断。换句话说，我们可以通过改变提问方式来操控人们的推理结果。

美国麻省理工学院教授艾瑞力(Dan Ariely)做过这样一个现场试验。他在课堂上要求学生写下他们的社会保险号的最后两位数字(在美国，社保号相当于身份证号码)。然后，艾瑞力教授在课堂上进行了一次现场模拟拍卖会，让学生们模拟出价竞投商品。比如假装拍卖一套葡萄酒和巧克力，让在场所有学生出价竞拍。

艾瑞力教授发现，那些社保数字比较大的学生更倾向于在竞拍中出高价。简单地说，社保数字最后两位是 85 的学生往往比数字是 27 的学生，竞投的价格更高，而且投出高价的频率也更高。艾瑞力教授认为，学生对竞拍价格的估计，不自觉地受到之前写下的社保号数字的影响，但实际上这与葡萄酒和巧克力的价值没有关系。也就是说，学生的判断受到不相关因素的影响。这就是典型的语境偏差。

这种因为不相关因素而影响主体判断的现象在市场营销中十分常见，不少商家利用这种偏差影响消费者的选择。

某著名保险公司聘用了一名叫平安的歌手，担当产品的代言人。

显然，他们希望消费者能由歌手的名字"平安"，联想到他们的产品。当然，即使购买保险产品的消费者也是希望自己平平安安的，然而实际上，个人人身财产安全和某个明星的名字毫不相关。

又比如，人们常常认为，便宜没好货，好货价格高。

价格与顾客好感度的关联实验，研究人员将同一批次的葡萄酒分别贴上高、低两种不同价格的标签，分发给两组受试者品尝。

研究人员发现，高价标签组的受试者在品酒时，心情更愉悦，而且认为葡萄酒的口感更好，低价标签组的体验恰好相反。但实际上，两组受试者喝的是同一批次的葡萄酒，应当不会出现如此明显的体验差别。受试者的品酒感受，不是源自葡萄酒制胜品质的高低而是受到葡萄酒标签价格的影响。

语境偏差的另一种表现是"框架效应"。框架效应是一种因为问题的公式化表述影响人们决策的偏差。简单地说，就是问题本身设置和隐藏了某些可能引导人们选择的假设和暗示。

告诉病人进行手术会导致 10%的死亡率或存在 90%的成活率，哪种更容易令病人接受？

我们换位思考一下，假如你是这位病人，当医生告诉你手术会有 10%的死亡率时，你在多大程度上愿意接受这项手术？如果换一种说法，这项手术有 90%的存活率，你的接受程度又是多少呢？

研究发现，告诉人们手术有 90%的存活率比告诉他们手术有 10%的死亡率，病人接受手术的意愿更高。但实际上这两种描述表达的是一个意思，10%的死亡率就是 90%的存活率。我们来看一则曾国藩"屡败屡战"的典故。

相传曾国藩率领湘军与太平天国作战屡屡败北。之后，曾国藩欲上书朝廷汇报军情，言及屡战屡败。他的幕僚长李元度认为，如果这么写朝廷肯定会怪罪他们作战不力，但又不能谎报军情。于是，将"屡战屡败"改成"屡败屡战"，以显示湘军奋勇无畏的作战精神。后来皇帝果然不但没有责备曾国藩，还嘉奖了他。

如此看来，同样的事实用不同的描述，的确能影响听众的判断和选择。

20.1.3　证据误用

证据误用是因证据不足或是在判断中错误地使用信息或证据而产生的认知偏差，也可称为"证据不足而引起的偏差"。证据误用通常有两种表现：一种是确证偏差，另一种是信念持续效应。

确证偏差，一般表现为，人们倾向于将事物以符合他们既有信念的方式来理解和解释，并且忽略或无视反对证据的存在。在人们情绪化或非情绪化的情况中，确证偏差都可能无意识地发生。比如当和朋友吵架的时候，我们很容易只数落他的种种不是，而忘记了他之前的友善和仗义。又比如，即使在心平气和的情况下，让人们解释自己的信念，他们也更倾向于寻找那些支持现有信念的证据，而没有在寻找反对意见和反对证据上花足够多的时间。

信念持续效应。信念持续效应是指一种一旦相信某件事情，即使明确知道反对证据的存在，人们仍会坚持相信它的效应。最常见的表现之一便是明星死忠粉和黑粉之间无法跨越的执念。在死忠粉的信念里，这个明星的任何负面新闻，即使有充分的证据，比如假募捐等，要么拒绝接受这些信息，要么将其合理化；黑粉恰好相反，拒绝接受他们不喜欢的明星的一切正面新闻，即使看到也习惯于将其打上炒作或者虚假摆拍的标签。

20.1.4　自我偏差

我们介绍的最后一类认知偏差称为"自我偏差"。自我偏差关注自我感知以及如何看待自己与他人的关系，并企图以扭曲现实的方式来保护自我和自尊。

自我偏差的一种表现方式是"合理解释"。换句话说，人们为了维护自尊常常使用借口来合理化自身行为，特别是错误的行为。比如，一些在公共场所乱丢垃圾的人，反而对环卫工人出言不逊，说如果他们不丢垃圾，环卫工人就无事可做反而还会失业，他们乱丢垃圾才是对环卫工人最大的帮助。这是典型的用扭曲现实的方式为自己的错误行为找借口。显然这不仅是歪曲事实，在道德上也是知错不改的表现。

自我偏差还有一种表现方式称为"自负"或者称为"盲目乐观"，也称为"高于平均水平效应"。国外许多研究都表明高于平均水平效应是一种非常常见的自我偏差。同学们还记得[讲授内容]练习中的第四题和第五题吗？

你会开车吗？如果你会，你的驾驶技术怎么样？高于还是低于平均水平？处于哪一段百分比呢？比如，你认为自己的驾驶技术比60%的司机更好吗？还是40%？

你如何评价自己的批判性思维能力？你会将自己的定位在哪一段百分比水平上？你认为自己思考问题比其他人更理性、更积极吗？

我们让同学们评估自己的驾驶技术和批判性思维水平。当然驾驶技术这个概念可以宽泛一些，比如自行车、三轮车、平衡车都可以。现在同学们可以看看自己写下的答案，再和别的同学比较一下，看看大家对自己驾驶技术水平的评估主要集中在哪一段百分比上。研究表明，超过 50% 司机认为自己的驾驶技术比平均水平更高，这从数学上来说是不可能的，数学上这个数字应当等于或低于 50%。

也有研究表明，超过半数的大学生认为自己比普通人更有魅力也更受欢迎，这在数学上也是不可能的。还有一些其他的表现，比如学生经常低估期末考试的难度，所以在日常学习和课后复习时没有做出正确的判断，这也就是为什么我们常说"知识是一看就懂、一学就会、一考就错"。

自我偏差还有一种有趣的表现，就是关于权力对人们的影响。

有一项实验表明，权力会导致双重标准的道德虚伪。当人们拥有权力且认为他们有资格使用这项权力时，他们会更加苛刻地判断别人的道德过失，但当他们自己做同样的事情时，则会选择宽容自己。简单地说，这就是平常我们所说的"道德绑架"和"双重标准"，所以网络上的键盘侠未必能够做到他们口中要求别人的那些道德标准。

20.2　如何避免认知偏差

认知偏差是一种常见且稳定的心理倾向，人们会在无意识中受到它们的影响。避免认知偏差并不容易，接下来给大家介绍一些具体的避免认知偏差的方法。

1．提高你的警觉性

我们之前介绍了四种类型的认知偏差，数量虽然有限，但在生活中比较常见。了解和学习这些认知偏差的概念、表现以及发生的时机，能够为同学们识别和判断认知偏差有所帮助，如此一来就可以警示它们在我们的思考中判断时造成的负面影响。

2．更努力、更积极地思考

我们可以通过多视角的方法来避免框架效应。比如采用不同的提问方式，又比如假想别人会怎么回答你的问题。还可以主动地考虑反对证据和另辟蹊径的答案，积极考虑正、反双方意见，与不同意你意见的人交流，特别是当别人提出异议时，不要急着反驳或拒绝交流，先看看别人的观点是否也具有一定的合理性。另外，我们还应当尽可能地使用科学可靠的方法和数据。比如引述权威研究或实证调查的统计数据和信息。对待小道消息、所谓的内部消息、朋友的道听途说、未经科学证实或没有充分论证的信息，应当保持警惕态度。最后，为了避免仓促决定，还应当预先规划，预留够足够的时间来理解和解决你所面对的问题。比如期末考试请留好足够的复习时间。

3. 利用反馈和他人经验

我们可以记录自己决定时的理由，包括支持理由和反对理由，当计划完成后重新审视这些理由，以便了解自己成功和失败的原因，有过改之，无则加勉，我们可以利用这些反馈来改善自己日后的判断。另一方面，我们还可以向那些成功人士求教经验，学习他们在判断时会考虑怎样的因素，这会对自己非常有帮助。

4. 化敌为友

假如我们无法完全避免认知偏差对判断的影响，该怎么办呢？如果你不能打败它们，那么就与之联合起来，将其化为你的优势，洞悉别人的弱点。认知偏差在市场营销、管理、社会政治等许多方面都起着十分重要的作用和影响。商家、管理者、政客都会利用这些认知偏差来影响他们的顾客、员工、甚至选民的判断和选择。但认知偏差并不是一个十恶不赦的恶魔，完全可以好好将其加以利用。

到此为止，我们了解和学习了四个认知偏差。它们是记忆偏差、语境偏差、证据不足和自我偏差。还学习了如何避免认知偏差对我们的思维和判断造成负面影响的具体方法。希望通过本章的学习，能让同学们更好地识别和了解生活中各种各样的认知偏差，避免它们影响我们客观的思考和进行批判性思维。

主编结语

认知偏差并不可怕，可怕的是我们不承认认知偏差，不敢面对认知偏差。人有学习能力，但也有遗忘能力，在上面讲的这些认知偏差中，自我偏差是最可怕的，因为自我偏差的极端情形是自负与乐观偏差。这两种情形有时会让我们惨败，因此，避免认知偏差是我们每个人必须高度重视的问题。

线上作业

一、**单项选择题**(本题共有 10 个小题，各小题都有 4 个备选答案，但只有一个是最佳答案，请挑选出最佳的答案。)

1. 艾瑞力教授的拍卖实验主要体现的是(　　)。
   A. 语境偏差　　　　　　　　　　B. 记忆偏差
   C. 自我偏差　　　　　　　　　　D. 锚定效应
2. 我们可以通过(　　)来避免框架效应。
   A. 识别、发现偏差　　　　　　　B. 正、反面思考
   C. 利用、联合偏差　　　　　　　D. 回避偏差
3. "我是最棒的!"此类宣传性口号是(　　)的体现。
   A. 记忆偏差　　　　　　　　　　B. 语境偏差
   C. 自我偏差　　　　　　　　　　D. 证据误用

4．"情人眼里出西施"，是(　　)的体现。

    A．可及性偏差　　　　　　　　　　　B．信念持续效应偏差

    C．锚定偏差　　　　　　　　　　　　D．盲目乐观

5．锚定效应属于(　　)的子类型。

    A．框架效应　　B．自我偏差　　C．记忆偏差　　D．语境偏差

6．语境偏差包括(　　)。

    A．可及性偏差、确证偏差　　　　　　B．鲜活记忆偏差、锚定效应

    C．确证偏差、信念可持续效应　　　　D．框架效应、锚定效应

7．语境偏差通常由我们作判断时的语境或者情境中的(　　)引发。

    A．相关因素　　B．不相关因素　　C．真值　　D．假值

8．记忆偏差(　　)。

    A．只有正面效应。　　　　　　　　　B．只有负面效应。

    C．既有正面效应，也有负面效应　　　D．既没有正面效应，也没有负面效应

9．下列选项中，正确的是(　　)。

    A．认知偏差不常见　　　　　　　　　B．认知偏差对人们只有害处

    C．认知偏差可能影响人们判断　　　　D．认知偏差一定产生极端效应

10．(　　)的信息，可能使我们的推理产生偏差。

    A．更生动、更近期、更容易回忆　　　B．更常见、更鲜活、更深入人心

    C．更生动、更印象深刻、更常见　　　D．更容易回忆、更戏剧性、更少有

二、**多项选择题**(本题共有 10 个小题，每个小题都有 5 个备选答案，其中至少有 2 个正确答案，请挑选出正确答案，多选、少选、错选均不得分。)

1．下列选项中，正确的是(　　)。

    A．确证偏差只在情绪化的情况中发生

    B．信念持续效应指人们一旦相信某件事情，即使明确知道反对证据的存在，仍会坚持相信它

    C．生动的近期事件也可能是发生最频繁或具有代表性的例子

    D．人们绝对不可避免受到认知偏差的影响

    E．认知偏差只会给人们带来负面影响

2．自我偏差的表现有(　　)。

    A．盲目乐观　　　　B．高估自己　　　C．合理化自身行为

    D．越近期记忆越可能发生　　　　　　E．无论如何都坚持己见

3．避免认知偏差影响的方法包括(　　)。

    A．提高警觉性　　B．更努力、更积极的思考　　C．站在反对立场思考问题

    D．利用反馈和他人经验　　　E．化敌为友

4．"证据不足而引起的偏差"，即证据误用包括(　　)。

    A．确证偏差　　　　B．锚定效应　　　C．框架效应

　　　　D. 信念持续效应　　　E. 记忆偏差

　5. 语境偏差包括(　　)。
　　　　A. 记忆偏差　　　　　B. 呈现效应　　　　C. 框架效应
　　　　D. 自我偏差　　　　　E. 盲目乐观

　6. "地域黑"可以体现出(　　)。
　　　　A. 语境偏差　　　　　B. 记忆偏差　　　　C. 证据误用
　　　　D. 自我偏差　　　　　E. 高于评价水平效应

　7. 下列选项中,(　　)属于语境偏差。
　　　　A. 可及性偏差　　　　B. 锚定效应　　　　C. 高于平均水平效应
　　　　D. 框架效应　　　　　E. 盲目乐观

　8. 下列选项中,(　　)属于记忆偏差的例子。
　　　　A. 目标达成前不要透露　　　　B. 戏剧性事件更容易发生
　　　　C. 可及性偏差　　　　　　　　D. 越近期的回忆越认为会发生
　　　　E. 认为自己比其他人更受欢迎

　9. 以下属于记忆偏差的是(　　)。
　　　　A. 刻板印象　　　　　B. 我是最棒的　　　C. 戏剧性事件更可能发生
　　　　D. 父母说的话都对　　E. 锚定效应

　10. 常见的认知偏差包括(　　)。
　　　　A. 记忆偏差　　　　　B. 语境偏差　　　　C. 证据误用
　　　　D. 盲目乐观　　　　　E. 高于平均水平效应

三、判断题(本题共有 10 个小题,请在对的后面画"√",错的后面画"×"。)

1. 对于人们的决策,认知偏差既能够带来正面的影响,也能够带来负面的影响。(　　)

2. 对于认知偏差,只可以将其打败,不能够将其利用。(　　)

3. 因为朋友之言更可靠,所以我们应该更相信他们。(　　)

4. 在植物种子的标签上写"成活率 70%"比写"失败率 30%"更容易提升商品销量。
(　　)

5. 生动的近期事件一定不是发生最频繁或具有代表性的例子。(　　)

6. "我的电脑坏了,是因为最近发生水逆(水星逆行)",这个想法是框架效应的表现。
(　　)

7. 锚定效应就像一个"船锚",一旦固定在脑中,人们的思维和记忆就会围绕着这个
"锚"判定。所以,锚定效应是一种记忆偏差。(　　)

8. 人们根据回忆的难易程度来估计事情发生的频率和可能性是记忆出现偏差的体现。
(　　)

9. 人们更相信第一手资料和经验,主要是因为第一手资料和经验"看得到,摸得着",
所以更为可信和准确。(　　)

10. 认知偏差是一种普遍存在于我们思维中的稳定的心理倾向。(　　)

第21章　何种类比恰当

　　说到类比，这可是中国人最拿手的。孟子便以善于类比而著称。有人做过统计，在《孟子》一书中，类比推理使用竟然达到了 261 次之多，以至于有学者认为，类比推理是中国逻辑的主导推理类型。当然，类比推理并非中国人所专属，飞机、雷达、潜艇等的发明，都是类比推理的结果。那什么是类比推理呢？

讲授内容

　　本章主要涉及两个知识点，第一个是类比论证评价；第二个是在日常的这种决策和行为时应用类比论证的原则，即类似情况类似处理。

21.1　类比论证评价

　　什么叫类比？类比实际上就是将两个对象进行比较的一种方法。比如说莎士比亚在《罗密欧和朱丽叶》里面曾经讲过，"爱是叹息吹起的一阵烟雾。"这个时候他就把爱和烟雾进行了一种比较。

　　在讨论类比的时候首先要区分两个概念，一个叫类似，另外一个叫相像。什么是类似呢？类似指的是两个主体在某一具体的比较标准意义上的相似。而相像则是指两个物体之间性质和特征非常相似，以至于区别不开。比如说，我们会说这两个双胞胎长得非常相像，这个时候就是说，他们的外形非常相像，而使得我们区分不开。类似则不一定，有的时候我们会把两个看上去非常不相关的事情来进行比较。比如说，美国前总统里根曾经讲过"政府就像一个婴儿"，这句话从直觉上难以理解，但他在讲这句话的语境可以帮助我们理解。里根是在论证政府超支的这个问题时说的这句话，所以他补充解释道："政府就像一个婴儿，他就像有婴儿的消化道一样，一端有着无限制的食欲，但另外一端却完全没有责任感。"这个类比非常巧妙，能够帮助听众对他所讲的内容产生更深刻的理解。

　　在进行类比推理的时候，经常会采用这样的形式：X 类似于 Y，X 具有特质 P，所以 Y 也具有特质 P。这就是我们一般常见的类比论证类型。类比论证一定要基于某一个特定的标准。基于此，有必要提出一个清晰的类比论证形式，即清晰类比论证的类型。X 类似 Y 且二者具有相同的特质 S_1、S_2、S_3 直到 S_n，这时，由于 X 具有特质 P，所以 Y 也具有特质 P。

X 类似于 Y，且它们具有相同特质 S_1，S_2，…，S_n，

X 具有特质 P，

Y 也具有特质 P。

我们来看一个具体的例子：

这双新鞋和我的旧鞋一样，我的旧鞋很舒服，所以这双新鞋应该也很舒服。

这个例子是一般类比推理的形式。如果想用清晰类比的形式来进行比较。我们要加上一个前提：这双新鞋和我的旧鞋一样，而且它们是同一个品牌。我的旧鞋很舒服，所以我的新鞋应该也很舒服。这就明示了进行类比的两个对象之间相似特质到底是什么。

我们再来看一个例子，你就像我的一个朋友一样，他很喜欢攀岩，所以我想你也喜欢攀岩。这个时候我们也可以用清晰类比的论证方式来改写。比如说，你就像我某一个朋友一样，你们都很喜欢户外运动，他很喜欢攀岩，所以我想你也喜欢攀岩。这就把你和我这个朋友之间相类似的特质明示出来了。

评价类比推理的时候，主要看论证是否清晰地展示了支持结论的对象之间的共同特质。具体地说，主要可以从四个方面进行评价：第一个是真值；第二个是相干性；第三个是数量与多样性；第四个是不相似。

第一个是真值。

真值指的是类比对象之间是不是真的如前提所描述的那样相类似。还是用"你像我一个朋友一样"这个例子。"你就像我一个朋友一样，他很喜欢攀岩，所以我想你也喜欢攀岩。"如果这个类比明示的特质是"你们都喜欢户外运动"，那么这个类比论证就是一个优质论证。但如果把这个特质改为"你不喜欢户外运动，只喜欢在家睡觉"，这时前提的真值就从真变成了假，那么就没有办法类比论证说你也喜欢攀岩了。

第二个就是相干性。

相关性要讨论的事情就是类比对象的共同特质跟结论是否相干。还是"你像我某一个朋友"的这个例子，刚刚讲的是两者都喜欢户外运动，但是如果改为："你就像我一个朋友一样，你们都爱吃巧克力。他很喜欢攀岩，所以我想你也喜欢攀岩。"这个所谓类似的特质"喜欢吃巧克力"和攀岩并没有相干性。因此，这个类比论证就不是一个好的论证。因此，在评价类比论证时，要着重看前提和结论之间有没有讨论一些不相干的共同特质。

第三个是数量以及多样性。

还是我们刚刚讲的这个攀岩的例子：

你就像我某一个朋友一样，你们都喜欢户外运动。他很喜欢攀岩，所以我想你也喜欢攀岩。

在类比论证中，就你跟我的朋友的共同特质，还可以继续进行列举：你们都喜欢户外

活动，此外，还同样身手敏捷，而且体力都非常充沛，都具有非常强的平衡感。这种列举显然能够更有助于我们证立结论：你们两个人确实很相似，所以你也喜欢攀岩。

第四个是不相似。

不相似，是指我们要讨论的对比对象之间有没有存在某一种显著的不同，而导致我们对这个类比论证结论的直接否定。还是攀岩的这个例子：

你就像我某个朋友一样，你们都喜欢户外运动。他喜欢攀岩，我想你也喜欢攀岩。

像在前面的多样特质列举一样，你们都喜欢户外活动，都身手敏捷、体力充沛而且都具有很好的平衡感。不同的是，你畏高，这一个显著的不相似导致我们没有办法得出你也喜欢攀岩的这个结论。因为攀岩是要攀高的，所以你畏高很可能得出你不喜欢攀岩的结论。

21.2　类似情况类似处理

学习类比论证的实践价值何在呢？或者说目标是什么？实际上，就是要达到一种类似情况类似处理的处理模式。为什么呢？因为人类在处理事情的时候一直在追求两个目标，一个是一致性，一个是公平。亚里士多德讲过："公平就是类似情况类似处理。"因此，采用类比论证来判断日常行为的时候，实际上目的就是对类似的情况进行类似处理。

但是"类似情况类似处理"也有例外。第一种例外情况大家来看这个例子：

我准备向一个慈善项目捐款，现在有两个备选项目，一个是希望工程，一个是捐助流浪动物救助组织。我该怎么做呢？

如果我喜欢小动物，所以我更同情流浪动物，因此决定捐助给流浪动物救助组织而不是失学儿童。你能不能够指责我说，人比动物更重要，助学对社会发展作用更大，为什么你帮助流浪动物，而不帮助失学儿童呢？当然不能。为什么呢？因为这些钱是我个人的财产，而我对个人财产有完全的处分权，我的选择，不会导致类似情况出现不类似处理，不会损害一致性和公平的价值。

第二种例外情况我们也看一个例子：

某项奖学金两个候选人 A 和 B 同样优秀，但是中选名额只有一个，我们最终选择了什么方法来解决这个问题呢？抽签。

经过抽签，我们抽选了候选人 A 最后得到这笔奖学金。由于这是一个随机的抽签行为，所以它也不会影响类似情况类似处理的这种公平性。

主编结语

刚才我们学习了类比推理。类比推理，有时简称为类比，有时简称为类推。在讨论中国古代逻辑时，有人将其简称为"推类"。我们知道，英美法系属于判例法系，其中使用的主要推理类型就是类比推理。自 2012 年以来，我国最高人民法院也推出了指导性案例制度，其基本的逻辑推理类型也是类比推理。当然，类比推理的使用范围肯定不止这些。大家还可以进一步思考一下，类比推理还有哪些可能的使用范围呢？

线上作业

一、单项选择题(本题共有 10 个小题，每个小题都有 4 个备选答案，但只有一个是最佳答案，请挑选出最佳的答案。)

1. "努力：成功"，以下选项中与题干所给出类比性质相同的是(　　)。
    A. 生根：发芽　　　　　　　　　B. 耕耘：收获
    C. 检察官：律师　　　　　　　　D. 城市：乡村

2. "货车：运输"，以下选项中与题干所给出类比性质相同的是(　　)。
    A. 渔网：编制　　　　　　　　　B. 耕耘：收获
    C. 飞机：海洋　　　　　　　　　D. 渔网：捕鱼

3. "稻谷：大米"，以下选项中与题干所给出类比性质相同的是(　　)。
    A. 塑料：杯子　　　　　　　　　B. 衣服：针线
    C. 枪：子弹　　　　　　　　　　D. 小麦：面粉

4. "芙蕖：荷花"，以下选项中与题干所给出类比性质相同的是(　　)。
    A. 绿豆：豌豆　　　　　　　　　B. 兔子：嫦娥
    C. 红楼梦：石头记　　　　　　　D. 检察官：警察

5. "水果：香蕉"，以下选项中与题干所给出类比性质相同的是(　　)。
    A. 学生：中学生　　　　　　　　B. 作者：读者
    C. 法官：律师　　　　　　　　　D. 筷子：叉子

6. "身体：头"，以下选项中与题干所给出类比性质相同的是(　　)。
    A. 果树：害虫　　　　　　　　　B. 书本：笔
    C. 法庭：被告人　　　　　　　　D. 圆珠笔：笔盖

7. "白醋：消毒"，以下选项中与题干所给出类比性质相同的是(　　)。
    A. 热水器：加热　　　　　　　　B. 汽油：去渍
    C. 白糖：调味　　　　　　　　　D. 人参：进补

8. "观众：电视机：新闻"，以下选项中与题干所给出类比性质相同的是(　　)。
    A. 士兵：靶场：命令　　　　　　B. 渔夫：渔船：渔汛
    C. 教师：课堂：知识　　　　　　D. 消费者：消费指南：优惠信息

9. "寒：寒冷：寒舍"，以下选项中与题干所给出类比性质相同的是(　　)。
    A. 甘：甘甜：甘愿　　　　　　　B. 恨：仇恨：怨恨
    C. 肤：皮肤：肌肤　　　　　　　D. 讽：讽刺：讥讽

10. "琴棋书画：经史子集"，以下选项中与题干所给出类比性质相同的是(　　　)。

　　A．兵强马壮：闭关自守　　　　　　　　B．悲欢离合：漂泊流浪

　　C．衣帽鞋袜：冰清玉洁　　　　　　　　D．鸟兽虫鱼：江河湖海

二、**多项选择题**(本题共有 10 个小题，每个小题都有 5 个备选答案，其中至少有 2 个正确答案，请挑选出正确答案，多选、少选、错选均不得分。)

1. 类比推理论证评价可以包括以下哪些方面？(　　　)

　　A．真值　　　　　　　　B．相干性　　　　　　　　C．类似特质数量

　　D．类似特质的多样性　　E．特质之间没有明显不相似

2. "手：手指"，以下选项中与题干所给出类比性质相同的有(　　　)。

　　A．钟表：挂钟　　　　　　B．凳子：地板　　　　　　C．电脑：主机

　　D．打印机：墨盒　　　　　E．售货员：顾客

3. "杭州：浙江"，以下选项中与题干所给出类比性质相同的有(　　　)。

　　A．桂林：贵州　　　　　　B．昆明：云南　　　　　　C．江西：南昌

　　D．长沙：湖南　　　　　　E．北京：天津

4. "手机：墨盒"，以下选项中与题干所给出类比性质相同的有(　　　)。

　　A．电脑：手指　　　　　　B．电筒：电池　　　　　　C．纸张：木材

　　D．楼房：电梯　　　　　　E．水果：水泥

5. "韩国：朝鲜"，以下选项中与题干所给出类比性质相同的有(　　　)。

　　A．德国：法国　　　　　　B．美国：巴西　　　　　　C．中国：伊拉克

　　D．日本：古巴　　　　　　E．印度：巴基斯坦

6. "艺术家：图画"，以下选项中与题干所给出类比性质相同的有(　　　)。

　　A．诗歌：诗人　　　　　　B．农民：粮食　　　　　　C．老师：板书

　　D．摄影师：胶卷　　　　　E．厨师：饭菜

7. "轿车：汽车"，以下选项中与题干所给出类比性质相同的有(　　　)。

　　A．植物：水果　　　　　　B．民法：法律　　　　　　C．医院：护士

　　D．行政法：环境法　　　　E．白菜：蔬菜

8. "房子：门"，以下选项中与题干所给出类比性质相同的有(　　　)。

　　A．电灯：灯泡　　　　　　B．水桶：酒缸　　　　　　C．马路：新闻

　　D．毒气：杀虫剂　　　　　E．汽车：倒后镜

9. "西藏：新疆"，以下选项中与题干所给出类比性质相同的有(　　　)。

　　A．陕西：内蒙古　　　　　B．广西：广东　　　　　　C．甘肃：宁夏

　　D．重庆：天津　　　　　　E．广东：福建

10. "水果：苹果"，以下选项中与题干所给出类比性质相同的有(　　　)。

　　A．鱼：鲸鱼　　　　　　　B．粮食：蔬菜　　　　　　C．花卉：兰花

　　D．大豆：高粱　　　　　　E．蔬菜：娃娃菜

三、判断题(本题共有 9 个小题，请在对的后面画"√"，错的后面画"×"。)

1."他一定很擅长攀岩，因为他和他妈妈长得一模一样，他妈妈就很擅长攀岩"，这是类比论证。(　　)

2."爱情是一朵带刺的玫瑰"，这是类比论证。(　　)

3."不知细叶谁裁出，二月春风似剪刀"，这是类比论证。(　　)

4."她就像我亲生母亲那样无微不至地照顾我"，这是类比论证。(　　)

5."你的男朋友就像个巨婴一样，毫无责任心"，这是类比论证。(　　)

6."这次的星象和上次水逆一模一样，这预示着我会和上次一样倒霉"，这是类比论证。(　　)

7."狗就像我们的家人一样，你不会吃自己的家人，因此你也不应当吃狗"，这是类比论证。(　　)

8."法律就像黑社会的帮规，都是在一定的团体成员中发生作用，且用暴力来确保规则的实施"，这是类比论证。(　　)

9."没有花香，没有树高，我是一棵无人知道的小草"，这是类比论证。(　　)

第 22 章　做决策要理性

　　不知大家是否还记得，在第 1 章我们讲过，批判性思维是用来分析问题的，而创新性思维是用来解决问题的。分析只是手段，而解决才是目的。解决问题涉及理性决策。那么，什么样的决策才是理性的呢？好的决策有规律可循吗？

　　理性决策是优质生活的关键。现实生活中，我们经常面临各种选择，很多人来不及仔细思考，就仓促地作出决策。有些人凭直觉来决策。看到一个美丽的姑娘就怦然心动，觉得这辈子非她莫属。直觉决策的好处在于快速迅捷，但弊端也显而易见，因为人的感觉常常前后矛盾，并受到不同环境和情绪的影响。诚然，感情需要以感觉为基础，但是这不应该是重要决策的唯一方式。有些人靠运气来决策，误打误着，碰巧撞对了。所以，有好的结果并不等于是好的决策，因为不可能每个人每次都那么幸运。

　　因此，我们必须学习和掌握科学、可靠的理性决策过程。本章将学习四个方面内容：一是理性决策过程，这是本章的重点；二是评估决策策略；三是经典的决策问题，这是本章的次重点；四是可视化决策技巧。

22.1　理性决策过程

　　这一过程包含 6 个步骤：(1) 总体思考决策的基础问题；(2) 审慎调查研究；(3) 形成选择清单；(4) 评估和选择最优方案；(5) 应对意外情况；(6) 监控过程，反馈结果。这 6 个步骤可以简要概括为：列出并评估选择方案，然后选择最优。当然，越简单的东西越容易出错，需要多加学习和训练，才能确保落到实处。下面，让我们逐一考察每一个步骤的具体要求。

1. 步骤 1：总体思考决策的基础问题

　　这一步骤实质上要求你对任务作系统的概览，以便对决策所涉及的问题有一个总体的把握。正如美国哲学家杜威所言，"问题说清楚了，就解决一半了"。所以，在决策一开始，需要思考如下的问题：

(1) 我能委托他人作决策吗？

人生有两种痛苦，一是无从选择，一是选择太多。很多人犯有选择困难症，害怕作出抉择，承担责任，所以，常让别人替他作出决策。但如果一直依赖他人，你将不懂得如何独立地思考。当然，有些选择无关紧要，或者时间紧迫，而他人更了解情况并值得信任，那么，委托他人也未尝不可。

(2) 我要花费多长时间在这个问题上？

时间是稀缺资源，不应该在一些琐碎的事情上犹豫不决，患得患失。比如有人可以花费一个上午的时间来思考中午要吃什么。记住，过度思考跟思考不足一样都是错误的。

(3) 核心问题是什么？最重要的决策是什么？

有些决策是决定性的、基础性的，所以应该提前确定。比如投资前，你应该考虑要投资多少钱以及能承担多大风险。

(4) 是否有负面因素影响你的决策？

人是情感的动物，容易受周围环境的影响。在情绪化的状态下作出重要决定往往很不理智。所以，想想你当前所处的环境是否会影响你的选择。如果可能的话，尽量推后或者等情绪平静时再作决定。

2. 步骤2：审慎调查研究

当我们在网上购物时，尤其是购买贵重物品时，货比三家，是一个比较妥当的选择。我们常可以在其他地方发现更好的交易方式和看到更好的商品。所以，在进行决策前，我们还需要做些研究和调查：看看其他人是否也有同样情况，我们应该从他们那里学习到什么。如果决策涉及某些特殊领域的知识，我们同样也要对这些知识作些了解。

决策有多种类型。战略决策是关乎个人或组织未来发展方向的全局性和长远性的决策。比如一个人的职业生涯规划或公司的市场选择，这些都更应该特别的谨慎。在这种情形下，不妨进行 SWOT 分析。

"SWOT"是优势(Strengths)、劣势(Weaknesses)、机会(Opportunities)和威胁(Threats)英语首字母的缩写。这四种因素经常被用于分析个人或组织。优势与劣势是指事物自身或内部好的方面和差的方面。机会与威胁则指事物外部的积极因素和潜在问题。

当一个公司要规划未来的发展战略或准备跟对手进行竞争时，SWOT 分析法能帮助其进行决策；同样，一个人在进行人生的规划时，史沃特分析法同样有助于我们想明白自己何去何从。

3. 步骤3：形成选择清单

在步骤 1 和 2 的基础上，我们要形成系列的选择清单。制作这份清单，需要注意如下问题：

(1) 可行性与成功可能性。 我们要考虑这些计划的现实性，它们是否违反某些限制，比如，需要投入的资金是否超出预算？耗费的时间会不会太长？甚至有没有违法的风险？诸如此类。

(2) 适当数量的方案。清单的方案数量应该控制在适当的范围内。太多的选择容易引起混乱，让人无所适从。同时我们也难以对每个选择进行充分的评估。

(3) 弄清楚各个选择的关系。有些计划是排他的，选择它意味要排斥其他安排。比如你的预算有限，那么买车就意味着不能翻修房子。有些计划则是兼容的。比如你可同时通过改善营销方式、优惠促销与提高产品质量等多种方式来提升产品销量。因此，关键在于能否把各种好方案整合起来。

4．步骤 4：评估和选择最优方案

形成系列的选择清单后，接下来就要评估各方案的优点，并选择最优的方案。那么，什么是"最优"呢？显然，这里没有单一的答案，因为这同时还取决于我们的价值判断、优先顺序以及风险意识。不过，在决策理论中，决策的基本原则是期望效用最大化，即我们期望从选择中大致获得多少的净收益。

在现实生活中，效用往往难以确定。如果结果比较固定有限，比如在餐厅里决定要吃什么，那么期望效用比较明确，但当存在多个心仪的项目时，则可能比较难以选择，这时就需要进行理性的权衡。在这种情形下，不妨使用富兰克林法。顾名思义，该方法是由美国开国功勋之一，著名的政治家、科学家、发明家富兰克林(Benjamin Franklin，1706—1790年)创立的。富兰克林认为，我们之所以很难作出抉择，在于没有足够相关信息，因此，富兰克林的具体做法是：

将一张纸划分两边，在一边写下好处，在另一边写坏处。经过三四天的思考，写下支持和反对的理由。之后从一个统一视角考察它们，评估它们的相对权重。假如好的原因和坏的原因相等，则把它们都划掉。如果一个好原因等于两个坏原因，则将这三个一起划掉。如果两个坏原因等于三个好原因，则划掉五个。最后将找到一个平衡点。再经过一至两天的深思熟虑，如果没有发现其他重要的新观点，便可据此作出决定。

举个例子：假如你现在在找工作，面临三个选择：(1) 到大公司就职；(2) 去一家新创办的互联网公司锻炼；(3) 借钱创业。我们可将每个选择的优点与缺点列成下列表格：

选择	优点	缺点
到大公司就职	薪水高 工作稳定 健康福利多 假期多	工作无趣 企业文化死板
去一家新创办的互联网公司锻炼	工作富有挑战 未来潜在的高薪水 有价值的经历	工作时间较长 分配到不同的城市 老板苛刻 前途未卜
借钱创业	自己做老板 富有挑战 有价值的经历	四处借钱 缺乏经验 创业计划有待检验

我们不能简单地计算优点和缺点的数量。如果这样的话，第一个选择无疑是最好，因为四个优点减去两个缺点等于两个净优点；第三个选择次之，因为三个优点等于三个缺点，第二个选择则是最糟糕的。然而，显然不能作这样的判断。因为优点与缺点要根据每个人不同的情况，赋予不同的权重。如果你是位刚毕业的年轻大学生，比较注重有价值和挑战性的工作经历，在这种情况下，加入一家新创办公司可能是最佳选择。但如果你是一名中年大叔，上有老，下有小，需要养家糊口，那么保守一些则是更合理地选择，因此第一个选择可能更优。换言之，"最优"的选择取决你的价值取向和风险承担能力，这方面因人而异。

在有些决策中，最优选择标准还可细化为一系列标准。在这种情形下，富兰克林法可用评分表格加以系统应用。比如购车需要考虑的因素包括安全性、价格、油耗和设计。你可以在每个备选车型中，根据这些因素赋予相应的分值。需要注意的是，如果有些因素比其他因素重要得多，比如有人比较看重设计，那么在计算总分时，我们还可以提高设计因素的赋值。

这一方法有助于我们系统地评估涉及大量信息的方案。当然，分数赋值是相对主观的，而且难以做到绝对精确。不过该方法可以使决策清晰化。所以这一方法适用于有多种相对清晰标准的情形，如采访对象选择。

5. 步骤 5：应对意外情况

著名的墨菲定律(Murphy's law)指出："会出错的事情总会出错。"中国有句俗话："天要下雨，娘要嫁人，都是避免不了的事情。"意外的发生不因我们的意志而改变。比如，当我们在展示过程中投影仪坏了；在截止日期前的关键时刻，打印机没有墨了。所以，好的决策应该有助于我们预测问题以及减少损失。华人富豪李嘉诚认为风险管理是他成功的核心，所以他花了近 90% 的时间思考会对他的事业带来最坏可能的问题。因此，理性决策还要充分考虑意外的情况。以下是一些需要考虑的方面：

(1) 预测问题。比如列举 10 种可能会发生的糟糕情况，思考在这些情况下应该如何应对。

(2) 薄弱环节。每个项目都有薄弱或脆弱的环节，极易影响整体的进度。所以要密切监控这些方面，必要时，安排专门的人员时刻跟进这些环节。

(3) 安全边界。众所周知，对未来的预测总是不精确的，所以应该有个灵活的计划可包容你的预测或设想。

(4) 备用方案。如果最初的方案不能实施，要有备用方案确保计划能够大体完成。

在这里，顺便给大家介绍一个法则：霍夫斯塔德法则。

我们知道，在预估任务完成的时间时，人们往往没有考虑到一些会出错的糟糕情况。所以对于完成任务的时间经常过于乐观。然而奇怪的是，即便人们很清楚要面临什么样潜在的障碍，但仍对完成任务的时间过于乐观。所以，霍夫斯塔德法则认为：即便你采用了霍夫斯塔德法则，完成任务的时间仍比你预想的要长。

因此，这也是决策时，尤其是涉及任务完成的时间安排时，要充分考虑的情况。

6. 步骤 6：监控过程，反馈结果

很多人容易忽略这一步，认为决策后就万事大吉，坐等收成。但要确保决策落到实处，我们必须随时跟进决策后的系列环节。比如当你已经决定去哪里度假，你还要跟进是否已经预订好机票或车票，以及目的地的情况和天气状况。

除此之外，即便整个计划都完成了，我们也应该总结整个过程中哪些做对了，哪些做错了，以便我们下一次能够做得更好一些。比如，进行投资决策时，我们应该保持每项决策的记录和原因，这样才能从结果中学习，扬长避短。正如哲学家桑塔耶拿(George Santayana，1863—1952 年)所言：“不从历史中学习的人将被迫重复历史。”

以上便是好决策的 6 个关键步骤。需要提醒大家注意的是，好决策聚焦的是过程本身的可靠性。它并不担保每一次决策都可以产生好的结果，但它可以避免犯代价高昂的错误，并尽量产出优秀的成果。

22.2　评估决策策略

在决策完成后，需要对其进行评估。对此，我们可以根据前面的 6 个步骤，从以下 5 个因素入手：(1) 进行什么决策；(2) 可行性方案清单；(3) 方案的正、反面；(4) 最佳选择的标准；(5) 依据标准确定最优方案。

根据这 5 个方面的内容，我们可以从 5 个途径反思决策的质量。

(1) 是否清楚必须作出什么决定？哪个是目前最重要或最紧急的决定？ 尤其是当会议或讨论无果而终时，有时我们需要调整关注的焦点。

(2) 这些方案现实吗？需要考虑其他选择吗？ 人们容易浅尝辄止，创造性的思考需要我们充分扩大选择的范围。

(3) 是否忽视了方案的好结果或坏结果？ 在这方面，需要多想，多做研究，多讨论。

(4) 是否还有某些决策的特殊标准？ 比如是否得到上级同意，是否在给定的时间、预算、风险之内。所有这些标准都应该清晰。

(5) 是否错误应用了某些标准？ 比如由于疏忽张冠李戴，将正确的标准进行了错误的应用。

大体上，22.1 和 22.2 节告诉我们理性决策的过程是什么。接下来，我们要学习理性决策不是什么。因此，在 22.3 节中，我们需要了解决策中经常容易出现的问题。

22.3　经典决策问题

(1) 贸然决定。 这方面的问题多表现为作决策过快，或者说过于仓促。大多数时候，人们作决策过快是因为信任自己的直觉。但我们都知道，直觉可能有偏差或前后矛盾。而且，如果我们不能意识到直觉的偏差，就不能向别人证明决策是合理的。这不是说直觉毫无价值，对于大量小的决策来说，它们是根本的。很多专家也依赖于直觉，当然他们花了很多年的时间来训练这种直觉，并且将这种直觉严格地限制在他们擅长的领域。所以，为克服贸然决定的问题，可认真学习和实践前述好决策的 6 个步骤，以培养和训练作出好决策的能力。

(2) 不够系统。 出现这一问题，主要是因为决策者关注一些琐碎和无关紧要的事情，或者不能系统地组织信息，思维混乱。解决的办法是依据理性决策的步骤有系统地进行决策，并据此将整个决策过程结构化。

(3) 停顿和拖延。 决策停顿是指不敢下决定。决策拖延则是将需要及时完成的任务不必要地往后推延。两者的原因各异，如完美主义、对失败的恐惧以及犹豫不决等，但两者的结果都是低效率。解决这两个问题的关键在于找到它们的心理学根源，这样才能找到现实的路径去克服它们。

(4) 缺乏执行力。 有些时候我们对决策没有疑虑，但就是不去执行。这可能是由于我们懒惰、健忘或为情绪所支配。比如很多赌徒也知道应该戒除赌瘾，但一旦进入赌场，他们就被赌欲与冲动所征服。

(5) 框架偏差。 框架是我们看待问题的系列角度与前提。它们对怎样作出决策影响巨大。错误框架意味着忽视了好的选择，或解决了错误的问题。比如某家公司开设热线电话帮助消费者了解他们的产品，但热线经常占线，消费者怨声载道。为了解决这个问题，经理可能会雇佣更多的接线员，但这个解决问题的框架可能忽视了其他相关因素。即顾客拨打热线电话是因为这个产品质量较差吗？还是产品使用不便？产品网站或者更简明实用的产品说明书是否可以替代热线电话？当我们作决策时，我们应该通过不同角度接近问题，以便更好地理解它。

(6) 过于自信。 不少人容易高估自己。这对决策是不利的，因为这意味着可能发生的意外情况很容易被人们忽视，而对决策的不同方面，尤其是坏的方面往往思考得太少。

(7) 缺乏学习。 很多人不擅长决策是因为他们没有从过去的错误中学习。从经验中学习非常重要，而这包括找出我们的优势与劣势。所以，你至少应该想想，曾经做过哪些好决策或坏决策，并分析为什么做对或做错。想想决策过程中是否存在某些反复出现的问题，采取具体的行动提升决策质量。

(8) 酸葡萄心理。 这指的是当知道坏决策的后果时，为了让自己好受些，不断地自我安慰和麻醉。譬如，你准备买 A 手机或 B 手机，但没有做任何适当研究就冲动地买了 A 手机，之后你感到很后悔。所以，你试图安慰自己实际上喜欢 A 手机更甚于 B 手机。当然，转变观念，甚至转变观念使自己好受些，无可厚非。问题是，这种自我辩护一旦形成习惯，那么我们就错失了从错误中学习的机会，并且很容易在今后重复同样的错误。

(9) 沉没成本。 所谓沉没成本是指已投入到项目中的时间、金钱或其他资源，不会因你再做任何决策而改变。经济学家建议在未来的理性决策中，它应该被忽略。比如一个毫无前途的项目，或一段覆水难收的感情，尽管你前期已经投入了很多，但是最好的结果是学会放弃。被沉没成本支配有很多理由，如多愁善感、痴心妄想、害怕失败等，但问题是我们放弃了把握更好的机会。

以上便是决策过程中常见的问题，好的决策过程要尽量避免犯上述的错误。

22.4 可视化决策技巧

最后，好的决策助力我们过上好生活，轻率的决策，则常常使我们捉襟见肘、陷入被动当中。为了使决策的过程更加的清晰、有条理。我们需要把决策过程可视化。即形成决策图或决策树。比如我们可以根据天气的情况形成是否出去慢跑的决策树，如下图所示。

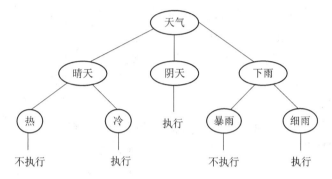

决策图可以将决策过程清晰地呈现出来。所以，在方案的清单上，不妨附上一张决策图，便于人们了解整个决策的来龙去脉。

以上，便是本章的内容，让我们简单总结一下：

(1) 好决策的步骤：6 个步骤；

(2) 评估决策：5 个方面的内容；

(3) 决策过程中的经典问题：9 个常见问题；

(4) 决策过程的图示：有助于决策过程的清晰化和条理化。

主编结语

人生总是在不断决策之中。我们有些决策非常理性，但有些决策却非常愚蠢。只有理性的决策才是好决策，非理性的决策则会给我们的生活和工作带来惨痛的教训。翻开人类发展史，回忆我们的人生轨迹，这样的事情屡见不鲜。墨菲定律虽然告诉我们"会出错的事情总会出错"，但这不要紧，因为富兰克林方法可以帮助我们减少出错的几率。

线上作业

一、**单项选择题**(本题共有 13 个小题，每个小题都有 4 个备选答案，但只有一个是最佳答案，请挑选出最佳的答案。)

1. 某企业试图改变其经营方向，需要企业高层领导作出决策，这种决策属于( )。

　　A. 战略决策　　　B. 战术决策　　　C. 业务决策　　　D. 程序化决策

2. SWOT 分析中，事物自身或内部好的方面是指(　　)。

A. 优势(Strengths)　　　　　　　　B. 劣势(Weaknesses)

C. 机会(Opportunities)　　　　　　D. 威胁(Threats)

3. 以下不属于方案可行性需考虑的问题是(　　)。

A. 时间限制　　　　　　　　　　　B. 资金限制

C. 合法性　　　　　　　　　　　　D. 方案的数量

4. 以下哪些方案是互补的？(　　)。

A. 装修房子与买车　　　　　　　　B. 复习数学与语文

C. 改善营销方式、折扣与提高产品质量来提升产品销量

D. 提高军备开支与改善民生

5. 当我们在进行采访对象的选择时，可以考虑用以下哪种方法？(　　)。

A. 史沃特分析法　　　　　　　　　B. 富兰克林法

C. 斯坎伯尔法　　　　　　　　　　D. 暴力检索法

6. 以下哪个不是理性决策需要考虑的意外情况？(　　)。

A. 薄弱环节　　　　　　　　　　　B. 方案之间的关系

C. 备用方案　　　　　　　　　　　D. 预测问题

7. 评估决策一共有五个方面，其中不包括(　　)。

A. 进行什么决策　　　　　　　　　B. 可行性方案清单

C. 决策时间的长短　　　　　　　　D. 方案的正、反面

8. 贸然决定是因为我们常常依赖(　　)来进行决策。

A. 理性　　　　　　B. 直觉　　　　　　C. 数据分析　　　　　　D. 经验

9. 某家公司开设热线帮助消费者了解他们的产品，但热线经常占线，消费者怨声载道。公司的经理试图通过雇佣更多接线员来解决该问题。这一解决办法属于(　　)。

A. 过于自信　　　　　　　　　　　B. 缺乏学习

C. 缺乏执行力　　　　　　　　　　D. 框架偏差

10. 当你面对计划 A 与计划 B 时，由于没有做太多的调查，就匆忙选择了计划 A，后来发现计划 B 更合适一些。但你不断地安慰自己，实际上计划 A 比计划 B 更好。这种做法属于(　　)。

A. 酸葡萄心态　　　　　　　　　　B. 缺乏学习

C. 框架偏差　　　　　　　　　　　D. 不够系统

11. 以下哪个案例不是体现沉没成本推理的？(　　)

A. 这场 3D 电影的票价很贵，但电影却很烂，现在离场或去做其他事情会更好，但既然我们买了这么贵的票，不看完太可惜了，故我们还是留下吧！

B. 这袋香肠很贵，但却一点都不好吃。我可把它吃完或者扔掉。但这对于我来说，没有任何好处。所以我可给狗吃，而且它应该会很喜欢

C. 死守一段完全破裂的感情

　　D．在一个失败的项目上，不断的投入资金

　　12．一些赌徒制定戒除赌瘾的计划，但一旦进入赌场，他们却被赌欲与冲动所征服。这是理性决策中哪个易犯的问题？（　　）

　　　　A．缺乏执行力　　　　　　　　　B．停顿和拖延

　　　　C．酸葡萄心态　　　　　　　　　D．完美主义

　　13．决策时，需要考虑某些特殊的标准，这些标准不包含（　　）。

　　　　A．是否得到上级的同意　　　　　B．是否在给定的预算之内

　　　　C．是否在可控的风险之内　　　　D．是否为当前最紧迫的决定

　　二、多项选择题(本题共有 10 个小题，每个小题都有 5 个备选答案，其中至少有 2 个正确答案，请挑选出正确答案，多选、少选、错选均不得分。)

　　1．对决策进行总体的思考，需要思考如下哪些问题？（　　）

　　　　A．能否委托他人作决策？　　　　B．需要花费多长时间进行决策？

　　　　C．决策最核心是什么？　　　　　D．最重要的决策是什么？

　　　　E．自己是否处于某种负面的情绪当中？

　　2．SWOT 分析法提供了一个评估组织的系统方法，它包含哪几个方面？（　　）

　　　　A．历史　　　　B．优势　　　　C．劣势　　　　D．机会　　　　E．威胁

　　3．形成系列选择方案时，需要注意如下哪些问题？（　　）

　　　　A．可行性　　　　B．成功可能性　　　　C．待选方案的数量要适当

　　　　D．排他替代　　　　E．补充替代

　　4．应对意外情况的发生，需考虑如下哪些问题？（　　）

　　　　A．列举多种可能会发生的糟糕情况　　　B．密切监控薄弱环节

　　　　C．计划灵活且具有包容性　　　　　　　D．制订一些备选方案

　　　　E．弄清楚问题的核心

　　5．评估决策可以从哪些方面入手？（　　）

　　　　A．进行什么样决策　　　　　　　B．可行性方案清单有哪些

　　　　C．方案的正、反面　　　　　　　D．最佳选择的标准

　　　　E．是否做出符合标准的最佳选择

　　6．以下哪些是在决策过程经常会遇到的问题？（　　）

　　　　A．贸然决定　　　　B．不够系统　　　　C．停顿拖延

　　　　D．缺乏执行力　　　　E．框架偏差

　　7．以下哪些是在决策过程经常会遇到的问题？（　　）

　　　　A．酸葡萄心理　　　　B．框架偏差　　　　C．沉没成本

　　　　D．过于自信　　　　E．缺乏学习

　　8．以下哪些是在决策过程经常会遇到的问题？（　　）

　　　　A．贸然决定　　　　B．缺乏执行力　　　　C．框架偏差

　　　　D．缺乏学习　　　　E．酸葡萄心理

9. 以下哪些案例是体现沉没成本推理的？（　　）

　　A. 死守一段完全破裂的感情

　　B. 在一个失败的项目上，不断的投入资金

　　C. 这袋香肠很贵，但却一点都不好吃。我可把它吃完或者扔掉。但这对于我来说，没有任何好处。所以我可给狗吃，而且它应该会很喜欢

　　D. 这场 3D 电影的票价很贵，但电影却很烂，现在离场或去做其他事情会更好，但既然我们买了这么贵的票，不看完太可惜了，所以我们还是留下吧

　　E. 逛街时，看到一件商品，在商家煽动下付了 500 元定金。当回到家里，购买冲动消失，开始举棋不定的时候，因为不想损失 500 元，所以一咬牙，还是买下那个其实并不特别需要的 1 万元的商品

10. 以下哪些案例体现了酸葡萄心理？（　　）。

　　A. 准备买手机 A 或手机 B，但你没有做任何适当的研究就冲动地买了手机 A，随后你感到很后悔。所以，你试图安慰自己实际上喜欢手机 A 更甚于手机 B

　　B. 阿 Q 的精神胜利法

　　C. 死守一段覆水难收的感情

　　D. 关注一些琐碎、无关紧要的事情

　　E. 很多赌徒也知道要戒除赌瘾，但一旦进入赌场，他们就被赌欲与冲动所征服

三、判断题(本题共有 10 个小题，请在对的后面画"√"，错的后面画"×"。)

1. 战略决策是关乎个人或组织未来发展方向的全局性和长远性的决策。（　　）

2. 墨菲定律是指意外的发生不因我们的意志而改变。（　　）

3. 霍夫斯塔德法则是指人们对于完成任务的时间经常过于乐观。（　　）

4. 决策停顿和拖延症的原因和结果都是相同的。（　　）

5. 框架偏差是指用错误的视角看待问题。（　　）

6. 为了使决策过程清晰化，我们可以使用决策图或决策树。（　　）

7. 进行决策的时间越长，决策的质量越高。（　　）

8. SWOT 分析法只适合于公司或企业。（　　）

9. 许多专家也依赖直觉进行决策，是因为他们花了很多年训练这种直觉，并且将这种直觉严格地限制在他们擅长的领域。（　　）

10. 很多人不擅长决策是因为他们没有从过去的错误中学习。（　　）

第 23 章　把握创新周期

主编导语

下面我给大家讲一个故事。鼠国突然出现了一只善于捕鼠且凶狠无比的猫，一时间，整个鼠国人心惶惶。强敌当前，鼠国君臣集聚一堂，专门研究克敌之策。会场上群情激愤，都怀有杀猫立功的雄心壮志，但更多的却是自知之明。老鼠们都知道凭鼠之力是不可能消灭猫的，于是围绕如何及时地探明猫的行踪并迅速躲避这个话题展开了讨论。毕竟是信息社会，信息的快捷畅通才是克敌逃命的法宝。然而，猫素来以走路无声无息而闻名，谁又能预先知道它的行踪呢？会议陷入了僵局。"何不在猫的身上挂个铃铛？这样猫出现在哪里，我们就能及时知道了。"有只老鼠的提议引来了满场喝彩。这的确是个高明的提议，试想，未见其猫，先闻其声，危险就会最大化地避开了。老鼠们也有从众心理和表现欲，赞成了一个高明的方案，至少说明了自己也是高明的。鼠王批准了这个方案，并成立了敢死队去执行这个计划。尽管很冒险，但为了鼠国大计，大家还是义无反顾。于是，一拨又一拨提着铃铛的敢死队员们有去无回。方向错了，再多的努力也没用。鼠国就这样消亡了，只剩下了一地的铃铛。这个方案应当说极具创新性，但结果却极其惨烈。那么，到底什么样的创新才切实可行呢？这一章会告诉大家。

讲授内容

谈到创新，人们常想到的是伟大的科学发现或著名的艺术作品，但是创新并非艺术家和科学家的专利。在工作与日常生活中，很多难题的解决都需要创新。不管你是一名学生，还是一位公司总裁，创新想法总会带来更好的结果。而且，创新不仅有物质的收获，同时还可以带来精神上的愉悦感和成就感。你可能也有过这种体验，当做出一些创新时，我们满心喜悦，甚至感觉自己在创造历史。在这个"大众创业，万众创新"的时代，创新已成为时代精神的象征。

那么，到底什么才是真正的创新呢？它与批判性思维有什么样的联系呢？它是依靠个人的天赋还是可以后天习得的呢？创新有哪些可以依循的步骤？带着这些问题，我们进入本章的学习。

本章我们将涉及两节重要的内容：① 什么是创新？② 创新的周期。

23.1　什么是创新

新想法来自何处？简单地说，新想法就是将旧想法以一种新的方式组合在一起。

在所有新事物的身上，我们都可以看到旧东西的影子。比如对现代人生活带来极大影响的智能手机，实际是移动电话与强大的电脑功能的组合。贝多芬的《月光奏鸣曲》这一伟大作品的每个音符我们都知道，真正让它流芳千古的是对音律的排序。爱因斯坦独具创见地组合了一个等式 $E = mc^2$，但能量(E)、质量(m)以及光速(c)这些概念对于所有物理家来说都很常见。正所谓太阳之下无新物，所谓的创新并非全然之新，它建基在旧的基础之上。

如此，我们可以得出**创新的一个关键原则：创新需要知识。**

我们知道，创新需要想象力，但是想象力不是天马行空的瞎想，想象力部分取决于我们已经知道的东西。如果你几乎一无所知，那么你就只能用非常少的想法重组成新想法。当你知道得越多，你能整合成的新想法就会成指数级增长。创新成就往往建立于前人成功基础上。没有牛顿物理学，爱因斯坦就不会发现相对论。牛顿有句至理名言："如果说我有些成就，那只是站在巨人的肩膀上。"这句话虽说有些谦虚，但却十分深刻和到位。因为它提醒我们，要创造一些新事物，必须了解哪些人曾经做了什么工作，哪些方法有效、哪些却无效。

经验表明，知识丰富、有强烈的求知欲、对世界充满好奇心的人往往更具创新能力。所以创新型人才一般都很好学，他们往往大量阅读。记住马克·吐温的话："不读书的人比读不了书的人强不到哪里去。"

在这里，我们有必要反思教育改革的某些问题。

当今的教育改革经常强调创新，批判"死记硬背"。但有些时候这会走向极端，让人产生一个错觉，认为创新不需要知识。但事实上，我们不能忘记创新依赖于知识以及作为原材料的信息。比尔·盖茨就说过："你只有了解现有的东西才能发明超越它们的东西。"

已逝的苹果公司前 CEO 乔布斯对有创新意识的人更是有一段精彩的论述，他写道：

(有创意的人)能够将他们的体验连接起来并整合成一些新的东西。而他们拥有这种能力的原因可能是他们本身阅历更丰富，或者比其他人更深入地去总结了这些经验教训。不幸的是，这种人非常稀有。在我们这个行业中，很多人并没有非常丰富的阅历。所以他们并没有太多可连接的素材，于是他们只能得到一些非常线性的结果——而不是对这个问题更宽的研究。对经历的理解越有广度，越能作出好的设计。

那么，**是否所有新的想法都可以叫作创新呢？**显然不是。仅仅提出新想法并不难，但它对于创新来说却不足够。比如，为了解决全球变暖问题，我们可以很容易就提出一些别人没有想过的想法：消灭世界一半人口或者关掉所有制冷空调。这些想法也许很新颖，但却愚不可及。这些所谓的创新只是伪创新。所以，创新既要新，还要有效。在这个意义上，创新思维离不开批判性思维，两者是一体两面。

首先，创新需要通过批判性思维分析问题，并确认现有方案的局限性。 如此才能分析更好的解决方案应该怎样。

其次，面对一个新方案，批判性思维有助于我们判定其可行性。 创新的实际过程包含正确与错误。在找到最佳选择前，我们或许要失败上千次。优秀的批判性思维促使我们从错误中学习，并更有效地解决问题。

关于批判性思维与创新思维的关系，流行一种偏见，认为批判性思维不利于创新。因为当新想法还没有真正完成时，就被批判性思维扼杀了。其实，原因莫不是把批判性思维庸俗化为吹毛求疵的"批评""质疑""否定"。这只是学到"批判"，但还没有学会"思维"。事实上，批判性思维有助于我们通过严谨、细致的分析与论证，了解当前存在的问题，以及新方案和新想法的有效性和可行性，从而为创新做好准备。再者，如果悬置判断有助于创新，批判性思维也会理性地采纳。

关于创新，还有一个容易产生误解的问题，那便是创新与灵感的关系。很多人会认为灵感来自某种天赋或某种机遇，而这些常常跟天才挂钩，所以，灵感更青睐天才而非普通人。

实际的情况是，智商对创新有一定的影响，但心理学家认为，智商超过 120，尤其是超高智商对创新程度影响不大。创新的关键在于将旧的想法以新的方式重新整合起来，创新需要知识的积累与储备，所以，创新需要勤勉地工作。历史上很多被人称为天才的人才，都是异常勤奋以及经受过严格的训练的人。世界上聪明人很多，但是能够做出创新性成就的人却很少。

莫扎特就是个好例子。他在音乐方面是一位旷世天才，他虽然天赋极高，却一生都极其勤奋。莫扎特从很小的时候就在父亲指导下学习音乐。28 岁时，由于经常练习和编曲，他的手已经完全变形。如此投入和勤奋的工作为莫扎特储备了丰富扎实的音乐知识和源源不断的灵感。在写给朋友的信中，他强调了这一事实：

人们错误地认为我的创作轻而易举，但亲爱的朋友，我告诉你，没有人比我在作曲方面付出更多时间与思考！没有哪部名家作品，我没有努力钻研过数遍！

所以，我们必须明确，创新并非遥不可及，它并非是天才的专利，而是可以通过勤勉工作和严格训练培育出来的。下面我们将向大家介绍创新的周期。

23.2 创新的周期

伟大的工作往往不存在捷径。有创新能力的人往往是经过严格训练的、非常专注的勤奋之人。这些人大多数富有激情，热爱自己的事业，更养成了十年如一日勤奋工作的习惯。

所以，从根本上说，你应该善于发现自己的兴趣以及怎样的环境和生活方式可以提升你的创新意识和创新能力。在此基础上，你可以尝试通过四个步骤进行训练：① 准备；② 探索；③ 孵化；④ 检验。

1. 准备

准备阶段是创新的前提性工作，即收集文献材料等相关信息。比如利用图书馆和网络，或者找人交流、向专家咨询，等等。同时把所收集的资料及时保存在触手可及的地方，养成随时备录的习惯是非常必要的。

在这一阶段要注意的是，只要收集所有可能的相关信息即可，不需要做太多的筛选或分析。这项工作并不像想象中那么容易。因为有时人们缺乏耐心，他们知之甚少就想做出伟大的发现。有时人们则不愿意去探索未知的领域，因此收集不到所需的数据。

2. 探索

探索是创新最关键的步骤。在探索阶段，我们要停止收集，并开始分析、挖掘所收集到的资料。这意味着要尽量将材料科学分类，重新组织它们，从不同角度分析它们，并跟自己的想法联系起来，进而得出结论。其目的在于通过这些联系产生新的有效想法。在这一过程中，有一些具体的技巧可用，关于这些技巧我们将在下一章讲解。不过我们要记住，这一阶段需要专注和耐心，如有可能，尽量避免分散精力，以确保完成如下任务：

首先，弄清楚哪些结论可行，哪些结论不可行。因此要随身带个笔记本，随时记录你的思考。"好记性不如烂笔头"，写下它们会使得想法更加清晰，当然利用手机 APP 也是个不错的方法。

其次，从收集材料中发现"空白"。当发现空白时，如果是你前期资料收集得不够，这时需要再收集更多材料。如果不是，那么创新往往产生在这一空白当中，所以要特别留意这些"空白"。

最后，化繁为简，在纷繁复杂的材料中找到联系，在混乱中寻找秩序。这是一个很艰辛但也是最关键的过程。即便你似乎劳而无功，也切勿轻易放弃。保持不断尝试，进行多一点观察，新想法才能产生。总而言之，行百里者半九十，坚持下去，突破你曾以为的极限，新的想法会在那里等着给你惊喜。

3. 孵化

孵化阶段要学会适当地放松和等待。我们大多数人都有这种经历，当问题无法解决时，睡个好觉，一觉醒来求解方案会忽然出现。新想法也可能突然出现在你听音乐、洗澡或者看电视的时候。所以在高强度的思考之后，休息一下似乎有助于提高创新力。事实上有很多经验表明睡眠可以提高创新能力。这可能是因为在合理的休息中，无意识有机会参与到对问题的求解中，从而有助于我们以新的眼光来看待问题。无论如何，全力以赴工作，之后休息一下，对于大多数人来说，这是最有效的策略。当然休息并不能必然保证产生新的想法。在这种情形下，我们需要回到先前的步骤 1 和 2，重新尝试一下准备和探索。

4．检验

在获得某些新想法之后，我们还需要检验它们是否真的可行以及可否进一步提升。在处理复杂问题时，极少能一次性就找到非常完美的方案。所以如果方案不可行，我们就要寻找原因并尽力避免将来犯同样的错误。如果我们幸运地找到了完美的解决方案，也要回顾整个创新的过程并思考今后如何复制这个成功过程。

有些时候，我们过多地关注别人的成功，却没有了解到别人的失败。从失败中学习到的经验，有时更加宝贵。以下是在创新过程中常见的失败原因，值得我们重视：

(1) 缺乏知识。 新想法建基在已有的知识上，如果你知之甚少，或缺乏相关技能，则很难实现创新。因此，一定多学多思。

(2) 概念错误。 这里指的是最初的想法或理论在根本上存在错误。不可否认，在科学或艺术中，创新往往包含运气成分。但有时当我们发现自己的方法走向了死胡同，已经浪费了颇多的时间和资源，就要善于和敢于放弃。

(3) 判断错误。 尽管有正确的想法，仍然可能由于忽视了一些细节或错失良机而作出错误的决定。在这种情形下，要反思和改进你的工作过程，尤其是如果此前你已经以同样的方式失败过。

(4) 态度不端正。 创新需要勇气和正确的心态。对失败的恐惧导致我们可能在想法开花结果前就放弃它。而高估自己、毫无原则地固守己见，也常常与创新渐行渐远。所以不妨允许自己失败，并从错误中学习，坦诚地面对自己，并倾听值得信任的人的建议，即便忠言逆耳。

从以上四个步骤我们可以得出一条有用的创新公式，即专注的工作与适当的休息。

历史上很多作出重要贡献的人物，基本上都遵循了这一条公式。我们给大家举两个例子。如 1995 年证明了费马大定理的数学家怀尔斯(Andrew Wiles, 1953—)。费马大定理是由 17 世纪法国数学家皮耶·费马提出的。他断言当整数 $n>2$ 时，关于 x、y、z 的方程 $x^n + y^n = z^n$ 没有正整数解。在此后 300 年的时间里，没有人能够证明它，直到 1995 年，英国数学家怀尔斯对此作了证明，此前他已经花了 8 年时间在证明这个定理。后来他回忆：

我习惯于在开始研究时尝试总结一些模式……每天早上我起床的第一件事情就是这件事，我会整天思考它。当我要睡觉时，我仍在思考它。不分散精力，在我脑海里不断重复同样的东西……当我碰到障碍，不知道下一步要做什么时，我就会去散散步。散步具有很好的效果，它使你处于放松状态，同时允许潜意识继续工作。

同样，英国著名哲学家、诺贝尔文学奖获得者罗素也有同样的体会：

在对写作主题进行第一次沉思并对它们的前提进行严肃思考后，我需要一个潜意识休息阶段。这个阶段应该不急不躁，而且在深思熟虑后仍会碰到一些障碍……经过非常紧张的集中思考，问题会植根到潜意识中，之后再生根发芽，直到突然间灵光一闪。这时只需要写下想法即可。

概括起来，本章涉及两个关键内容：

第一，什么是创新。

创新是将旧的想法以新的方式重新组合。而旧的想法来源于知识。所以创新并非无中生有，而需要我们作大量的前期准备和艰辛的探索。天才既需要汗水，也需要灵感，而灵感并不是从天而降的，它需要汗水来培育。所以创新既需要灵感，更需要勤勉。

第二，创新的周期。

它包含四个步骤：准备、探索、孵化、检验。从这四个步骤中可以提炼出一条创新公式，即专注的工作和适当的休息。

主编结语

创新不是手段，而是目的。要想创新，首先必须要有创新思维能力。创新性思维与批判性思维密不可分，没有批判性思维的创新是盲目的，没有创新性思维的批判是空洞的。新奇是创新的重要特征，但不是唯一特征。怀尔斯证明费马大定理的例子表明，创新的结果往往是平凡的，但创新的想法往往是不平凡的。大家不妨在你的工作与生活中试试刚才讲的创新诀窍吧！

线上作业

一、单项选择题(本题共有 17 个小题，每个小题都有 4 个备选答案，但只有一个是最佳答案，请挑选出最佳的答案。)

1. 创新需要想象力，而想象力(　　)。

　　A. 完成取决我们的天赋　　　　　B. 部分取决于我们的已经知道的东西

　　C. 依靠老师的引导　　　　　　　D. 无章可循

2. 创新中的灵感来源于(　　)。

　　A. 个人的禀赋　　　　　　　　　B. 他人的引导

　　C. 勤勉的工作　　　　　　　　　D. 书本的知识

3. 批判性思维与创新性思维的关系是(　　)。

　　A. 两种相同的思维方式　　　　　B. 两种相互否定的思维方式

　　C. 一体两面　　　　　　　　　　D. 没有联系

4. 创新除了新，还必须(　　)。

　　A. 令人眼前一亮　　　　　　　　B. 有效

　　C. 异想天开　　　　　　　　　　D. 得到他人的支持

5. "(有创意的人)能够将他们的体验连接起来并整合成一些新东西。而他们拥有这种能力的原因可能是他们本身阅历更丰富，或者比其他人更深入地去总结了这些经验教训。不幸的是，这种人非常稀有。在我们这个行业中，很多人并没有非常丰富的阅历。所以他们并没有太多可连接的素材，于是他们只能得到一些非常线性的结果——而不是对这个问题更宽的研究。对经历的理解越有广度，越能作出好的设计。"乔布斯这段话主要表明(　　)。

  A．创意设计是一个很困难的事情

  B．很多人不懂组合旧的想法，所以实现不了创新

  C．有创意的人非常稀少

  D．丰富的人生阅历有助于创新

6．创新的周期，除了准备、孵化以及检验外，还包括(　　)。

  A．执行   B．探索   C．规划   D．等待

7．以下哪个不是创新周期中准备阶段中不需要做的事情是？(　　)

  A．收集有关问题信息、文献材料 B．找人交流

  C．对收集到的各类信息进行分析 D．向专家咨询

8．创新周期中最关键的步骤是(　　)。

  A．准备   B．探索   C．孵化   D．检验

9．以下哪个不是创新周期中探索阶段不需要做的事情是？(　　)

  A．弄清楚哪些结论可行，哪些结论不可行

  B．从收集材料中发现"空白"

  C．适当的休息

  D．化繁为简，在繁纷复杂的材料中找到联系，在混乱中寻找秩序

10．创新周期中前提性的工作是(　　)。

  A．准备   B．探索   C．孵化   D．检验

11．探索阶段，目的在于(　　)。

  A．为创新做好准备   B．通过对材料的分析产生新的有效想法

  C．等待新的想法的出现   D．总结创新成功或失败的原因

12．孵化阶段，需要我们(　　)。

  A．放松和等待   B．分析材料，发现空白

  C．收集材料   D．总结原因

13．孵化的目的，是让(　　)参与到问题的解决中。

  A．理性   B．无意识   C．灵感   D．情感

14．在孵化阶段，应当尽量避免(　　)。

  A．听音乐   B．沉溺于游戏

  C．睡眠   D．散步

15．经过孵化阶段后，仍没有产生新的想法，这时我们需要(　　)。

  A．放弃，并寻找另一个方向 B．重复准备和探索的阶段

  C．继续等待   D．更多的休息

16．以下哪个不是创新过程中失败的原因？(　　)

  A．判断错误   B．概念错误

  C．拥有的知识过多   D．态度不端

17. 创新的规则可以简要概括为(　　)。

A. 运气和灵感　　　　　　　　　　B. 专注工作和适当的休息

C. 模仿和学习　　　　　　　　　　D. 创造全新的东西

二、多项选择题(本题共有 11 个小题，每个小题都有 5 个备选答案，其中至少有 2 个正确答案，请挑选出正确答案，多选、少选、错选均不得分。)

1. 下列关于批判性思维与创新思维关系的说法，正确的有是(　　)。

A. 批判性思维不利于创新，因为当新想法还没有真正完成时，就被批判性思维扼杀了

B. 批判性思维有助于分析问题，并确认现有方案的局限性

C. 批判性思维有助于我们判定哪个方案可行

D. 优秀的批判性思维促使我们从错误中学习

E. 如果悬置判断有助于创新，批判性思维也会理性地采纳

2. 创新周期包含的步骤有(　　)。

A. 准备　　　　　　B. 探索　　　　　　C. 孵化

D. 灵感　　　　　　E. 检验

3. 创新的周期，除了准备阶段之外，还包括(　　)。

A. 执行　　　　　　B. 规划　　　　　　C. 探索

D. 孵化　　　　　　E. 检验

4. 在创新的准备阶段，下列做法中是错误的有(　　)。

A. 对信息要做些筛选　　　　　　B. 尽可能广泛的收集资料

C. 找人咨询相关问题　　　　　　D. 只要收集的资料即可，不需要保存

E. 扩大你的视野，考虑所有也许有助于完成任务的资源

5. 在创新的探索阶段，我们应该(　　)。

A. 分析、挖掘所收集到的资料

B. 确认哪些结论可行，哪些结论不可行

C. 跟自己的想法联系起来，得出结论

D. 化繁为简，从混乱中寻找秩序

E. 在收集材料中发现空白

6. 创新的探索阶段，目的在于(　　)。

A. 为创新做好准备　　　　　　　　B. 收集资料

C. 通过对材料的分析产生新的有效想法　　D. 发现空白

E. 总结创新成功或失败的原因

7. 在创新的孵化阶段，我们可以做哪些事情？(　　)

A. 适度的放松　　　　　　　　　　B. 听听轻轻音乐

C. 洗个热水澡，看看电视　　　　　D. 散散步

E. 沉溺于游戏

8. 创新失败的主要原因有哪些? (　　)。

    A. 缺乏知识　　　　　　　　B. 概念错误　　　　　　　C. 判断错误

    D. 勤奋过度　　　　　　　　E. 态度不端

9. 对态度不端导致的创新失败,我们进行改进的方法有(　　)。

    A. 更加努力地工作以避免失败　　　　B. 从错误中学习

    C. 坦诚面对自己,学会倾听建议　　　　D. 反思和改进工作过程

    E. 放弃旧方法

10. 著名数学家怀尔斯总结他证明费马大定理的过程,他写道:"我习惯于在开始研究时尝试总结一些模式……每天早上我起床的第一件事情就是这些事,我会整天思考它。当我要睡觉时,我仍在思考它。不分散精力,在我脑海里不断重复同样的东西……当我碰到障碍,不知道下一步要做什么时,我就会去散散步。散步具有很好效果,它使你处于放松状态,同时允许潜意识继续工作。"这说明(　　)。

    A. 创新要靠运气　　　　　　　　B. 创新需要专注

    C. 创新需要适当的休息　　　　　　D. 创新与普通人无缘

    E. 创新依赖于禀赋

11. 关于创新与灵感的关系,下列说法中合理的有(　　)

    A. 创新中的灵感是天生的　　　　　　B. 创新中的灵感来自勤勉的工作

    C. 创新不需要灵感　　　　　　　　D. 创新中的灵感与丰富的阅历有关

    E. 超高的智商对创新影响不大

三、判断题(本题共有 10 个小题,请在对的后面画"√",错的后面画"×"。)

1. 创新就是打破常规,所以并不需要了解旧的想法。(　　)

2. 批判性思维容易扼杀创新思维,因为新的想法还没有产生时,就被批判性思维否定了。(　　)

3. 智商越高的人,创新能力越强。(　　)

4. 创新主要发生在科学和艺术领域。(　　)

5. 发现自己喜欢做什么以及适合自己的环境和生活方式,有助于提高个人的创新能力。(　　)

6. 创新周期中的准备阶段,是很容易完成的。(　　)

7. 创新包含着运气的成分。(　　)

8. 经过孵化阶段后,新的想法就会产生。(　　)

9. 产生了新的想法后,创新的周期就结束了。(　　)

10. 创新要一鼓作气、日夜兼程、连续作战,不能放松。(　　)

第24章　养成创新习惯

人的一生有许多问题需要解决，每次解决问题都需要创新思维技能。创新性思维不是一次性的，而是要养成创新思维习惯。因此，我们需要掌握一些创新思维的基本方法，如头脑风暴法、斯坎伯尔法、类比法、暴力检索法、转换视角法，等等。那么，这些方法的具体操作步骤是怎样的呢？

讲授内容

在上一章中，我们谈到创新周期中最关键的步骤是积极探索各想法间的关系。那么如何探寻各个想法之间的关系呢？这方面的文献可谓汗牛充栋。而本章我们将关注一些更实用的思维技巧。本章将涉及如下三个方面的内容：① 创新性思维习惯，这是本章的重点；② 头脑风暴与团队创新；③ 创新与自我管理。

24.1　创新性思维习惯

训练创新性思维习惯是培养创新能力的必要途径：

首先，思维习惯来自后天训练，通过将一些技巧加以应用并形成习惯，我们的思维才更灵活和更具创新性。

其次，所谓台上一分钟，台下十年功。新想法的出现也许只要一两秒，但促使新想法出现的思维习惯则需要长年累月的艰辛工作和严格训练。

创新思维习惯的训练依赖于前面提到的一条原则，即新想法是将旧想法用一种新的方式组合在一起的想法，其中最简单的方式是添加、替代和删除。比如普通的汉堡包，就可以通过这三种方式开发新的产品，你可以为那些喜欢吃肉的人在中间多加一片火腿(添加)，或者用鸡肉、蘑菇甚至冰淇淋替代牛肉(替代)，或者你可以只卖去掉面包的饼馅，这样方便人们在家自己制作(删除)。

下面介绍四种常见的创新思维方法：斯坎伯尔法、类比法、暴力检索法和转换视角法。

1. 斯坎伯尔法

斯坎伯尔法(SCAMPER)是一系列获得新想法的英文首字母组合，也被称为奔驰法。它包含七个方面的内容，具体如下表：

字　母	方　法
S	替代(Substitute)某些东西
C	跟其他东西加以组合(Combine)
A	使某些东西适应(Adapt)它
M	修改(Modify)或扩大
P	将它作(Put)其他用途
E	删除(Eliminate)某些东西
R	反过来或重新组织(Rearrange)它

可以看到，上表里面的部分内容有些重合，比如修改就比较宽泛，可能涵盖所有其他的方法。不过关键在于这些不同措词可以引导我们在不同的方向上思考。我们以设计一张桌子为例，看看欺坎伯尔法如何产生一些新的有趣设计：

(1) 替代：用一些不常见的材料替代桌子的常规材料，比如回收纸张；

(2) 组合：桌面可以是电脑的触摸屏或玻璃缸；

(3) 适应：将一些旧门改成桌子，或用树桩作为桌腿；

(4) 修改或扩大：改造成一张有许多小桌腿的桌子；

(5) 用作其他用途：把两张可调节高度的桌子拼成一张床；

(6) 删除：把没有腿的桌子吊到天花板上，或者附到墙上；

(7) 反转：改变人们使用桌子的方式，比如在桌面中间挖个洞做成戒指形状，这样人们也可以坐在桌子里面。

斯坎伯尔法代表七种改进或改变的方向，当你遇到难题时，不妨从这七个方向上进行思考和改变。

2. 类比法

人类的很多发明往往是模仿大自然的结果。维可牢(Velcro)，即我们平时使用的魔术贴的发明就是一个很好的例子。维可牢是由瑞士发明家迈斯德欧(George de Mestral，1907—1990 年)发明的。有一天，迈斯德欧出外散步，回来时，他发现牛蒡的种子附着在自己的衣服上。通过显微镜检查，他发现种子表面覆盖着可粘着皮毛和织物的微小钩子。迈斯德欧意识到这可以用作新式扣件的基础。这才有了维可牢的发明。当把它们挤压在一起，两条粘贴带则紧紧地连接在一起，但同时又很容易分开。模仿自然是创新性思维非常有效的手段，尤其是在工程学中。大多数生物特性在进化过程上形成了某些有用的功能。所以，我们要做生活的有心人，对世界多些好奇。

类比不只是对技术发明重要。当我们遭遇难题时，与我们能够解决的类似问题进行对比是一个有效的办法。我们也可以先尝试解决更简单的问题，以观察其中能否提供有效启发。

3. 暴力检索法

如果我们拥有了一系列的方案清单，可以逐一测试不同的解决方案，直到找到有效方案。当然这是一个相当烦琐的令人沮丧的过程，但我们不应该低估暴力检索的威力。2016年 7 月 18 日，世界职业围棋排名网站 GoRatings 公布最新世界排名，谷歌旗下 DeepMind 的人工智能系统阿尔法围棋(AlphaGo)以 3612 分，超越 3608 分的柯洁成为新的世界第一，震惊世界。2016 年至 2018 年，柯洁又在三场人机大战中落败。我们都知道，下棋需要创新想象力，但超级计算机可提前检索数步以检验每步棋的优劣，下棋程序不仅可以击败大多数人，甚至可以击败柯洁这样获得过七次世界冠军的顶尖棋手。

应用检索的经典案例是爱迪生(Thomas Edeson，1847—1931 年)发明电灯灯丝。其中，关键任务是找到一种适于用作灯丝的材料，确保它既可导电发光，同时又不会被烧坏或熔化。因此他尝试了各种各样的有机材料和无机材料，测试了超过 6000 种不同类型的材料。关于这一过程，爱迪生说：

> 我会不断地寻找和尝试各种不同的材料直到它们站得住脚。当一个理论被丢弃时，我马上发展另一个。我很早就意识到，对于我而言，这是唯一可能解决所有问题的方法。

创新不总是在等待灵感出现，有些时候它需要我们耐心地尝试各种可能的方案。诺贝尔物理学奖获得者费恩曼(Richard Feynman，1918—1988 年)甚至认为这是成为天才的唯一方式！在他看来：

> 你的脑海必须时刻记住 12 个感兴趣的问题，尽管总体上它们处于休眠状态。每次你听到或读到新窍门或新结果时，应将这 12 个问题逐一测试一下看看是否有解决办法，相信每一次都会有些启示。而人们将会说："他怎么能做到呢？他一定是个天才。"

注意，暴力检索不是一个漫无目的的检索过程，高效检索需要检索策略的分类和优化。比如，要形成投资策略，我们可以先总览投资类别的不同情况：不动产、商品、股票、债券、货币，等等。当我们决定投资什么时，我们则对所选类别进行详尽研究以确定哪个是最佳投资机会。

所以对于创新性解决问题而言，新想法的产生与精细分析常常紧密相连。

4. 转换视角法

当爱因斯坦被问到，在他发展相对论过程中哪件事件影响最大时，他回答说：学会思考。问题的解决跟如何看待问题紧密相关。我们对问题理解越立体，越能产生更好想法。下面是一些对立的视角，有助于我们立体地思考问题：

(1) 积极与消极：提议的正反两方面，支持证据与反对证据，所得与所失。

(2) 事实与价值：正在发生的与应该发生的，人正在做的与他应该做的。

(3) 人：采用相关各方视角，如教师与学生，老板、雇员与顾客。尝试理解他们的不同关切和优先级。

(4) 学科：不同学科的洞见与分析，如政治学、经济学、法律和心理学。

(5) 层面：比如从国际、国内、制度、社会、家庭和个人层面思考政治问题(如公共卫生)。

(6) 次序：有时从后面入手反倒更容易解决问题。如果我们知道事情的最后一步，我们也许更容易推论出第一步要做什么。

(7) 时间表：长期、中期和短期。从长远来看，当前显得重要的问题可能一点都不重要。

(8) 方案类型：应急方案仅在一段时间内有效，并且受到其他问题的影响。理想或完美的方案可能又不切实际或代价高昂。我们或许可将两者结合在一起，产生一个有效的现实方案。

(9) 改变问题焦点：思考问题的不同部分。如对问题"为什么亚当要吃苹果？"改变不同的提问重点：为什么是亚当(而不是其他人)？为什么他是吃苹果(而不是比如储存起来以备后需)？为什么他吃了苹果(而不是橙子)？

现实生活中，问题的解决不仅需要方法与技巧，还需要态度的转变。就此，转换视角可以改变我们本能性地应对问题的方式。常言道，看到同样一杯水，积极的人会认为那杯水半满，而消极的人则抱怨水杯还是半空着。当我们身处困境并无计可施时，从积极的方面思考总比从消极方面好受些。与其沉溺于无法改变的困难当中，不如停止沮丧，将它们视为个人成长和锻炼毅力的机会。当我们觉得自己没有别人那么幸运时，不如提醒自己还有很多人处于更糟糕的环境中。与其说这些建议鼓励我们忽视问题或在精神上采取酸葡萄心态，毋宁说，这是让我们以积极的态度和情绪直面生命中无法逃避的挫折。

以上便是四种有用的思维习惯与技巧。接下来我们讲讲团队创新的方法。

24.2　头脑风暴与团队创新

现代社会，很多创新成果仅靠一己之力是很难完成的。所以比起以往任何时候，当今更依赖团队的合作。一个成功的想法需要一个来自不同领域、不同知识背景的人组成的团队才有可能产生。因此提升和管理集体创新日益成为一个重要任务。

头脑风暴(Brain storming)是集体创新的常用方法。该方法在 19 世纪 50 年代，由一家广告公司的经理奥斯本(Alex Faickney Osborn, 1888—1966 年)推广应用，现在已经成为公司和团队创新的标准技巧。

头脑风暴法的具体过程是：让参与者处于放松和无拘无束的氛围中，以便提出尽可能多的想法——包括一些遥不可及的想法。在最初阶段，目标是尽量收集最多的想法。在这个阶段，关键在于不要去批评或评估这些想法，以免抑制想法的表达。但在收集到足够数量的想法后，就需要将它们重新审查，抛弃、组织或者提升这些想法以便寻找解决问题的更好方案。

当然，头脑风暴的效率是有争议的。有些社会心理学家甚至认为，个人独立的思考比集体头脑风暴的效果更好，三个臭皮匠还是臭皮匠，而且效率可能更加低下。因为头脑风暴也暴露出下列些问题：

(1) 存在降低头脑风暴效率的因素。

具体地说，降低头脑风暴效率主要有以下四个因素：

第一，由于一次只能由一个人说话，所以在这期间其他想法容易被忘记或忽视；

第二，有些人羞于表达，有些人则尽力避免被批评，或倾向于迎合一致的观点；

第三，由于可以搭便车，成员缺乏努力思考和为集体做贡献的动力；

第四，一旦好的想法出现，集体成员容易自然地固定在这个想法上面，从而不能发现更好的想法。

(2) 容易抱团，故步自封。

当涉及某些利益的问题时，人们容易抱团取暖，压制异见与排斥异己。

(3) 缺乏活力，不利于创新。

在固定人群组成的紧密圈子里，成员更喜欢与人为善，并且他们可能还误认为自己具有创新性。研究表明，引进局外人可以有效地解决这个问题，"鲇鱼效应"可以提升集体创新能力，尽管这会降低集体成员的舒适度。

尽管存在上述这些缺陷，但不可否认的是，头脑风暴依然是应用最广、最有效的团队创新的方法。所以，我们可以考虑采取如下一些措施以提高头脑风暴的效率：

① 由公正不倚的集体领导无偏见地组织整个讨论；

② 让故意唱反调的人挑战前提假设；

③ 向外面的专家咨询；

④ 将大团队分成若干小组进行讨论，再作汇总报告。

24.3　创新与自我管理

最后，我们来谈谈创新与自我管理。

美国著名的创新研究心理学家托伦斯(Ellis Torrance, 1915—2003 年)曾长期跟踪许多人从小孩到成年的成长过程，并研究创新事业背后的成功秘密。他在后来的著作中写道：

显然，三十年后有些东西变得比知识、创新和学术成果更重要，这些东西包括恒心、勇气和对错误的包容，作为少数派仍然怡然自乐，而不是面面俱到和有使命感。我自己创造了"超越者"(Beyonder)这一术语来形容这类人，并称上述品质为"超越者的性格"(Beyonder Characteristics)。

你可能会觉得很奇怪，创新竟不是创新事业成功最重要的条件？其实，托伦斯告诉我们，获得长期的创新性成就需要的不仅仅是智力层面的创新思维，更重要的是有好的心态以及学会自我管理。所以卓越成就需要的是超出批判性和创新性思维原则的知识。我们应热衷于通过应用和实践提高自身，唯有如此，这些思维技巧才会给你的生活带来改变。

因此，我们不妨用托伦斯另一部扛鼎之作《儿童的宣言》中的七个总结作为本章的结尾：

(1) 不必担心过于沉溺，专心致志地投入其中；

(2) 认识、了解、感到自豪、锤炼、发展、开发以及享受你的特长；

(3) 从别人的期待中解脱出来，远离他们强加给你的规则，自由地做自己喜欢的事情；

(4) 寻找一个可以帮助你的老师或导师；

(5) 不要在面面俱到上浪费精力；

(6) 做你喜欢做的事，做你能做的事；

(7) 学会互帮互助。

主编结语

谈到创新思维，大家应当自然而然地想到了一个人，那就是德·博诺(Edward de Bono，1933—)。他的《六项思考帽》、《水平思考法》和《我对你错》等著作畅销全球。他虽然没有使用"批创思维"这一概念，但他的理论可谓是批创思维的典范。学习了这门课程之后，建议大家再去找这几本书来读读，相信你会终身受益！

线上作业

一、单项选择题(本题共有 11 个小题，每个小题都有 4 个备选答案，但只有一个是最佳答案，请挑选出最佳的答案。)

1. 常见的创新思维的方法，不包括(　　)。
   A. 斯坎伯尔法　　　　　　　　B. 类比法
   C. 富兰克林法　　　　　　　　D. 暴力检索法

2. 一家汉堡店改售只卖去掉面包的馅饼，这一做法属于(　　)。
   A. 添加　　　　B. 替代　　　　C. 组合　　　　D. 删除

3. 斯坎伯尔法(SCAMPER)中，C 是指(　　)。
   A. 替代某些东西　　　　　　　B. 跟其他东西加以组合
   C. 删除某些东西　　　　　　　D. 改造某些东西

4. 斯坎伯尔法(SCAMPER)中，E 是指(　　)。
   A. 替代某些东西　　　　　　　B. 跟其他东西加以组合
   C. 删除某些东西　　　　　　　D. 改造某些东西

5. 瑞士发明家迈斯德欧通过观察牛蒡种子，发明了维可牢，这一做法属于(　　)。
   A. 类比法　　　　　　　　　　B. 暴力检索法
   C. 斯坎伯尔法　　　　　　　　D. 转换视角法

6. 爱迪生发明电灯泡材的过程，主要是使用(　　)。

    A. 类比法　　　　　　　　　　B. 暴力检索法

    C. 斯坎伯尔法　　　　　　　　D. 转换视角法

7. 头脑风暴(Brain storming)是集体创新的常用方法，由(　　)推广应用。

    A. 爱迪生　　　　　　　　　　B. 奥斯本

    C. 富兰克林　　　　　　　　　D. 迈斯德欧

8. 下列关于头脑风暴法的说法，不正确的是(　　)。

    A. 相关专家或人员各自发表自己的意见，对别人的建议不作评论

    B. 所发表的建议必须要深思熟虑

    C. 鼓励独立思考、奇思妙想

    D. 可以补充完善已有的建议

9. 以下选项中，不属于头脑风暴局限性的是(　　)。

    A. 存在降低头脑风暴效率的因素　　B. 缺乏活力

    C. 容易抱团　　　　　　　　　　　D. 参与者思维高度活跃

10. 下列关于提高头脑风暴效率的做法，不正确的是(　　)。

    A. 由一名集体领导作引导

    B. 固定在一两个主要想法上

    C. 引入局外人

    D. 将大团队分成若干小组进行讨论，再作汇总报告

11. 团队创新需要避免的问题，不包括(　　)。

    A. 搭便车　　　B. 从众　　　C. 压制异见　　　D. 想法太多

二、多项选择题(本题共有 10 个小题，每个小题都有 5 个备选答案，其中至少有 2 个正确答案，请挑选出正确答案，多选、少选、错选均不得分。)

1. 常见的创新思维的方法，包括(　　)。

    A. 斯坎伯尔法　　　　B. 类比法　　　　　C. 富兰克林法

    D. 转换视角法　　　　E. 暴力检索法

2. 常见的创新思维的方法，不包括(　　)。

    A. 斯坎伯尔法　　　　B. 富兰克林法　　　C. SWOT 分析法

    D. 类比法　　　　　　E. 暴力检索法

3. 斯坎伯尔法具体包括哪些方法？(　　)

    A. 替代　　B. 组合　　C. 适应　　D. 反转　　E. 修改

4. 斯坎伯尔法具体包括哪些方法？(　　)

    A. 删除　　B. 修改或扩大　　C. 用作其他用途

    D. 类比　　E. 检索

5. 类比法体现下列哪些发明中？(　　)

    A. 维可牢　　B. 电灯　　C. 潜水艇　　D. 电脑　　E. 手机

6. 爱迪生这样描述他发明电灯的过程，他写道："电灯丝耗费了大量研究，同时需要做大量煞费苦心的实验……尽管我对获得成功一直都怀抱希望，但我不确定我的同事是否如此……通过数年实验，我却一次也没有得到相关发现。……我最终取得了一个发明，它纯粹而简单。我尝试各种不同的材料，发现一种不可行时，就马上再寻找和尝试另一种新的材料。当一个理论被丢弃时，我马上发展另一个。我很早就意识到这对于我而言是唯一可能解决所有问题的方法。"这说明(　　)。

　　A．创新不应该总是等待灵感的出现　　B．暴力检索是创新一种方法

　　C．创新需要艰辛的付出　　　　　　　D．创新需要耐心

　　E．挨个尝试一定可以成功

7. 转换视角法可从如下哪些方面思考？(　　)

　　A．积极与消极　　　B．事实与价值　　　C．不同学科

　　D．不同层面　　　　E．问题焦点

8. 头脑风暴存在的局限性有(　　)。

　　A．搭便车　　　　　　　　　　B．压制异见与排斥异己

　　C．从众心理　　　　　　　　　D．抱团，容易思维僵化

　　E．收集的想法太多

9. 下列选项中，有助于提高头脑风暴效率的措施有(　　)。

　　A．向外面的专家咨询

　　B．分组讨论，再集中汇报

　　C．让故意唱反调的人挑战前提假设

　　D．由公正不倚的领导人来无偏见地组织整个讨论

　　E．鼓励大家畅所欲言

10. 美国著名的创新研究心理学家托伦斯(Ellis Torrance)写道："显然，三十年后有些东西变得比知识、创新和学术成果更重要，这些东西包括恒心、勇气和对错误的包容，作为少数派仍怡然自乐，而不是面面俱到和有使命感。我生造了'超越者'(Beyonder)这一术语来形容这类人，并称上述品质为'超越者的性格'(Beyonder Characteristics)。"这说明(　　)。

　　A．创新是多方面因素的结合

　　B．创新只是少数人的事情

　　C．恒心、勇气、对错误的包容影响创新

　　D．创新要具有良好的心态

　　E．创新不重要，因为有其他东西比它更重要

三、**判断题**(本题共有 10 个小题，请在对的后面画"√"，错的后面画"×"。)

1. 暴力检索就是挨个测试，并不需对检索策略进行分类和优化。(　　)

2. 转换视角法看待问题，意味着我们要以酸葡萄的心态来看待问题。(　　)

3．调整问题的次序，有助于我们推论出第一步要做什么。（　　）

4．现代社会，很多创新成果靠个人是可以完成的。（　　）

5．获得长期的创新性成就需要的不仅仅是智力层面的创新思维，更重要的是有好的心态以及学会自我管理。（　　）

6．思维的终身卓越需要的是超出批判性和创新性思维原则的知识。（　　）

7．模仿自然是类比法的一种，它是创新性思维非常有效的手段，尤其是在工程学中。（　　）

8．转换视角可以深刻地改变我们情绪性地应对问题的方式。（　　）

9．头脑风暴(Brain storming)是一种集体创造想法的方法，参加的人越多越好。（　　）

10．方法、灵感对创新至关重要。（　　）

附录一　翻转课堂教学设计参考方案

教学规模

一个教学班以 30~48 人为宜，分为 5~6 个学习小组，每个小组 6~8 人。

教辅工具

1. 班级微信群：用于发布和交换各种教学信息资源。
2. 小组微信群：用于学习小组课堂展示和讨论。

教学环节

本课程设计 2 个学分共 36 学时，由线上课堂和线下课堂两个部分构成。线上课堂 18 学时，采用学生线上自主学习模式；线下课堂 18 学时，采用课堂讨论和课堂展示学习模式。最终期末综合成绩由线上课堂成绩和线下课堂成绩各 50%构成。

1. 线上课堂

线上课堂采取学生自主学习模式，在规定时间内，完成各章线上作业。所有线上作业均为客观题，由单项选择题、多项选择题和判断题组成。在完成平时作业的过程中，如果学生未达到及格标准则系统会自动退回重新启动测试，及格之后每名学生有 3 次重新测试的机会，系统取其中的最高分记入本次平时成绩。线上课堂平时成绩由每次作业的平时成绩除以应完成的作业次数计算得出。最后一周进行线上期末考试，时间为 2 小时，试题从平时作业题库中随机抽取 20 道单项选择(每题 1 分，共 20 分)、20 道多项选择题(每题 3 分，共 60 分)和 20 道判断题(每题 1 分，共 20 分)作为期末考试。线上课堂综合成绩由平时成绩×50%+期末考试成绩×50%构成。

2. 线下课堂

线下课堂 18 学时，建议每次安排 2 学时，共 9 周，包括 5 个教学环节：

(1) **知识巩固环节**(15~20 分钟)：建议每次依序选取教材中的三个章节，列出 10~15 个关键知识点，学生以小组为单位，结合自己的专业知识或生活经验，在微信小组圈展示头脑风暴。

(2) **批创思维训练**(25 分钟)：结合时代热点或专业领域，动态选取一段小视频、一些照片或一则社会新闻，让学生以小组为单位展开脑风暴训练，然后找出一种**最佳正能量观点，**展开论证。论证要求必须考虑支持证据与异议。

(3) 小组课堂展示(45 分钟)：每组选出一名代表进行 5～6 分钟的课堂展示，要求每位小组成员至少出场展示 1 次，然后由老师或助教点评。

(4) 小组作业提交：每次课程结束后，小组长将课堂讨论记录发给主讲教师或助教；每次课程结束三天后各小组完善课堂展示论证，形成文字材料，将电子版提交给主讲教师或助教，由助教团队或小组长共同评定课堂展示(含文字材料)最佳小组，下次上课前宣布结果。

(5) 期末课堂总结：最后一次课学生提交学习本课程的学习心得，每组选出一名代表进行 5～6 分钟的学习成果展示，然后由主讲教师总结点评。

成绩评定

1. 线上课堂成绩由平时平均成绩(50%)+期末成绩(50%)构成。

2. 线下课堂不安排期末考试，成绩由平时成绩根据权重计算得出，具体计算办法：

(1) 每次完成课堂小组知识巩固环节，获得 5 分；

(2) 课堂展示每次评选一个最佳小组，获得最佳小组成员每人加 5 分；

(3) 基于合理理由请假者，经主讲教师同意，不加分、不减分；

(4) 无故旷课达 3 次，视为放弃该门课程选修；

(5) 9 次线下课堂完成后，根据权重计算出期末成绩，最高分为 100 分。

3. 课程结束后，每位学生必须提交一份 1000 字以上的学习心得体会，本材料不计入期末成绩，但是取得期末成绩的必要条件。不提交者视为放弃本课程选修成绩。

附录二　线上作业参考答案

第1章

一、单项选择题

1．A　2．A　3．C　4．D　5．C　6．A　7．A　8．A　9．B　10．A　11．A

二、多项选择题

1．ABC	2．ABCDE	3．ABCDE	4．AB	5．ABCDE
6．ABCD	7．AB	8．ABCD	9．ABCDE	10．ABCDE
11．ABCDE	12．ABCD	13．AB	14．ABCDE	

三、判断题

1．×　2．√　3．×　4．√　5．×　6．×　7．×　8．×　9．×

10．×　11．×　12．√　13．×　14．×　15．√　16．×　17．×　18．√

19．√　20．√　21．×

第2章

一、单项选择题

1．A　2．A　3．A　4．D　5．D　6．A　7．A　8．A　9．B　10．A　11．A

二、多项选择题

1．ABCE　2．AB　3．AB　4．ABC　5．AE　6．AB

7．AB　8．ABCDE　9．ACD　10．ABCD

三、判断题

1．×　2．×　3．√　4．×　5．×　6．×　7．×　8．×　9．×　10．√

11．√　12．×

第3章

一、单项选择题

1．A　2．A　3．A　4．D　5．D　6．A　7．A　8．A　9．B　10．A　11．A

二、多项选择题

1．ABCE	2．AB	3．ABCD	4．ABC	5．AB
6．ABCD	7．AB	8．ABC	9．ABC	10．ABCD

三、判断题

1．×　2．×　3．√　4．×　5．×　6．√　7．×　8．×　9．×　10．√　11．×

第4章

一、单项选择题

1. A　2. C　3. A　4. B　5. D　6. D　7. D　8. B　9. A　10. D

二、多项选择题

1. AC　　　2. ACD　　3. ABE　　4. AD　　　5. ABCDE
6. ACE　　7. ABCD　8. ABCD　9. ABCE　10. BD

三、判断题

1. √　2. √　3. ×　4. √　5. √　6. √　7. ×　8. √　9. √　10. ×

第5章

一、单项选择题

1. A　2. B　3. C　4. D　5. A　6. B　7. C　8. D　9. A
10. B　11. C　12. A　13. B　14. C　15. D　16. A　17. A　18. B

二、多项选择题

1. ABCD　　2. ABCD　　3. ABC　　4. ABCD　　5. AB
6. AB　　　7. ACDE　　8. BCDE　　9. ABDE　　10. ABC

三、判断题

1. ×　　2. √　　3. ×　　4. √　　5. √　　6. ×　　7. ×　　8. ×　　9. ×
10. ×　　11. ×　　12. ×　　13. ×　　14. ×

第6章

一、单项选择题

1. A　2. A　3. A　4. D　5. D　6. B　7. A　8. A　9. B　10. A　11. A

二、多项选择题

1. ABCE　　2. ACD　　3. AB　　4. ABC　　5. AB　　6. ABCD
7. AB　　　8. ABDE　9. ABC　　10. ABC

三、判断题

1. ×　2. ×　3. √　4. ×　5. ×　6. √　7. ×　8. ×　9. ×　10. √　11. ×

第7章

一、单项选择题

1. C　2. D　3. A　4. B　5. A　6. D　7. A　8. C　9. D　10. A

二、多项选择题

1. ADE　　2. BCE　　3. ABCDE　　4. AD　　5. CDE　　6. ABE
7. ABCD　8. ABCE　9. AC　　　10. ACDE

三、判断题

1. ×　2. √　3. √　4. ×　5. √　6. √　7. √　8. √　9. √　10. ×

第8章

一、单项选择题

1．C　2．B　3．A　4．D　5．C　6．D　7．B　8．A　9．D　10．D

二、多项选择题

1．BCE　　2．BDE　　3．BD　　4．BCDE　　　5．BCD　　6．BD

7．ABD　　8．ABC　　9．ABCD　　10．AB

三、判断题

1．×　2．×　3．×　4．×　5．×　6．√　7．√　8．√　9．√　10．×

第9章

一、单项选择题

1．A　　2．A　3．A　4．A　5．B　6．C　7．D　8．A　9．B　10．C

11．D　12．A　13．B　14．C　15．A　16．A　17．A　18．B　19．C

二、多项选择题

1．ABCDE　2．ABCDE　3．ABC　　4．CDE　　5．ABC　　6．ABC

7．CDE　　8．AE　　9．ABCDE　10．ABCDE　11．CDE　　12．AB

13．BCDE　14．CDE　15．ABCD　16．AB

三、判断题

1．×　　2．√　3．×　4．×　　5．×　　6．√　7．√　8．×　9．√　10．×

11．√　12．√　13．√　14．×　15．×　16．×

第10章

一、单项选择题

1．A　2．C　3．C　4．D　5．C　6．C　7．C　8．C　9．B　10．B

二、多项选择题

1．ABCDE　2．AB　　3．BCD　　4．ABD　　5．ABCDE　6．ABCD

7．ABC　　8．ABCD　9．ABCE　10．BC

三、判断题

1．×　2．×　3．√　4．√　5．√　6．×　7．×　8．×　9．×　10．√

第11章

一、单项选择题

1．C　2．B　3．B　4．A　5．C　6．A　7．B　8．D　9．A　10．C

二、多项选择题

1．ABCE　2．ABCDE　3．ABC　　4．ABCD　5．ABCD　6．ABCDE

7．ACD　　8．BCD　　9．AC　　10．ABC　　11．ABCDE

三、判断题

1．√　2．×　3．×　4．×　5．×　6．×　7．×　8．√　9．√　10．×

第 12 章

一、单项选择题

1. B 2. D 3. C 4. A 5. D 6. C 7. A 8. D 9. D 10. A 11. C 12. B

二、多项选择题

1. BE 2. CD 3. BD 4. ACD 5. AC 6. AC
7. ABD 8. ABCD 9. BCE 10. CD 11. ABCD

三、判断题

1. × 2. √ 3. × 4. √ 5. × 6. √ 7. × 8. × 9. × 10. √ 11. ×

第 13 章

一、单项选择题

1. A 2. B 3. C 4. D 5. A 6. A 7. B 8. A 9. D 10. D 11. B
12. D 13. A

二、多项选择题

1. ABCDE 2. ABCDE 3. AB 4. ABC 5. ABC 6. AB
7. ABCD 8. ABCDE 9. ABCDE 10. ABC 11. CDE

三、判断题

1. √ 2. √ 3. × 4. × 5. × 6. √ 7. × 8. × 9. √ 10. × 11. ×
12. × 13. ×

第 14 章

一、单项选择题

1. C 2. A 3. B 4. D 5. C 6. C 7. B 8. C 9. A 10. D 11. A
12. B 13. B 14. A

二、多项选择题

1. ABE 2. ABE 3. AB 4. ABCDE 5. BCD 6. ACE
7. ABCDE 8. BC 9. BCDE 10. ABCD 11. ABDE

三、判断题

1. √ 2. √ 3. × 4. √ 5. √ 6. × 7. × 8. × 9. √ 10. ×

第 15 章

一、单项选择题

1. A 2. B 3. C 4. B 5. C 6. B 7. C 8. D 9. C 10. B

二、多项选择题

1. ABCD 2. CE 3. ABCDE 4. ABCDE 5. ABCD
6. ABCD 7. AB 8. ABDE 9. ABCE 10. ABCD

三、判断题

1. × 2. √ 3. √ 4. √ 5. × 6. √ 7. √ 8. × 9. × 10. √

第 16 章

一、单项选择题

1．A　2．D　3．A　4．A　5．D　6．B　7．C　8．D　9．C　10．D

二、多项选择题

1．ABCD　　2．AD　　　3．ACE　　4．AC　　　5．ABCDE　　6．ABCE

7．AD　　　8．ABCD　　9．BCDE　　10．AB

三、判断题

1．√　2．×　3．×　4．√　5．√　6．√　7．×　8．√　9．√　10．√

第 17 章

一、单项选择题

1．A　2．A　3．B　4．C　5．D　6．A　7．A　8．B　9．C　10．A　11．A

12．A　13．A　14．A　15．B　16．C　17．A　18．D

二、多项选择题

1．ABC　　2．ABCD　　3．ABCDE　4．ABC　　5．ABC　　　6．BCE

7．AD　　　8．ABCD　　9．ABCD　　10．ABCDE　11．ABCDE　12．ABC

三、判断题

1．√　2．×　3．×　4．×　5．×　6．×　7．√　8．×　9．√　10．√　11．×

第 18 章

一、单项选择题

1．D　2．B　3．D　4．C　5．C　6．D　7．A　8．A　9．B　10．D

二、多项选择题

1．ABCD　　2．ABCD　　3．AD　　　4．AB　　　5．AB　　　6．CD

7．BCD　　　8．ACDE　　9．BE　　　10．ACDE

三、判断题

1．×　2．×　3．√　4．√　5．√　6．√　7．×　8．×　9．×　10.√

第 19 章

一、单项选择题

1．A　2．B　3．D　4．D　5．D　6．D　7．D　8．C　9．C

二、多项选择题

1．ACD　　2．ABCE　　3．AC　　　　4．AB　　　5．CE

6．AB　　　7．AB　　　8．ABCD　　　9．AB　　　10．ACD

三、判断题

1．√　2．√　3．√　4．√　5．×　6．×　7．√　8．×　9．√　10．×

第 20 章

一、单项选择题

1．D　2．B　3．C　4．B　5．D　6．D　7．B　8．C　9．C　10．A

二、多项选择题

1. BC   2. ABCE   3. ABCDE 4. AD   5. BC
6. ABC   7. BD   8. ABCD   9. ACD   10. ABCDE

三、判断题

1. √ 2. × 3. × 4. √ 5. × 6. × 7. × 8. √ 9. × 10. √

第21章

一、单项选择题

1. B 2. D 3. D 4. C 5. A 6. D 7. B 8. D 9. A 10. D

二、多项选择题

1. ABCDE 2. CD 3. BD 4. AE 5. AE 6. BE 7. BE 8. AE 9. DE 10. CE

三、判断题

1. √ 2. × 3. × 4. × 5. × 6. √ 7. √ 8. × 9. ×

第22章

一、单项选择题

1. A 2. A 3. D 4. C 5. B 6. B 7. C 8. B 9. D 10. A
11. B 12. A 13. D

二、多项选择题

1. ABCDE   2. BCDE   3. ABCDE   4. ABCD   5. ABCDE
6. ABCDE   7. ABCDE   8. ABCDE   9. ABDE   10. AB

三、判断题

1. √ 2. √ 3. × 4. × 5. √ 6. √ 7. × 8. × 9. √ 10. √

第23章

一、单项选择题

1. B 2. C 3. C 4. B 5. D 6. B 7. C 8. B 9. C 10. A
11. B 12. A 13. B 14. B 15. B 16. C 17. B

二、多项选择题

1. BCDE 2. ABCE 3. CDE 4. AD 5. ABCDE 6. CD
7. ABCD 8. ABCD 9. ABC 10. BC 11. BDE

三、判断题

1. × 2. × 3. × 4. × 5. √ 6. × 7. √ 8. × 9. × 10. ×

第24章

一、单项选择题

1. C 2. D 3. B 4. C 5. A 6. B 7. B 8. B 9. D 10. B 11. D

二、多项选择题

1. ABDE   2. BC   3. ABCDE   4. ABC   5. AC 6. ABCD
7. ABCDE   8. ABCD 9. ABCDE   10. ACD

三、判断题

1. × 2. × 3. √ 4. × 5. √ 6. √ 7. √ 8. √ 9. × 10. ×